本书得到北京市教委重点项目《北京文化创意路径研究》（SZ201310009002）资助

北京文化创意产业
竞争力评价及产业发展路径研究

赵继新　宋　钰　等◎著

经济管理出版社
ECONOMY & MANAGEMENT PUBLISHING HOUSE

图书在版编目（CIP）数据

北京文化创意产业竞争力评价及产业发展路径研究/赵继新等著.—北京：经济管理出版社，2017.12

ISBN 978 - 7 - 5096 - 5479 - 8

Ⅰ.①北…　Ⅱ.①赵…　Ⅲ.①文化产业—竞争力—研究—北京　②文化产业—产业发展—研究—北京　Ⅳ.①G127.1

中国版本图书馆 CIP 数据核字（2017）第 274359 号

组稿编辑：曹　靖
责任编辑：杨国强　张瑞军
责任印制：黄章平
责任校对：赵天宇

出版发行：经济管理出版社
　　　　　（北京市海淀区北蜂窝 8 号中雅大厦 A 座 11 层　100038）
网　　　址：www.E-mp.com.cn
电　　　话：（010）51915602
印　　　刷：北京玺诚印务有限公司
经　　　销：新华书店
开　　　本：720mm×1000mm/16
印　　　张：16.75
字　　　数：319 千字
版　　　次：2018 年 6 月第 1 版　2018 年 6 月第 1 次印刷
书　　　号：ISBN 978 - 7 - 5096 - 5479 - 8
定　　　价：68.00 元

前　　言

党的十八大、十八届三中全会就全面深化文化体制改革、推动文化大发展大繁荣、建设社会主义文化强国作出重要部署。北京市正围绕"政治中心、文化中心、国际交往中心、科技创新中心"定位，深入实施人文北京、科技北京、绿色北京战略，迈上建设国际一流的和谐宜居之都新征程。随着非首都核心功能疏解和雄安新区崛起，北京市产业格局势必会出现大的调整，而在这一轮调整中，文化创意产业作为科技创新、文化基础和传播、可以对外交流的特质也成为实现产业功能的支柱产业。

截至 2013 年底，北京文创企业达 54700 家，其中非公企业 48983 家，占 90%；规模以上企业约 8000 家，非公企业达 6058 家，占 76%。2012 年，按照国家文化产业统计标准，全市产业增加值占地区生产总值比重为 8.2%，居全国首位。2013 年，全市文化创意产业收入达 10022 亿元，同比增长 7.6%；实现增加值 2407.6 亿元，同比增长 9.1%，占地区生产总值比重为 12.3%；从业人员 104.7 万人，同比增长 2.5%。文化创意产业增加值仅次于金融业，在第三产业中位居第二，成为名副其实的首都支柱产业。但北京文化创意产业发展中仍然存在顶层设计缺乏、市场化程度不高、投融资体系和要素市场有待完善、高端创意人才和复合型人才短缺、产业整体配套不足等产业竞争力不强问题，如何提升北京文化创意产业整体竞争力，是亟待研究的课题。

本书共分六章，第一章对北京文化创意产业从发展阶段角度进行系统梳理和总结，给出产业发展阶段判断；第二章设计出北京文创产业竞争力评价指标体系，并从定性角度进行评价和比较分析；第三章对北京文化创意产业进行产业问题分析并针对这些问题给出解决策略；第四章就北京文化创意产业发展如何走特色集群之路进行专门研究，这是区域产业竞争力提升的方向；第五章针对北京文化创意产业发展公共服务平台进行研究，为产业发展和产业竞争力提升奠定好的发展基础；第六章从产业发展路径角度分析北京文化创意产业发展路径和重点需要突破的方面。

目　　录

第一章　北京市文化创意产业发展概况

北京市，一座有着三千年历史的古都，见证了中国历史的演进和文化的传承。不仅在国内，而且在世界上，北京市在文化领域亦有着广泛的影响力。2012年，北京市被联合国教科文组织批准成为全球第 12 个"设计之都"，入围的中国城市还有广州、深圳和上海。加之在中国历史演进中的特殊地位，北京市既坐拥丰富浓厚的历史文化底蕴，又富有现代文化创意领域的创新能力。

根据统计部门对文化创意领域的指标解释，文化创意产业指以创作、创造、创新为基本手段，以文化内容和创意成果为核心价值，以知识产权实现或消费为交易特征，为社会公众提供文化体验的具有内在联系的行业集群。北京市文化创意产业标准是在《国民经济行业分类》（GB/T 4754 – 2002）的基础上，根据文化创意活动的特点将行业分类中相关的类别重新进行的组合，适用于统计及政策管理中对文化创意相关活动的分类。在内容上主要包括 9 个行业大类、27 个中类、88 个小类。9 个大类分别是文化艺术，新闻出版，广播、电视、电影，软件、网络及计算机服务，广告会展，艺术品交易，设计服务，旅游、休闲娱乐，以及其他辅助服务。

本章首先从文化底蕴、产业规模、人才及企业、成果产出等方面就北京市的文化创意产业发展进行概况介绍。随后根据统计指标及产业发展特性，对北京市文化创意产业的发展进行阶段划分及评价。最后，从文化创意产业 9 个行业区分的视角，对北京市文化创意产业发展及取得的成就进行详细介绍。

第一节　北京市文化创意产业概况

一、文化底蕴

在历史文化积淀方面，市文资办资料显示，北京市共有文物古迹 7309 项

（其中世界文化遗产 6 处、国家重点文保单位 98 处），可谓历史悠久、价值连城。在公共设施方面，截至 2014 年，北京市共有博物馆 171 座，文物藏品 430 万件，公共图书馆 25 个，群众艺术馆、文化馆 20 个（另有文化站 326 个），各类艺术表演场所 68 个。在旅游景点方面，北京全市 A 级旅游景区景点 2001 年共计 47 个，到 2015 年增长至 227 个，增长近 5 倍。从北京人遗址到明清古都，再到近现代文化发展，北京拥有悠久的历史和富饶的文化，有着发展文化创意产业的优越先决条件。

二、产业规模

北京市文化创意产业总资产额在过去的十年间增长稳定，2014 年产业总资产较 2005 年翻了三番，2005～2006 年和 2013～2014 年的增长率更是达到 105% 和 45%，其余年份增长率稳定在 20% 左右。经过 10 年的发展，截至 2014 年，北京市文化创意产业总资产已达到 26441.8 亿元，产业规模稳步扩张，如图 1-1 所示。

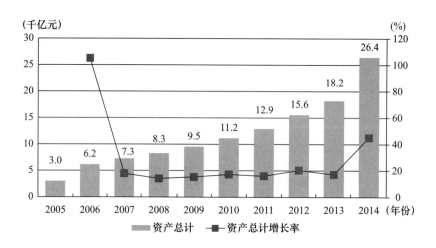

图 1-1　2005～2014 年北京市文化创意产业总资产

资料来源：北京市统计局。

在产业收入方面，同总资产增长趋势相近，2006 年增幅较大，这主要得益于"十一五"规划中对文化发展规划的重视，此后产业收入亦呈逐渐递增之势，但由于产业整体处于发展建设的起步期，增幅普遍低于总资产增幅。在过去的十年间，产业收入保持每年 10%～30% 的增长，并于 2012 年突破 1 万亿元，到 2014 年底达到 13982 亿元，如图 1-2 所示。

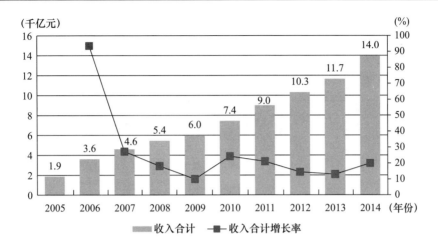

图 1 - 2 2005～2014 年北京市文化创意产业收入

资料来源：北京市统计局。

在产业增加值方面，北京市统计局统计数据显示，2005～2012 年，北京市文化创意产业增加值增长显著，截至 2014 年，增加值达到 2794.3 亿元，如图 1 - 3 所示；增加值占地区生产总值的比重也有显著提升，2005 年该比重为9.7%，据北京市文资办资料，截至 2012 年，该比例为 12.3%，提高 2.6 个百分点。总体来看，文化创意产业增加值仅次于金融业，在第三产业中位居第二，成为名副其实的首都支柱产业。

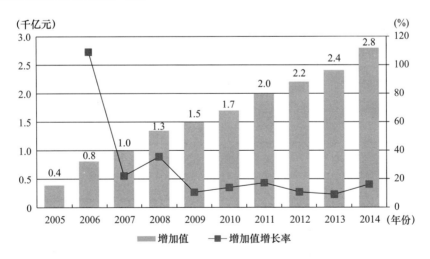

图 1 - 3 2005～2014 年北京市文化创意产业增加值

资料来源：北京市统计局。

三、人才及企业

在人才方面，北京市文化创意产业人才存量多、质量高。综合统计资料显示，如图 1-4 所示，2005 年北京市文化创意产业从业人员为 55.2 万人，截至 2014 年，从业人员增至近 200 万人，占全市从业人员的约 15%，居全国首位。除 2006 年高达 62.2% 的爆发式增长外，其他年份增长率基本稳定在 10% 左右，最高不超过 20%，略低于总资产和增加值的年增长率，这也体现出北京市文化创意产业在扩张和人才引进方面比较稳定，注重高端人才的培养和引进。在人才培养方面，一些高校设置了文化创意相关的专业，如传媒、设计、表演、出版、旅游、文创产业管理等，在直接引进高端人才之外，为北京文化创意产业发展提供了长期、有力的人才支撑。

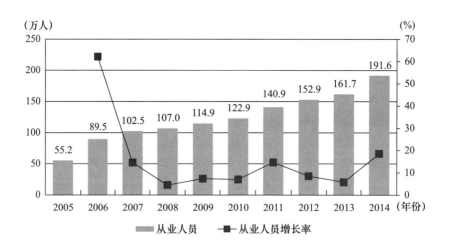

图 1-4 2005~2014 年北京市文化创意产业从业人数

资料来源：北京市统计局。

市文资办统计资料显示，全市共有专业艺术院团 35 家，文化创意企业约 54700 家，其中非公企业 48983 家，占比达近 90%。2006 年后，非公经济进入文化创意产业，在一定程度上促进了文化创意产业的人才流动，加之作为中国的政治、经济、文化中心得天独厚的条件，北京市在过去十年中广泛吸纳高端人才，文化创意产业从业人数数量翻了两番，约为 2005 年的 4 倍，其带来的总资产和增加值涨幅则分别达到了 2005 年的 9 倍和 7 倍。

四、成果产出

在电影电视方面，北京市在电视剧产量方面位居全国第一，电影制作数量也占据全国半壁江山，如表 1 - 1 所示。此外，市文资办统计资料显示，北京市在电影等的数字处理和后期制作能力方面，已占全国近 70%。电影电视剧制作成果显著，也拉动了票房收入的增长，北京市票房收入数年居全国首位，2014 年票房收入达 22.90 亿元。在文化产品出口方面，北京亦居全国前列，电视剧出口额占全国 1/4，电影和动漫网游出口额分别占到全国总出口额的 50% 和 60%。

表 1 - 1 2014 年北京市电影及电视剧制作统计

项目	全国	北京	北京占比（%）
故事片（部）	618	270	43.7
电视剧（部）	429	86	20.0
电视剧（集）	15983	3129	19.6
电视剧出口（部）	296	47	15.9
电视剧出口（集）	13824	1754	12.7
电视剧出口额（万元）	20795	5084	24.4

资料来源：北京市新闻出版广电局，引自北京市统计局。

在报纸、期刊、图书等出版物方面，北京市统计局统计资料显示，截至 2013 年，北京市共有报纸 254 种，期刊 3053 种，图书 192137 种。与 2005 年相比，报纸和期刊等固定发型出版物的种类无显著变化，增幅较小，但图书事业发展显著，2005 年图书种类仅为 108125 种，截至 2013 年，图书种类增长了近 200%。目前，北京市图书出版单位数量占全国 41%、报刊种类占全国 30%、音像出版占全国 43%，各项指标在全国均属于佼佼者，文化创意产业的发展可谓成果显著。

五、配套服务

文化创意产业的发展需要政策、经济、法律等多方面配套服务的支持。以著作权保护和投融资为例。伴随着成果产出的飞速增长，对生产制作和著作权的保护势在必行。北京市文资办统计资料显示，以著作权登记为例，北京市的登记数量占全国的 50%，在对文化创意成果的保护方面，北京也处于全国领先地位。

在投融资方面，为了更好地促进文化创意产业的发展，北京市在投融资方面做出了突破性的创新和改革，拓展文化企业的投融资渠道，突破传统的主要依托银行贷款的模式限制，向投融资方式更多样的要素市场转变。文资办统计资料显示，2011年，全市发行集合票据的中小文化企业数量占全国的23%，全市文化产业投资数量占全国的41.3%，投资金额占全国的31.7%。到2012年末，全市文化创意产业贷款余额536亿元，年增幅由2011年末的84.7%下降到20.6%，文化企业获取资金的渠道更加多样化，对银行贷款的依赖程度大幅降低，北京市文化投融资市场体系得到进一步完善，政策创新成果显著。在投融资服务等支撑性功能不断完善的背景下，北京市上市文化企业达51家，除此之外，财务指标达到上市条件但尚未上市的企业还有120余家，全市文化创意企业整体实力增长可见一斑，也为北京市在全国的领先地位奠定了坚实的基础。

六、市场需求

伴随着文化创意产业规模的扩大、产品的丰富，市场对文化创意产业的产品和服务的消费额也与日俱增。北京市统计局数据显示，2014年，北京市城镇居民人均可支配收入为43910元，其中消费性支出为28009元，在消费性支出中，教育文化娱乐服务的消费为4170元，仅次于食品和交通通信消费。由此可见北京市文化创意产业消费市场已初具规模，市民对科教和文化创意产品及服务的认可度和需求度较高。具体到文化娱乐领域，文化娱乐用品支出与文化娱乐服务支出呈现此消彼长的趋势。2010～2012年，文化娱乐用品支出占比从28.7%降至22.3%，文化娱乐服务支出从35.8%增至44.9%。此后2014年，北京市人均文化娱乐用品人均年消费为926元，文化娱乐服务消费额涨至为2238元，占教育文化娱乐服务总消费额的50%以上，比2012年的44.9%有了显著提升，而此比例在2004年仅为25%。由此可见，全社会对文化创意产品及服务的关注度、认可度、需求度都在显著提升，文化消费结构正在逐步优化，为活跃文化消费市场的发展奠定了基础。鉴于北京市文化创意产业尚处于发展中，加之首都作为文化中心的地位和人口规模，北京文化创意产业市场特点可归纳为三点：社会影响大、市场需求旺、产业潜力强。

北京市文化创意产业历经十余年的探索、拼搏，才形成如今一幅繁荣的图景，根据其历史发展进程，综合考虑政策、经济、产业结构等因素，产业发展可以被分为四个阶段，分别是自由孕育期、引导起步期、稳步发展期和加速成长期。

第二节 北京文化创意产业发展的阶段

一、第一阶段：北京文化创意产业的自由孕育期（2003 年以前）

由于文化创意产业中文化要素的覆盖范围广、历史跨度长，文化积累的起始点无法精确断定，因此我们对自由孕育期的起始点不做精确判定。随着对关键事件的介绍和分析，将提出一些关于时间节点划分的理解，供读者参考。

20 世纪 90 年代中期，北京的城市性质和功能定位被确定为中国的政治中心和文化中心。因此，从文化发展地位的重要性角度看，1995 年可以被认为是北京文化创意产业发展的起点。本书并未予以采纳的原因在于：北京市城市定位的转折点并不能诠释文化创意产业的发展，产业发展与政策论之间可能存在较长的时间跨度。

从产业发展的角度来看，随着北京市委于 1995 年冬批准启动"首都文化发展战略研究"，北京市正式拉开了文化建设的序幕。北京市社会科学院在 1996 年提交的《首都文化建设现状考察与建议》报告中，明确指出了北京文化建设过程中要注意的"一个根本问题、两个关键问题"。其中，"一个根本问题"是北京城市发展整体战略，确立文化发展在北京经济、社会发展中的重要战略地位。这为之后十年间北京市文化发展的重要性提供了指导思想和理论依据。随后在"两个关键问题"中，北京市科学院又指出要利用北京丰富的文化资源和人才资源优势，大力发展文化产业，为北京文化发展奠定了坚实的经济基础。从北京市文化创意产业后期的发展中，不难看出，文化发展在经济发展中所占比重逐年升高，并将成为北京市第三产业中的佼佼者。

随后，1996 年 12 月 5 日，北京市委、市政府在《北京日报》上正式颁布了《中共北京市委、北京市人民政府关于加快北京文化发展的若干意见》（以下简称《意见》），明确提出"要充分利用北京丰富的文化资源和人才资源，大力发展北京文化产业，使其成为北京的支柱产业之一，使北京成为全国重要的文化产业基地"，《意见》在文化产业的行业细分方面指出，"在现阶段，北京的文化产业要着重开拓和发展图书报刊出版发行业、影视业、音像业、演出业、展览业、广告业、文化娱乐业和文化旅游业，同时要大力推动现代信息业、电子出版业等具有前瞻性的现代文化产业。对由传统民俗形成的文化行业要给予足够重视"；针对产业整体发展战略，《意见》指出"各类文化产业都要努力优化结构、合理布局、控制数量、提高质量、增进效益"。

继1995年北京市被定位为中国的文化中心，1996年末，《意见》的出台是此阶段的又一里程碑事件，北京市文化产业的发展从此进入了政府推动的时代。因此，从文化产业发展的地位及其模式的角度来看，1996年也可被认为是北京市文化创意产业发展的起点。本书并未予以采纳的原因在于以下两点：①工作文件中提及文化产业，而非文化创意产业；②文化本身的发展尚未取得显著成就。

在随后的三年中，北京市更将文化产业正式列为市长课题，又进行了长时间的专项研究，参与到研究中的部门包括北京市委宣传部、北京市人民政府办公厅、北京市计划委员会和北京市社科院，市委市政府对文化创意产业的重视可见一斑。经过历时一年的"北京文化产业现状与对策研究"的调研，首先形成对策建议为全市文化产业发展规划的制定奠定了基础，并出台多项政策文件，推动文化产业发展。在企业建设方面，由于长久以来产业结构单一、缺乏活力，北京通过资产重组等方式，在各领域组建成立了多家大型文化集团，如北京歌华文化发展集团、紫禁城影业公司、北京日报社报业集团等，提高文化产业中经营性文化资产的比例，提高北京文化产业的综合实力。

经过1997～1999年的重视和发展，北京文化产业整体实力得到显著提升。北京市统计局数据显示，截至1999年底，北京市文化行业（除旅游业）有单位共计3804个，总资产506.5亿元，从业人员22.4万人，1999年当年增加值115.4亿元，在全市GDP中所占比例达5.3%，旅游业增加值占全市GDP的10%。从1996年着手促进文化产业发展到1999年末，短短三四年间产业飞速发展的背后，除了得益于北京市和各区政府对发展文化创意产业的重视和高效执行外，更得益于北京悠久的历史和期间的文化积累。

进入21世纪，北京文化创意产业发展的良好态势得到进一步延续。2000年10月，时值中共十五届五中全会通过《关于制定国民经济和社会发展第十个五年计划的建议》，"文化产业"概念首次出现在党和政府重要文件中，产业重要性和受重视程度得到进一步提升。北京市也进一步加强在研究方面的努力，为产业发展指明方向，例如"十五期间北京文化产业发展研究"，并形成了一系列理论成果和指导性政策文件，例如《2001～2005年北京文化建设发展纲要》。在2000年末，北京市颁布《关于北京市国民经济与社会发展"十五"计划建议》，确定了"文化产业是首都经济的重要组成部分，要适度优先发展"的思路，提出"文化产业园区"概念，并指出要"推动文化产业园区的规划与建设"，强调了要将推动文化产业发展的力度提高到与科技产业相当。此项举措在短期内为产业发展打了一剂强心针，而从长期来看，为北京市未来的文化与科技融合奠定了基础并提供了保障。

截至 2001 年，北京市在文化企业建设方面也取得了突破性进展。年初，北京歌华网络股份有限公司挂牌并成功集资 12 亿元，琉璃厂文化产业园区开始在香港招商。5 月，北京广播影视集团正式成立，资产额达 50 亿元，成为北京文化产业的旗舰，参与组建的单位包括北京电视台、北京有线电视台、北京广播电台、歌华文化发展集团、北京歌华网络股份有限公司、紫禁城影业公司等实力单位。此外，更多的文化创意企业如雨后春笋般出现，如影视领域的博纳影业，互联网领域的搜狐、新浪、百度，科技领域的清华同方、汉王，文化设计领域的纸老虎文化、洛可可设计，艺术集聚区领域的 798 艺术区、宋庄小堡村等。北京市文化创意产业企业多样化得到提高，产业初具规模。

总体来说，2003 年之前，国家及北京市关于文化产业发展的政府文件中，虽然提及文化产业并申明发展的重要性，但缺乏对文化创意产业给予特别激励，产业整体更大程度上处于自由发展阶段。文化创意产业结构单一，产业发展速度缓慢，政策、金融、法律、人才培养等方面的支撑薄弱。文化创意企业和机构中，公有制比例较高，由于市场调控机制的介入程度较低，在一定程度上更加抑制了产业发展的自主能动性和积极性。非公企业则处于散养状态，缺乏政策引导、经济激励、资金周转、法律保护和人才培养等方面的必要支持，企业发展活力低、创新能力差。

尽管如此，由于文化要素的特殊性，放眼历史，在 2003 年之前，北京见证了中华人民共和国半个多世纪的发展，更见证了中国璀璨的历史，作为四大文明古国之一的古中国文化的一部分、作为历史上多朝古都，北京孕育、积累、浓缩了华夏文明之精华。尽管国家政策尚未大量出台，但中央和地方政府的重视、文化部门和民间团体的努力，为北京文化创意产业的起步奠定了坚实的基础。

此阶段的特点可以大致归纳为：文化积淀雄厚、体制束缚明显、产业结构陈旧、政策激励匮乏、产业形态萌生、科技融合薄弱、市场有待觉醒。

二、第二阶段：北京文化创意产业的引导起步期（2003～2006 年）

2002 年的中共十六大之后，文化领域分划为文化事业和文化产业两部分，并强调要积极发展文化事业和文化产业。文化体制改革的目的、意义、主要任务和实施重点也更加明确。十六大同时提出要"抓紧制定文化体制改革的总体方案"，此后我国文化体制改革的步伐明显加快。与国家整体发展步调相一致，2003 年起，北京文化创意产业发展也随着另一个里程碑事件的出现而进入新的阶段——起步期。

在国家的重视和北京市十余年文化产业发展成绩显著的背景下，2003 年 6 月，作为首都的北京市被确定为国家首批文化体制改革综合试点地区之一，北京市文化产业开始发展，进入起步期，全社会对文化产业的关注点也逐渐聚焦到文化创意领域。2003 年之后，北京市对文化领域的研究项目也更加聚焦到文化创意领域。

在这三年间，文化创意产业发展较快，主要得益于党的十六大精神的指导和政策引导。2005 年，中共中央国务院《关于深化文化体制改革的若干意见》文件的下发，要求北京市通过全面推进文化体制改革，落实相关配套政策，引导促进行业发展。其实北京市相关的先行工作已经展开。回溯到 2003 年，北京市数字娱乐产业软课题研究已起步；2004 年"北京数字娱乐产业示范基地"成功在北京市科委立项；2005 年，该基地成为"国家数字媒体技术产业化基地"和"国家网络游戏动漫产业发展基地"的重要组成部分。北京市在文化创意产业发展方面的前瞻性举措和先动者优势可见一斑。

经过三年间的理论研究、实地调研工作，国家和北京市分别出台了一系列政策及文件，引导文化创意产业的起步和发展，为其提供理论依据，如表 1 - 2 所示。除了针对文化创意产业的整体性指导文件和政策之外，国家和北京市为引导和促进各细分行业的发展，也颁布了相关政策及文件，例如 2005 年，全国的《关于网络游戏发展和管理的若干意见》，为后续游戏乃至动漫行业的政策体系建设奠定了基础。

表 1 - 2   2004 ~ 2006 年指导文件及政策体系

年份/文号	类型	名称
2004	指导文件	文化及相关产业分类
2004	指导文件	文化及相关产业指标体系框架
京办发〔2006〕30 号	指导政策	北京市促进文化创意产业发展的若干政策
京财文〔2006〕2731 号	监管政策	北京市文化创意产业发展专项资金管理办法（试行）
京发改〔2006〕2395 号	监管政策	北京市文化创意产业集聚区认定和管理办法（试行）
京统函〔2006〕183 号	指导政策	北京市文化创意产业分类标准
京关办〔2006〕467 号	支持政策	北京海关支持北京市文化创意产业发展的若干措施
2006	指导文件	北京市文化创意产业投资指导目录

在政府引导下，北京文化创意产业在这三年的起步可谓成果显著。在经济方面，成功带动了地区第三产业的发展，文化创意产业在地区生产总值中的占比升高并稳定在30%水平。北京市统计局的数据显示，如前文图表分析所示，截至

2006 年，北京文化创意产业增加值已经达到 812.1 亿元，较 2005 年 388.4 亿元有显著提升，增长率达 109.1%；文化创意产业总资产增幅亦高达 105.1%；总收入增幅达 93.6%。此三项经济指标的巨大增幅直接显示出北京市对文化创意产业起步的引导取得了巨大成功，并为下一阶段的发展奠定了基础。产业规模扩张和经济效益起飞，保证了北京市文化创意产品和品牌的国际化程度的提高，2003 年开始，北京市开始每年举办一系列的国际演出季，内容覆盖戏剧、交响乐和舞蹈等传统文化艺术。2004 年，北京国际旅游博览会与世人见面。中国文化作为整体开始走出国门，游历各国举行中国文化周、文化节，北京市作为文化中心自然参与其中。此外北京文化周在 2004 年也已来到世界文化名城——法国巴黎。在多年理论研究借鉴国外经验之后，中国北京文化创意产业首次高调走向国际，并获得了良好反响。

在产业结构方面，软件、网络及计算机服务，新闻出版，广播电视电影，设计服务成为北京文化创意产业主体，据统计，截至 2005 年，四个细分行业总资产占全市文化创意产业资产的 68.9%，增加值占比更是高达 76.1%，影响力不可小觑。例如在网络领域，北京市网站注册数近 13 万，占全国网站总数的 18.6%。图书出版方面，北京市出版图书超过 10 万种，占全国半数；报纸 255 种，约占全国 13%；期刊数占比也高达 30%。相对薄弱的行业主要是文化艺术和旅游、休闲娱乐等，但增势强劲，此期间年增长速度均在 40% 以上。加之北京市作为世界著名古都、国家历史文化名城，有着长久的文化孕育与积淀，旅游等行业的发展前景乐观。

在企业发展方面，文化创意企业进一步涌现，新生企业覆盖建筑、发行等多个行业，产业结构更加多样化。在文化体制改革方面，成功改制为企业的文化类院团有北京歌剧舞剧院、北京儿童艺术剧团等，体制改革初现成果。各大企业的服务内容也在科技发展的带动下更加多样化，互联网发展加速、数字电视开通、移动电视开播，三网融合起步，一系列相关行业的飞速发展为文化创意产业的稳步发展营造了优越的外部环境。

引导起步期步入尾声，另一标志性事件是北京市委、市政府组织并于 2006 年 4 月成立了文化创意产业领导小组，涵盖了各级委办局共计 21 个。北京市文化创意产业促进中心同时成立，该中心为常设机构，政府对文化创意产业的重视和引导将会上升到一个新的高度。随着产业引导政策的出台、常设机构的最终建立，北京文化创意产业的引导起步期步入尾声，此阶段的特点可以大致归纳为：文化体制改革、产业政策引导、产业结构改善、产业及产品服务多样化、市场初步苏醒。

三、第三阶段：北京文化创意产业的稳步发展期（2006~2014年）

2006年是我国文化创意产业发展史的一座里程碑，这一年既是引导起步期的收尾，同时也标志着稳步发展期的开始。9月，中共中央办公厅、国务院办公厅下发《国家"十一五"时期文化发展纲要》，"文化创意产业"概念在国家层面被正式提出。《北京市"十一五"时期文化创意产业发展规划》明确指出要"通过大力发展文化创意产业，进一步提升北京作为全国文化中心和文化创意产业主导力量的影响，增强文化创意产业创造社会财富和就业机会的能力，使文化创意产业成为首都经济的重要支柱，把北京建设成为全国的文艺演出中心、出版发行和版权贸易中心、广播影视节目制作和交易中心、动漫游戏研发制作中心、广告和会展中心、古玩和艺术品交易中心、设计创意中心、文化旅游中心、文化体育休闲中心"，并设立了"规划期内，预计文化创意产业增加值年均增长15%左右，到2010年，文化创意产业增加值占全市地区生产总值超过12%"的战略目标。北京市文化创意产业发展进入了重点发展、刺激增长的新阶段。

在市委市政府的政策决策方面，经过自由孕育期的积累和引导起步期的前期工作，文化创意产业的发展和研究工作已步入正轨，在产业规模扩张的同时，产业价值和发展潜力逐渐彰显，产业逐渐呈现出边际效益递增的态势。紧随中央"十一五"对文化创意产业的精神，北京市在《北京市"十一五"时期国民经济和社会发展规划纲要》中，也将文化创意产业提到了支柱产业的地位，予以政策扶持。为支持文化创意产业发展，以2006年出台的一系列引导和管理政策为基础，截至2010年，北京市各级政府制定并出台新政策累计达60余项。政策的覆盖范围也有了显著提升，涵盖标准制定、整体规划、产业促进、行业发展、投融资支持、知识产权保护，以及统计规范等诸多方面，为产业发展提供政策保障，并促进文化创意产业配套服务的完善、产业发展秩序的规范。

2010年10月，国务院出台《关于加快培育和发展战略性新兴产业的决定》，明确指出大力发展数字虚拟等技术、促进文化创意产业发展，将文化创意产业的重要性提高到战略性新兴产业的高度，也为文化与科技的融合拉开序幕，中共十七届六中全会在《中共中央关于深化文化体制改革推动社会主义文化大发展大繁荣若干重大问题的决定》中，又进一步确立了文化产业成为国民经济支柱产业的地位。

进入稳步发展期，北京市文化创意产业得到了全方位的发展，在诸多领域取得了长足的进步，且增长率连年保持稳定。

（一）产业规模

首先，增加值是评价产业发展过程中受关注度最高的指标，2006年，北京市文化创意产业增加值为812.1亿元，到2010年增长至1697.7亿元，实现翻

倍，产业增加值占全市地区生产总值的 12%。到 2013 年，产业增加值提高至
2006 年的 3 倍，达到 2406.7 亿元。即便忽略 2006 年当年由于上阶段引导起步期
引发的爆发式增长，稳步发展期内，北京市文化创意产业增加值仍然实现了较
2007 年近 2.5 倍的增长，数据如图 1-5 所示。文化创意产业成为北京市支柱产
业，产业地位得到巩固和进一步提升。从增长率的角度来看，如图 1-6 所示，
由于引导起步期的成功引导，增加值增幅巨大，资产总额和总收入增幅同样显
著，3 个指标分别 100% 的增幅为产业规模的扩张带来良好的开端。

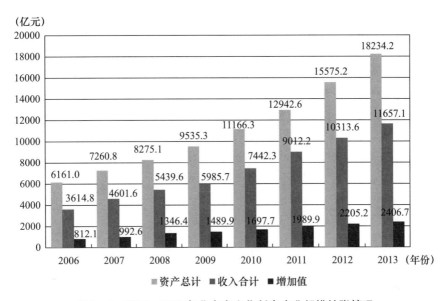

图 1-5　2006～2013 年北京市文化创意产业规模扩张情况

资料来源：北京市统计局。

　　随后的 7 年中，产业规模稳步扩张，增长率稳定在 20% 左右。到 2013 年，
资产总额总计 18234.2 亿元，是 2006 年的 3 倍；总收入合计 11657.1 亿元，是
2006 年的 3.2 倍。总体来看，北京市文化创意产业在稳步发展期实现了 3 倍的增
长。从行业细分看，在文化创意产业的 9 个细分行业中，网络及计算机服务业发
展最具优势、规模最大，约占全市文化创意产业增加值的 50%，细分行业分析
将在后续章节中具体呈现。

　　（二）产业结构

　　在产业规模稳步扩大的同时，产业结构也得到长足发展。在市委市政府的重视
下，自 2006 年 12 月北京市正式命名文化创意产业集聚区起，市级文化创意产业集
聚区相继成立，共计 4 个批次、总数达 30 家之多。集聚带来的协同效应不仅加速
了企业自身的发展，也提高了文化创意产业整体建设的效率，避免了重复建设。

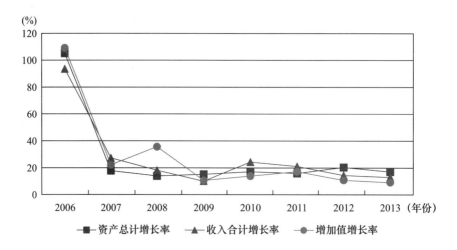

图 1-6 2006~2013 年北京市文化创意产业规模扩张增长率分析

以北京数字娱乐产业示范基地为例，该基地不仅得到了北京市的支持和认可，更获得了国家科技部"863 计划"的支持，是首批北京市文化创意产业集聚区，基地入驻企业 90 余家，针对数字娱乐产品，基地的职能覆盖从研发到生产各个环节，创新达 200 余项。集聚区的大量出现，预示着北京文化创意产业发展步入集聚阶段，以各细分行业为区分，集聚形式更加专业化。产业集聚（或产业聚集）是产业发展中的重要阶段，文化创意产业更亦是如此。

在产业要素市场，文化创意融资服务平台、文化产权交易所、设计交易市场等支撑服务平台也得到进一步完善。近年间加速发展的互联网和其他前沿科技与文化创意产业之间的互动结合也越发紧密，金融、互联网等产业与文化创意产业之间的交叉与合作逐步加强，文化创意产品及服务创新层出不穷，多样化程度显著提升。在市场需求方面，更加成熟的产业体系和丰富的产品结构，居民文化创意产品的消费能力得以释放，文化娱乐领域的人均年消费逐年升高，其中对文化娱乐服务的消费在 2012 年后突破了 50%。由此可见，文化创意产业不仅在产业规模上得到了发展，产业结构和要素市场均得到了很大程度的改善和刺激。

（三）政策体系

2006 年、2007 年之前的政策主要以整体规划为主，在引导起步期的指导性文件基础上，进入发展期后的政策则以具体支持为主，政策重点更聚焦到融资、知识产权等具体环节。文化创意产业的细分行业分类体系也更加明确，出台了更多推动产业发展的相关政策，对各细分行业开展"一业一策"支持办法，推动产业集聚与融合，如表 1-3 所示。特别注明的是，时逢"十一五"时期，《北京市"十一五"时期旅游业及会展业发展规划》颁布时期虽然在自然年的 2006

表1-3　北京文化创意产业稳步发展期政策体系

年份	政策	对象
2006	北京市"十一五"时期旅游业及会展业发展规划	旅游、会展
	东城区"十一五"时期高新技术产业、文化产业及雍和科技园发展规划	产业融合
	北京工业促进局创意产业实施计划	全行业
2007	北京市"十一五"时期文化创意产业发展规划	全行业
	北京市宣武区"十一五"时期文化创意产业发展规划	全行业
	"十一五"时期朝阳区文化创意产业发展规划	全行业
	北京市保护利用工业资源发展文化创意产业指导意见	产业融合
	北京工业促进局创意产业实施计划	产业融合
	北京市文化创意产业集聚区基础设施专项资金管理办法（试行）	产业集聚
	海淀区文化创意产业专项资金管理办法	财政、金融
	北京市大兴区新媒体产业发展专项基金管理办法	媒体
2008	北京市展会知识产权保护办法（2007年颁布，2008年执行）	知识产权
	北京市"十一五"时期出版（版权）业发展规划	出版
	北京市人民政府关于全面推进北京市旅游产业发展的意见	旅游
	北京市关于推进工业旅游发展的指导意见	旅游
	北京市文化创意产业贷款贴息管理办法（试行）	财政、金融
	顺义区促进会展业发展财政扶持意见	财政
	昌平区促进文化创意产业发展的若干政策	全行业
	怀柔区促进生产性服务业和文化创意产业专项引导资金使用管理实施细则	财政
2009	北京市关于支持影视动画产业发展的实施办法（试行）	动画
	北京市关于支持网络游戏产业发展的实施办法（试行）	网络游戏
	北京市动漫企业认定管理工作实施方案	动画、漫画
	北京市文化创意产业担保资金管理办法（试行）	财政、金融
	北京市文化创意产业创业投资引导基金管理暂行办法	财政、金融
	北京市人民政府关于实施首都知识产权战略的意见	知识产权
	石景山区促进文化创意产业发展的试行办法	全行业
	海淀区知识产权质押贷款贴息管理办法	财政、金融
	昌平区文化创意产业发展专项资金管理办法	财政
	昌平区文化创意产业贷款贴息管理办法	财政、金融

续表

年份	政策	对象
2010	北京市促进软件和信息服务业发展的指导意见	软件、信息服务
	北京市促进设计产业发展的指导意见	设计
	关于大力推动首都功能核心区文化发展的意见	全行业
	海淀区促进文化发展支持办法	全行业
	海淀区促进旅游产业发展支持办法	旅游
	顺义区促进文化创意产业发展的若干意见	全行业
2011	北京市"十二五"时期文化创意产业发展规划	全行业
	北京市东城区关于促进文化创意产业发展的办法	全行业

注：①各区政策（试行政策）并未全部统计在内；②同年份政策排序依据：http：//www. creativein-dustry. org. cn/po_ bj. htm.

年，但由于其面向"十一五"的政策定位，本书并未将其归纳到引导起步期，而归纳入稳步发展期，其他数项政策同理。与此类似的还有《北京工业促进局创意产业实施计划》，旨在规划未来数年间的产业改造和建设，也被纳入此阶段。

从对各项政策的对象类别的统计中，不难看出，2006年之后，政策导向已经由单一的概括性引导向各细分领域渗透，包括细分行业、服务体系等。

从行业细分角度看，旅游产业受到政策关注最大，出版、动画漫画、媒体、设计、会展等方面也不同程度受到关注。

在产业支撑方面，财政和金融投资方面出台的政策最为突出，主要原因在于产业发展过程中，资金和财税问题是影响产业、企业运作的首要因素。

（1）财税优惠和融资服务体系的建立最为关键，北京市的举措大致可归纳为三类：首先，政府直接投资，设立文化创意产业发展专项资金，金额为每年5亿元，方式包括贷款贴息、项目补贴等；其次，提供政府融资服务，通过推进银行与政府的合作，以媒介的形式帮助企业解决资金难题；最后，举办并鼓励各类融资活动，通过投融资推介会等活动，吸引资金流入文化创意产业，间接帮助企业解决发展问题，并使全社会投资结构更加多元化。

（2）融资服务之外，作为文化创意产业中最具核心竞争力的知识产权，也越来越受到政策和法律的关注，行业生态环境得到进一步改善。

（3）在工业和科技发展的大背景下，北京市及各行政区也注意到促进工业与旅游、工业与文化、文化与科技之间融合的巨大前景。随着2007年后"三网融合"的逐步实施，为刺激文化产业与相关产业的融合、聚集，市政府在2007年也出台了相应的发展规划，为文化产业的发展指明方向并制定目标。

（4）信息平台建设方面，除了出台信息服务业发展的相关政策外，北京市委市政府更身先士卒，承担起信息平台搭建工作，由文化创意产业促进中心印发《文化创意产业动态》，就政策解读、产业动态、理论研究等诸多方面面向全社会提供信息支持，保证了产业发展过程中最大程度的信息交流。

（四）文化产权交易

在稳步发展期，北京市在文化产权保护的同时，在文化产权交易领域也取得了诸多成绩。建立并运行的交易中心有市级、区级，也有企业主导，产权交易平台多样，包括北京产权交易中心、北京产权交易所、北京国际版权交易中心、中国国际版权交易中心、中关村海淀国家版权交易中心、平谷音乐版权交易中心、歌华文化艺术品交易中心、北京艺术品产权交易所等。此外，展会形式的交易平台还有如北京国际电影节、北京国际图书博览会、中国国际影视节目展、中国怀柔影视文化节等展会。据不完全统计，仅 2012 年，知识产权交易就有 1673 项，成交额共计 62.47 亿元。

（五）市场增长

从北京文化创意产业面临的国际化大市场角度来看，商务部数据显示，2006～2011 年，文化贸易进出口额从 12.65 亿美元增至 26.79 亿美元，年复合增长率达 16.2%。游戏、影视、出版等细分行业成为进出口重点行业。北京文化创意产业"走出去"得到认可，国际化程度提升。

在政策最多提及的旅游业方面，由于整体经济增长和全民收入水平的提高，到 2012 年来京旅游总人数达 2.31 亿。其中，入境人数 500.9 万，国内旅游总人数约 2.3 亿，约占旅游人数的 100%。在旅游业创收方面，旅游外汇收入 51.49 亿美元，约合 324.4 亿元，国内旅游收入 3301.3 亿元。从游客的人均旅游消费视角看，国际旅游市场对北京旅游业的贡献更大，但国际旅客占比较低，有待进一步开发。

在文化创意市场的国内消费方面，北京市统计局数据显示，对北京市居民抽样统计，2007～2013 年，教育文化娱乐服务的总支出从每年人均 2384 元增长至 3985 元，总涨幅 67.2%，年复合增长率 9%。其中，文化娱乐用品支出从每年人均 789 元涨至 949 元，涨幅较低，且在总支出中的占比反而从 33.1% 降低至 23.8%。文化娱乐服务支出涨幅显著，从每年人均 718 元增长至 1963 元，涨幅 173.4%，年复合增长率高达 18.3%，在总支出中占比从 2007 年的 30.1% 升高至 2013 年的 49.3%。可见，北京市文化创意产业在文化、创意等无形产品及服务领域，成果显著，且文化创意消费得到市民认可和追捧。产业发展前景乐观。

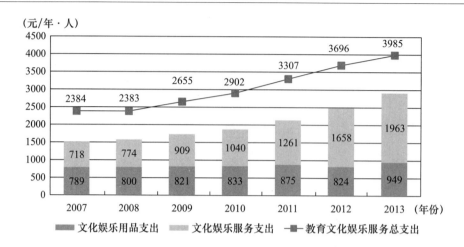

图 1 - 7　2007 ~ 2013 年北京市文化娱乐市场人均消费

资料来源：北京市统计局。

（六）阶段小结

与引导起步期类似，在稳步发展期，政策法规的推动力依然是产业发展的首要促进因素。稍有不同的是，随着产业规模的扩大和产业结构的改善，文化创意消费市场开始逐渐升温，从产业和市场发展的促因构成的角度分析，此阶段的特点可归纳为如下三点：政策引导依然强劲、创新推动逐步加强、消费市场开始觉醒。

四、第四阶段：北京文化创意产业的加速成长期（2014 年至今）

在稳步发展期，北京市文化创意产业增长稳健，进入 2014 年，增长态势愈加强劲。在总资产方面，如本章开篇所述，北京文化创意产业总资产额增长率升高至 45%，突破稳步增长期 20% 的水平，有了显著提高。值得一提的是，总资产中无形资产比重大，市场潜力和潜在价值巨大，未来发展中应予以有效的开发和利用。据有关部门统计，北京市国有文化企业的资产中，现已转变为以无形资产为主，其潜在价值估计约有数千亿元甚至上万亿元，市国资委统计数据显示，截至 2013 年 9 月，市国资委监管的国有企业资产规模约为 2.4 万亿元。值得一提的是，2014 年全年产业总资产为 2.64 万亿元，从所有制角度划分，公有制资产在产业总资产中的占比高达 91%，公有制企业数量虽少，但占据了市场的关键环节。一方面，公有制主导有效把握了文化领域的领导权、控制权和话语权，对于建设国家文化中心和维护首都意识形态起着重要作用；另一方面，非公有制在体量方面有待进一步发展，前景广阔。2014 年起，进入加速发展期，非公有制企业及混合所有制企业开端较乐观，虽然目前总规模仅占不足 10%，但全市非公文化企业数量占比则接近 90%，相信在未来，非公有制文化创意企业定会迎来其蓬勃发展，对北京市文化创意产业结构形成有效补充。产业结构的进一步优化也将成为加速成长期北京市文化创意产业发展的重点工作之一。

北京市的文化创意企业在国内外的影响力也日趋显著。从产业链建设视角看，以图书业为例，北京发行集团在图书销售、终端、古旧书经营甚至出口等诸多环节形成了行业主导能力。从市场占有率视角看，在出版领域，北京市出版集团稳居全国图书零售 10 强，北京日报报业集团在报刊总体经济规模综合评价中位列第四（全国共计 47 家报刊企业）；在艺术品拍卖方面，如北京翰海拍卖公司，其在巩固国内领先地位的同时，进一步扩展国际影响力，占亚洲当代艺术品拍卖市场的 2%，为北京市文化创意产业的国际影响力建设增添了炫彩的一笔；在文化产业最根本的传统艺术领域，各大市级乃至国家级剧团在剧目创作和艺术家培育方面也收获颇丰，其中不乏中国评剧院、中国杂技团、中国木偶剧团等国家级单位。

伴随着文化创意产业规模的扩大、产品的丰富，市场对文化创意产业的产品和服务的消费额也与日俱增。北京市统计局数据显示，2014 年，北京市城镇居民人均可支配收入为 43910 元，其中消费性支出为 28009 元，在消费性支出中，教育文化娱乐服务的消费为 4170 元，占比约为 15%，已经成为仅次于食品和交通通信消费的第三大消费市场。由此可见，北京市文化创意产业消费市场已经具备一定规模，市民对科教和文化创意产品及服务的认可度和需求度逐渐升高。此特点在文化娱乐领域消费结构方面也有所体现，文化娱乐用品支出与文化娱乐服务支出呈现此消彼长的趋势。此前在稳步发展期，文化娱乐用品支出占比逐渐萎缩至 23.8%，而文化娱乐服务支出则相应增长至 49.3%，进入加速成长期的第一年，即 2014 年，北京市每年人均文化娱乐用品消费额略降至 926 元，而文化娱乐服务消费额进一步涨至 2238 元，在教育文化娱乐服务总消费额中的占比突破 50%，该比重在引导起步期，即 2004 年前后仅为 25% 左右。由此可见，全社会对文化创意产品及服务的关注度、认可度、需求度都在显著提升，文化创意产业消费结构正在逐步优化，为活跃文化消费市场的发展奠定了基础。鉴于北京市文化创意产业尚处于发展阶段，加之首都作为文化中心的地位和人口规模，北京文化创意产业市场特点可归纳为四点：社会影响扩大、国际化程度提高、市场需求旺盛、产业潜力强劲。

第三节 文化创意细分行业发展评价

根据《国民经济行业分类》（GB/T 4754 – 2002）的分类标准，北京市出台了《北京市文化创意产业分类标准》，规定了文化创意产业的范围，主要包括 9 个大类，27 个中类，88 个小类。其中 9 个大类分别是：文化艺术；新闻出版；广播、电视、电影；软件、网络及计算机服务；广告会展；艺术品交易；设计服务；旅游、休闲娱乐；其他辅助服务。

总体看，截至 2014 年，北京市统计局数据显示，9 个细分行业在文化创意产业总资产额、收入额、从业人员总数三方面的占比，如图 1 – 8 所示。软件、网络及计算机服务业占据了行业规模的近 40%，而从业人员更是占据了将近 50%，

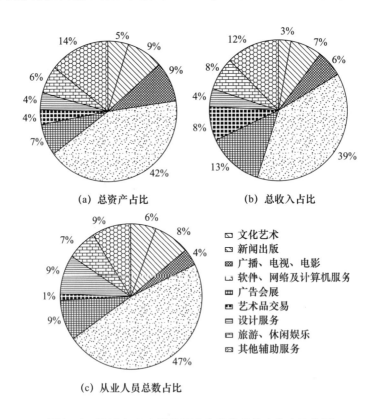

(a) 总资产占比　　　　　　　　(b) 总收入占比

(c) 从业人员总数占比

　□ 文化艺术
　□ 新闻出版
　▨ 广播、电视、电影
　⌐ 软件、网络及计算机服务
　⊞ 广告会展
　◪ 艺术品交易
　▭ 设计服务
　▱ 旅游、休闲娱乐
　▨ 其他辅助服务

图 1 – 8　2014 年各个细分行业在产业总体中的占比分析

资料来源：北京市统计局。

是北京市文化创意产业的主要支柱。在总资产方面，排名第二、第三位的分别是广播、电视、电影和新闻出版行业（由于其他辅助服务涵盖范围广，无法逐一统计，故此排序中忽略）；而在总收入方面，广告会展和广播、电视、电影位列第二、第三。出现此现象的原因，一方面，可能在于新闻出版业的公益性强于其他行业；另一方面，作为首都和人口大省（直辖市），在会展和艺术品交易领域的影响力较大，在吸引展会方面具有得天独厚的优势。在从业人员方面，广告会展、设计服务业和广播、电视、电影位列第二至第四，三者间不分伯仲。设计服务业由于需要通过长久的人才培养和软实力积淀才能形成竞争力，因此虽然现阶段从业人员比例已达9%，但总资产额和总收入贡献占比依旧较低，随着动漫游戏和服务业的发展，该领域的发展前景一片大好。

本节中，将对北京市文化创意产业在各个大类细分市场到目前为止的发展，进行归纳总结和评价。将从产业发展的四个阶段，依据各行业的统计数据，对各细分行业进行综合介绍和评价。

一、文化艺术

文化艺术行业在整个文化创意产业中，总资产占比5%、总收入占比3%、从业人员占比6%，占比较小，相对投入产出比较低，产业活力有待提高。从过去几年的历史数据看，如图1-9所示，自2006年进入稳步发展期开始，资产总额和收入贡献两项指标均持续稳步增长，在2010年稍有停滞，经过短暂的调整

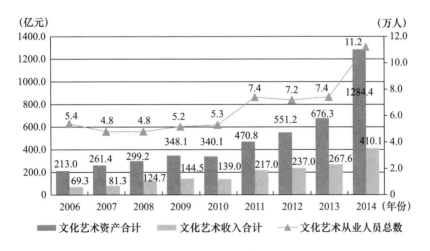

图1-9　2006～2014年文化艺术行业发展情况统计

资料来源：北京市统计局。

之后，涨幅略有加快。截至 2013 年，随着步入加速成长期，呈现突破性增长。2014 年文化艺术行业总资产和总收入涨幅分别达到 89.9% 和 53.2%。从业人员总数在 2007～2008 年稍有萎缩，随后保持平稳稍有增长，并在 2011 年和 2014 年有两次突破性增长，两次涨幅分别达到 39.6% 和 51.4%，从历史数据看，文化艺术行业的投入产出比正在逐渐好转，虽然现阶段在文化创意产业总体中人员占比仍然较高，但这在一定程度是由于行业特性所决定，在日常运作中对工作人员需求量较大。从历史数据看，总收入涨幅已略高于从业人员涨幅，行业正在向着高效、积极的方向发展。

据不完全统计，2006～2011 年，文化艺术行业增加值亦在稳步增长，如表 1-4 所示，虽然增幅稳定，但在产业整体增加值快速增长的背景下，文化艺术行业增加值的占比呈下降趋势。究其原因可能主要有两方面：①其他细分行业由于政策激励和行业特性等方面的原因，增长速度更快；②文化艺术行业属于传统行业，行业发展与增长受到行业特性和传统观念的限制，创新较少。

表 1-4　文化艺术行业增加值增长情况　　　　　　单位：亿元、%

年份	2006	2007	2008	2009	2010	2011
文化艺术行业	35.6	39.4	42.7	48.8	53.7	68.0
文化创意产业整体	812.1	992.6	1346.4	1489.9	1697.7	1989.9
占比	4.38	3.97	3.17	3.28	3.16	3.42

注：2012 年后文化艺术行业增加值数据缺失。

资料来源：北京市统计局。

文化艺术大类中，又包括 5 个中类，分别是：文艺创作、表演及演出场所，文化保护和文化设施服务，群众文化服务，文化研究与文化社团服务，文化艺术代理服务。在全社会对文化创意概念的理解中，文化艺术这一细分市场在文化创意产业中最为广泛。本章将选择部分领域进行进一步概括性分析。

（一）文艺创作、表演及演出场所

文艺创作与表演细分中，主要包括文艺创作与表演、艺术表演场馆这两大部分。自 2001 年起，专业艺术剧团数量无显著变化，艺术表演场馆数量则显著增长，从 2001 年的 23 个增加至 2011 年的 68 个，峰值达到 73 个，如图 1-10 所示。艺术表演场馆从业人员数量并未减少，反而微增至 2954 人，如图 1-11 所示；值得一提的是，专业艺术剧团在艺术人才培养方面的成绩已经稍稍显露，2001～2013 年，剧团总数虽从 37 个略减至 35 个，但从业人员却从 6786 人，增长至 7835 人，涨幅达 15.5%，为行业长久良好发展打下了坚实的基础。

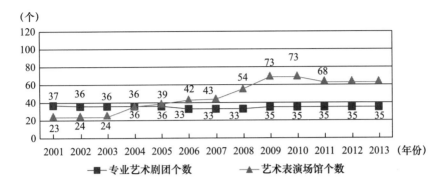

图 1 - 10   2001~2013 年专业艺术剧团与艺术表演场馆数量统计

注：2012 年与 2013 年，艺术表演场馆数据缺失，延续使用 2011 年数据。

资料来源：北京市统计局。

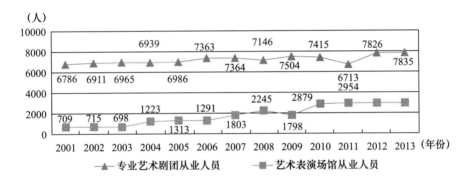

图 1 - 11   2001~2013 年艺术剧团与表演场馆从业人员统计

注：2012 年与 2013 年，艺术表演场馆数据缺失，延续使用 2011 年数据。

资料来源：北京市统计局。

如图 1 - 12 所示，在 2004 年进入引导起步期以来，艺术表演场馆承办的演出场次呈现高速增长，2004~2006 年大致呈现对数增长，而 2006 年后进入稳步发展期，更呈现出指数增长趋势，2010 年，由于艺术场馆数量停止增长并有少许减少，演出数量也受到相应影响。据此，针对艺术场馆等基础设施，可以得出如下两点推论：首先，现有艺术场馆承载能力已经饱和，场馆数量成为制约演出数量和行业增长的瓶颈；其次，现有场馆要进一步改进升级，并在管理上需要创新，提高运营效率、完善配套设施，争取更大的行业增加值。如图 1 - 12 所示，专业艺术剧团演出数量并无大变化，可见艺术演出被全社会的认可和推崇程度提高，民间参与度高，对专业艺术剧团来说，这也是潜在的大好机遇。

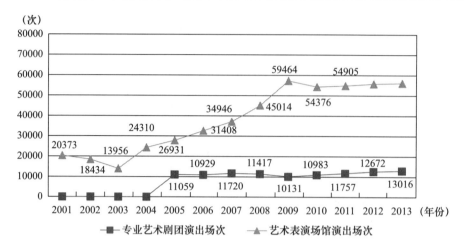

图1-12 2001~2013年专业艺术剧团与艺术表演场馆演出场次统计

注：①2012年与2013年，艺术表演场馆数据缺失，延续使用2011年数据；②2004年之前，专业艺术剧团演出场次数据缺失，以零计。

资料来源：北京市统计局。

（二）文化保护和文化设施服务

此类别主要包含文物及文化保护，以及博物馆、纪念馆、图书馆、档案馆五大领域。

在文物及文化保护方面，在2005年，文物藏品数共计115万件，其中一级品620件；截至2014年，文物藏品总数达430万件，累计增长率274%，年复合增长率16.8%，一级品数量增长至891件，且一级品仅在文化局系统内博物馆及文物保护管理机构收藏，在对国有文物、文化的保护方面，保护工作完备。相对于一级品数量的有限增长，文物藏品总数的巨大增长，说明全社会对文化保持有了更大的热情和重视，各级文物都得到文物局和民间机构的有效收藏和保护。北京市在文物及文化保护方面的整体工作取得较大进展。在文物及文化保护行业规模方面，在引导起步期的2005年，此行业从业人员达5087人，参观人数约1371万人次，年收入91765万元，年支出80308万元，利润11457万元；2014年，行业进入加速成长期，文物局系统内从业人员为6225人，基本持平（文物局系统外从业人员未有统计），参观人数增长至3500万人次，年复合增长率11%，年收入增长至214175万元，其中门票收入44533万元，占比20.8%，年利润则增长至16838万元，此9年间年复合增长率4.4%，低于文物藏品和参观人数年增长率，作为传统领域，受到行业特征束缚的可能性较大，尽管在稳步增长期取得了不俗的阶段性进展，但行业发展在未来仍需要在服务和经营模式上加大创新，提高行业活力，创造更大的附加值。

在博物馆、纪念馆、图书馆、档案馆的建设发展方面，发展成绩最突出的是博物馆，2014 年，北京地区博物馆总数已达 171 座，其中文物局系统内博物馆数量多年维持在 41 座，系统外博物馆发展较为突出，如图 1-13 所示。虽然一级品被系统内博物馆收藏垄断，但无论从数量还是总收藏量来看，文物局系统外博物馆占据了市场的约 3/4，且依旧保有一定的增长势头。

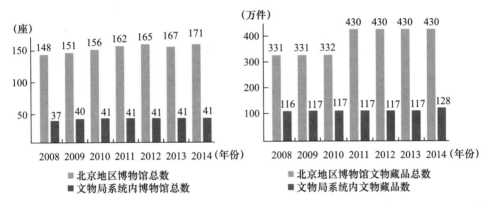

图 1-13 2008~2014 年北京市博物馆及藏品数统计

资料来源：北京市统计局。

在图书馆方面，北京市公共图书馆数量自 2000 年起维持在 26 座，2006 年后数量稳定在 25 座，从业人员在保持稳定的基础上，略有增长，行业规模基本持平，如图 1-14 所示。图书馆总藏书量自 2004 年起持续增长，年复合增长率约 5%，如图 1-15 所示，行业规模扩展依赖于新书出版发行，而借阅量稍有衰退的原因可能在于随着人均可支配收入的增加，对书籍的购买力有所增加，进而抑制了图书借阅的增长。

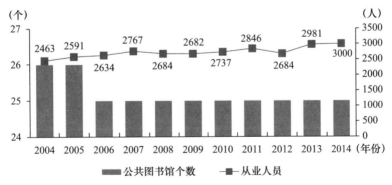

图 1-14 2004~2014 年北京市公共图书馆及从业人员统计

资料来源：北京市统计局。

图 1 - 15　2004～2014 年北京市总藏书及书刊文献外借统计

资料来源：北京市统计局。

在档案馆方面，北京市档案馆共 18 座（2010 年前为 20 座），其中市属档案馆 2 座，区县属 16 座。与图书馆类似，尽管档案馆数量保持不变，但是其容量（案卷数量）每年稳定增长，利用人数增长较为缓慢，2013 年爆发式增长过后出现少许回落，如图 1 - 16 所示。

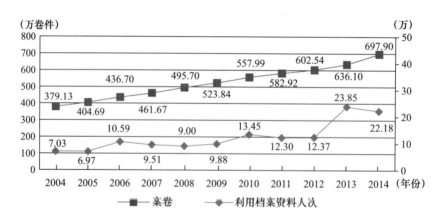

图 1 - 16　2004～2014 年北京市档案馆案卷及利用档案资料人次统计

资料来源：北京市统计局。

综合来看，文化保护领域，北京市在过去的三个时期内取得了一定程度的进步和发展，但在文化设施服务等方面，发展较为缓慢，图书馆和档案馆等传统公共文化设施在新文化创意产业时代，有待寻求发展模式的创新。

（三）群众文化服务

在群众文化服务方面，与图书馆和档案馆不同，群众艺术馆和文化馆总数逐年有所增长，如图 1-17 所示，2014 年，群众艺术馆和文化馆虽然保持在 1 个和 19 个，未有变化，但文化站数量从 2005 年的 306 个增长至 326 个，带动了从业人员的少许增长。

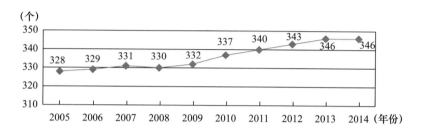

图 1-17 2005~2014 年北京市群众艺术馆、文化馆、文化站总数统计

资料来源：北京市统计局。

在承担和举办文化活动方面，各类艺术馆、文化馆及文化站在 2008 年之前举办展览及组织文艺活动数量较多，且每年增长显著，而在 2008 年之后，举办展览数量低迷，组织文艺活动数量虽在 2008 年当年出现骤减，但之后逐渐升高，2014 年再次出现萎缩（见图 1-18）。其原因可能来自两方面：①2008 年奥运会掀起了民间文艺活动的热潮；②民间群众艺术相对于创意领域更偏向于传统文化艺术，且缺乏多样性，在活动的组织等方面难以取得突破性的进展。

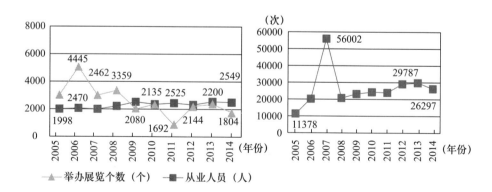

图 1-18 2005~2014 年北京市群众艺术馆、文化馆、文化站从业人员及举办展览和活动统计

资料来源：北京市统计局。

二、新闻出版

新闻出版类中，主要包括新闻行业，书、报、刊出版发行行业，以及音像及电子出版物出版发行行业。

（一）新闻及书、报、刊出版发行

自 2001 年起，北京市图书出版发行种类连年持续增长，增速稳定，如图 1－19 所示，图书出版行业发展受政策环境和文化创意产业整体发展影响较小，增幅无明显增加。报纸发行种类在 2001～2010 年稳步增长，但从 2011 年起开始出现萎缩，如图 1－20 所示，综合报纸和专业报纸在发行种类上均无大变化。但期刊种类相对稳定，在进入引导起步期后出现一定幅度增长，随后数量稳定维持在 3000 种左右。

值得一提的是，在图书出版方面，2010～2013 年，北京市图书版权引进数量分别达到 8074 件、7919 件、9354 件和 9215 件，整体呈现增长趋势。更多的版权引进有助于图书行业朝着更加国际化的方向发展。

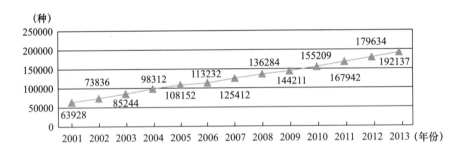

图 1－19　2001～2013 年北京市图书种类统计

资料来源：北京市统计局。

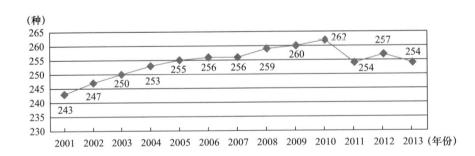

图 1－20　2001～2013 年北京市报纸种类统计

资料来源：北京市统计局。

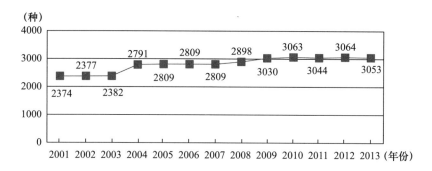

图 1 - 21 2001～2013 年北京市期刊种类统计

资料来源：北京市统计局。

（二）音像及电子出版物出版发行

由于新旧技术交替，数字时代逐渐来临，录音带的需求量逐渐减少，随着需求萎缩，其发行亦在逐年减少，如图 1 - 22 所示。北京市属录音带发行种类已减少至 69 种，在 2012 年更是跌至只有 17 种，总发行量 7.8 万盒，2012 年为 4.2 万盒。以录音制品为代表的传统音像行业今非昔比。激光唱盘方面，虽然萎缩幅度低于录音带，但行业发展呈相同趋势。

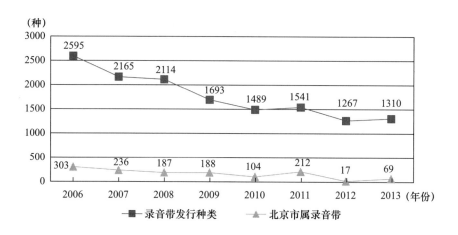

图 1 - 22 2006～2013 年北京市录音带发行统计

资料来源：北京市统计局。

电子出版物自 2010 年公布统计数据以来，每年略有增长，2013 年，北京市全部只读光盘种类达 4455 种，发行量 22097.8 万张，其中市属 19 种，发行量 14.96 万张。尽管光盘市场暂未出现录音带市场般的大幅衰退，但以交互式光盘为例，2013 年北京市发行总数为 1601.4 万张，其中市属光盘发行数量仅为 0.1 万张。北京市音像及电子出版物行业逐渐呈现出衰退态势，其原因一方面在于新技术的出现一定程度上改变了消费者的消费习惯，另一方面也在于北京市文化创意产业整体格局正在朝着技术含量更高、服务质量更好的方向发展，传统出版行业面临被边缘化。

三、广播、电视、电影

从广播电视综合覆盖率看，北京市 2010 年之前为 99.99%，2010 年之后正式达到 100% 覆盖，其中包括无线广播综合覆盖率、电视综合覆盖率，均达到 100%。有线广播电视入户率自 2013 年起突破 100%，2014 年达 106.85%。

由于数字技术的发展，在有线电视趋于饱和的同时，高清交互数字电视用户数也在迅速增长，如图 1-23 所示，市场对更加多元化的数字内容和高清内容的需求开始呈现出增长态势，在加速成长期，数字电视及付费电视将迎来大踏步地前进。

图 1-23 2007~2014 年北京市数字电视和付费电视用户数统计

资料来源：北京市统计局。

在电视节目内容的制作方面，北京市现共计 26 个频道的电视节目播出时长，平均每日 344.02 小时，内容基本涵盖了日常生活的各方面。在电视剧制作方面，2013 年和 2014 年北京市共制作电视剧 87 部和 86 部，占全国的 19.7% 和 20%，在全国居领先地位。其中出口电视剧达 47 部，占全国总出口部数的 15.9%；北京市电视剧出口额 5084 万元，占全国 24.4%。此外，在故事片制作方面，2013 年和 2014 年北京市共制作故事片 22 部和 270 部，占全国比重为 34.8% 和 43.7%。

在广播、电视、电影行业中，北京市无论在广播覆盖率还是广播内容生产制作方面都居于全国领先地位。

在电影放映方面，北京市新闻出版广电局的统计数字显示，2006 年，北京市院线影院仅为 59 个，放映电影 28 万场次，观众 1221 万人次，票房收入共计 3.02 亿元。随着北京市城市发展以及对发展文化创意产业的重视，到稳步发展期末，即 2013 年，院线影院增加至 150 个，增长了 1.5 倍；随着 296 块 3D 银幕和 5 块 IMAX 屏幕建成投入使用，总银幕数达到 820 块，承载能力的增强将全年放映场次提升至 137.82 万场次，增长了近 4 倍；观众人数也达到 4288.46 万人次，增加了 2.5 倍；票房收入达到 18.6 亿元，增长了超过 5 倍，复合年增长率高达 30%。随着更先进技术的推动和市场对观影需求的拉动，步入加速成长期，在 2014 年，北京市院线影院进一步增长至 169 个，更加先进的 3D 银幕和 IMAX 屏幕数量分别增加至 576 块和 11 块，总屏幕达到 963 块，影院的承载能力进一步提升，放映场次大幅提升至 162.75 万场，单年增长率 18.1%，观影人数 5281.31 万人次，票房收入突破 20 亿元，达到 22.9 亿元，延续 23.1% 的大幅年增长率。

从电视影视制作及电影市场表现看，北京市不仅在全国占据领先地位，且行业增长依旧强势，随着文化与科技的进一步融合、人均消费能力的提升，在加速成长期将迎来更大的发展。

四、软件、网络及计算机服务

众所周知的 IT 产业在北京处于举足轻重的地位，在文化创意产业分类中，北京市统计局统计资料显示，在 2011 年，软件、网络及计算机服务行业增加值，在文化创意产业总增加值中占比高达 52.4%，当年本行业从业人员占比 43.5%，资产总额占比 42.0%，总收入占比 37.1%。2011 年之后增加值统计数据暂时缺失。2014 年，软件、网络及计算机服务行业的总收入占比提升至 39%，行业实力进一步加强。

五、广告会展

广告及会展行业在 2006 年之前规模多年未有增长，随着进入稳步发展期，在 2007 年出现了跃进式的增长，从业人员从 1.63 万人增长至 17.05 万人，增长了近 10 倍，此后最高增长至 22.48 万人，如图 1-24 所示。

从业人员的增加，直接反映了行业规模的扩张和接待能力的提升。如图 1-25 所示，若不考虑 2008 年奥运会带来的收入增加影响，截至 2012 年，会展行业收入持续增长，2013 年和 2014 年出现萎缩回落。会展行业收入主要来自于两部分，会议收入和展览收入。2004 年后，接待展览收入持续增加，2014 年比 2013 年出现少许回落，但幅度微小。会议收入在 2013 年后萎缩明显，原因可能是中央对廉洁的重视在全社会造成了节约开支的影响。展览业受此因素影响不大，随着文化创意内容的不断丰富、科技的发展进步、产品的丰富，会展行业在未来仍有广阔增长空间。

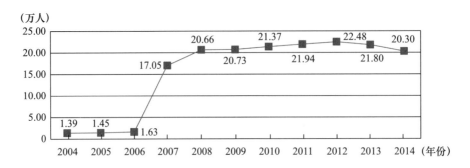

图 1 - 24　2004 ~ 2014 年北京市会展业从业人员统计

资料来源：北京市统计局。

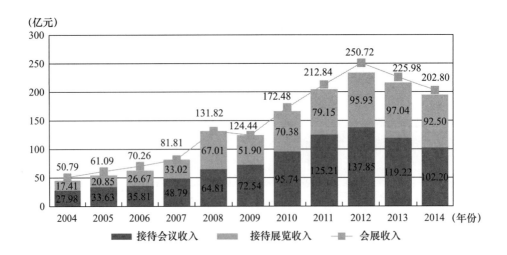

图 1 - 25　2004 ~ 2014 年北京市会展业收入统计

资料来源：北京市统计局。

六、艺术品交易

2011 年后，北京市文物拍卖机构个数无明显增长，在 250 家左右浮动，但举办文物艺术品拍卖活动数量有所增加，从每年 103 场增加至 137 场，如图 1 - 26 所示。但拍卖活动的增加并未必然性地带动文物拍卖件数和成交额的增长，如

图 1－27 所示，2008 年后文物拍卖标的数量回落明显，成交额在 2011 年达到峰值后回落。由于艺术品总量有限，且价值相差悬殊，市场在短期时间内未能呈现出持续增长态势属于正常情况。总体来看，北京市艺术品交易行业还是呈现增长趋势。

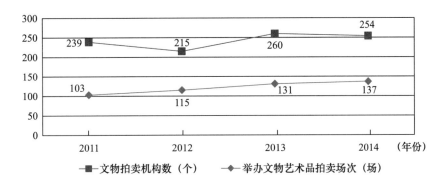

图 1－26　2011～2014 年北京市艺术品拍卖机构统计

资料来源：北京市统计局。

图 1－27　2008～2014 年北京市艺术品拍卖情况统计

资料来源：北京市统计局。

七、设计服务

设计服务行业的规模在北京市文化创意产业中并不突出，但近年来随着国际巨头企业，如戴姆勒集团，在北京设立设计中心，制造业的设计服务将成为推动北京市设计服务发展的主要动力，其覆盖范围包括了产品设计、平面设计、建筑设计、工程设计等，在工业发展、城市建设、文化发展方面均为必需性的服务，在文化创意产业中的重要性将会进一步提升。到目前，北京已经孕育形成了多家重点园区及典型先进企业，如北京DRC工业设计创意产业基地。

为了激励行业发展，2006年起，北京市设立了中国创新设计红星奖，堪称中国设计界的"奥斯卡"，旨在鼓励企业设计创新，并加强知识产权保护、促进制造与设计间的融合。从征集产品数量看，其规模在2011年甚至超过德国红点奖。自2007年起，北京市开始实施"设计创新提升计划"，每年由市科委投入资金1500万元，致力于发展北京市制造和设计服务业。

除了直接激励，作为间接激励手段，北京市在改善行业环境方面取得了一系列阶段性进展。2010年，中国工业设计技术服务联盟成立，参与其中的有40余家国内外技术服务商、设备供应商、高校研发机构和设计公司。在2011年便实现设计技术服务收入超过5000万元。

2011年，中国设计交易市场成立，先后与8家国际顶级设计服务机构达成协议，并吸引入驻，包括美国青蛙设计、英国特许设计师协会、德国弗劳恩霍夫工业经济与组织研究所等。

在北京市委市政府和业界的共同努力下，北京市于2012年6月正式被联合国教科文组织授予"设计之都"荣誉，是北京市的设计服务业发展及国际化的一座重要里程碑。尽管现阶段设计服务领域在文化创意产业中的占比依然不够醒目，但其未来发展前景一片光明。

八、旅游、休闲娱乐

2011年北京市统计局数据显示，旅游、休闲娱乐行业的增加值在文化创意产业总增加值中的占比约为4%，2014年行业总收入较上一年增长近10%，增幅较为显著。

由于北京坐拥优厚的自然及文化旅游资源，旅游业发展速度显著，全市旅行社数量2010~2014年每年增幅达约100家，景区数量也在稳步上升，产业规模整体呈现扩大趋势。在旅社饭店方面，总体数量自2008年起虽然有一定幅度的减少，但五星级饭店数量逐年递增，三星级及以下饭店的减少是总体数量减少的主要原因。由此可见，北京市旅游市场在稳步发展的同时，其结构亦在逐步优化。

从旅游行业消费结构看，国内外游客消费特点存在一定差异。以2015年为例，入境国际旅客的消费构成如下：交通36.8%（其中民航30.8%），购物19.9%，住宿12.8%，餐饮6.2%，文化娱乐4.2%，景区游览3.3%；国内游客的消费构成为：交通17%（其中民航7.4%），购物30.2%，住宿18.7%，餐饮22.1%，景区游览6.2%，文化娱乐0.7%。排除国外旅客由于国际航班造成的费用差距，国内外旅客的消费特点可归纳为如下几点：①购物和住宿为主要消费项目，国内旅客更为突出；②国内旅客在餐饮项目中的消费显著高于国际旅客；③景区游览消费占比有待提高；④文化娱乐、休闲活动对国内旅客吸引力较弱。

由此可见，在以自然风景为对象的观光旅游领域，北京市已经取得一定程度的进展，且仍在稳步发展，但文化旅游环节相对薄弱，有待加强，文化与旅游的融合，将成为未来旅游业发展的主要焦点。

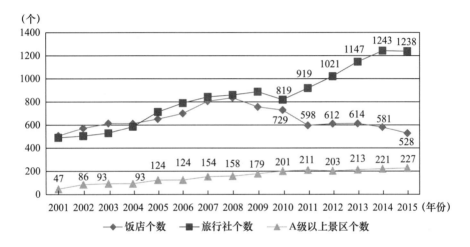

图1-28 2001~2014年北京市旅游业基础设施统计

资料来源：北京市统计局。

第二章　北京文化创意产业竞争力评价

评价一个产业发展情况除了产业规模和增加值之外，衡量产业整体的竞争力也是重要方法之一。本章将针对文化创意产业的特性，通过回顾学术工作者在竞争力评价体系方面的贡献，构建文化创意产业竞争力评价体系，从而让读者对产业竞争力有更加直接的认识，也为行业未来发展提供更加定量化、系统化的依据。

熊彼特作为文化创意产业的先驱，在1912年便提出，"现代经济发展的根本动力不是资本和劳动力，而是创新"，从经济发展的角度肯定了创新和创意对经济发展的重要性，为我们提供了从创新的视角看待文化创意产业的依据。在之后的1986年，经济学家罗默撰文指出，"新创意会衍生出无穷的新产品、新市场和财富创造的新机会，所以新创意才是推动一国经济成长的原动力"，罗默再次更加直接地强调了"创意"对于经济增长的重要性，也阐明了创意带来的产品、市场、财富是无穷的。从产业对国家整体经济发展的重要性看，增强其竞争力是非常必要的。增强竞争力的前提在于对产业竞争力的要素和评价体系应该有客观的认识。

第一节　文化创意产业竞争力评价指标体系

从不同的视角出发，文化创意产业同时被理解为创意工业、创造性产业、创意经济和创意产业等。基于我国《国民经济行业分类》（GB/T 4754 – 2002）制定的行业划分标准，文化创意产业被划分为9个大类的细分行业，进一步细分总共包含了88个小类。由此可见，文化创意产业本身具有较强的复杂性和融合性。

由于文化创意产业的概念落脚于"创意"，其本身也是由加载了文化的创意产业演进而来，因此，国内外对创意产业特征的研究也基本适用于文化创意产业，主要的学术观点有如下几方面：

基于创意产品的视角，凯夫斯在其著作《创意产业经济学》中，从经济学角度进行了研究，为创意产业归纳了七个特点，即：创意产品具有需求的不确定性；创意产业的创意者十分关注自己的产品；创意产业不是单一要素的产品，其完成需要多种技能；创意产品特别关注自身的独特性和差异性；创意产品注重纵向区分的技巧；时间因素对于一个创意产品的传播销售具有重大意义；创意产品的存续具有持久性与盈利的长期性。

同样属于经济学角度的学者，金元浦从供需关系角度出发，提出创意产业的基本经济特点可以从创意需求、创意产品、创意人员三个方面探索。其特征包括需求的不确定性与产业风险、创意为王与创意产业的精神特质、创意产品的多样性与差异性。

基于比较管理学的研究视角，程宇宁尝试从文化创意产业与传统产业的比较中探究文化创意产业的特征。从商品的生产过程看，传统产业大都追求商品的标准化，进而追求规模经济，而创意产业则更注重商品的独特性——文化价值；从产业的组织架构看，传统产业的组织架构大都是长期而稳定的，是围绕着生产资料和生产者设计的，而创意产业的组织架构则往往是临时（或相对短期）而松散的，是围绕着具体的项目予以设计；从市场需求的特性看，传统产业生产的商品大都以满足消费者的物质需求和生理需求为基本目的，而创意产业生产的产品则主要是以满足消费者的精神需求和心理需求为基本目的；从商品的价值形成或价值传递看，传统产业更加注重的是产品的产出及产品的物质形式，其商品的价值转换模式为从物质到物质，其商品大都在使用过程中贬值，其产业的形成更依赖于资本的投入，而创意产业则更加注重产品的意识形态和思想及知识的投入，其商品的价值转换模式为从精神到物质，即从创意到文学艺术作品、建筑作品、服装作品等，其商品往往在使用过程中增值，如艺术品、名著，其产业的形成更依赖于文化的积淀及投入。若对程宇宁的观点进行简单提炼，那么文化创意产业区别于传统产业的特点主要在于：独特性、个性化、灵活性以及精神附加值。

何娟在《文化创意产业竞争力评价体系研究》中进行了系统化的归纳和总结，该研究的视角主要基于产品属性和产品在生产消费过程中的价值传递，该研究认为文化创意产业具有以下几个突出特点：一是二重性。文化创意产品具有物理商品和虚拟意识形态的二重属性。首先作为创造产值的产业，其产品必然具有商品价值，但因为文化创意产业与人的知识储备、意识形态密切相关，其产品不可避免地反映了某种价值观。这两种属性是和谐统一的，是以创新这一主观活动为内在驱动力的文化创意产业所必不可少的两个方面。二是原创性。文化创意产业中的每一种创意产品和服务都是创造者灵感、智慧和思想的结晶，即熊彼特所指出的"创新是创意产业发展的源泉"，唯有不断进行创新和突破，为消费者提供独一无二、与众不同的产品和服务，文化创意企业才能焕发出旺盛的生命力，从而实现企业自身的价值和整个产业的蓬勃发展。研究进一步强调如果没有了创新，文化创意产业也就失去了立足之本。三是高附加值。文化创意产业不同于劳动密集型或资本密集型的传统产业，它主要是以文化、技术、创意成果等非物质的要素投入来促进产业的发展。通过满足消费者精神、物质双方面的需求，文化创意产品衍生出了超越产品本身价值的附属价值。众所周知，高新技术可以全面提升产品性能、提高劳动生产率和资源利用率，正是得益于文化创意产品中较高的技术和文化附加值，文化创意产业的投资效益比率也大大高于传统产业。此观点在第一章开篇的产业规模和产业增加值分析中也已得到支持。四是可复制性。虽然创意产业的核心是"创新"或"原创"，但体现原创性思想和文化的载体是可以被批量复制生产的，如图像、音乐、文字制品等载体，也唯有可复制性，决定了文化创意产品可以产业化发展，并在全球范围内传播和流动。五是强融合性。文化创意产业及其产品是多学科、多技术和多文化背景及复合型人才有机融合的产物，它跨越了传统观念中实体经济和非实体经济的界限，将物质产品与文化等精神财富融合在一起。文化创意产业正在逐渐影响到社会经济的各个方面和生产生活的各个领域，并相互渗透，促成了不同产业、不同领域间的合作，最终以产业价值链的形式实现经济效益。同时，随着经济发展带动的消费能力的提升，这一互相融合的过程也改变了人们的消费习惯和生活方式，在社会变革和产业结构调整中发挥着至关重要的作用。

针对文化创意产业特点的研究众多，本书只选择有代表性的几位学者和研究成果，帮助读者建立更直观的认识。基于前人对产业特征的总结和概述，从产业中观视角出发，综合考虑产业在组织、运营、发展过程中的要素需求，本书将文化创意产业的特点精简为两类，即复杂性和融合性。

复杂性体现在涵盖内容的丰富性和不确定性。文化创意产业，顾名思义，其核心理念主要包括文化和创意两部分。文化，既包括经过千百年积淀的历史文化，也包括近代才发展衍生出的现代文化，是一个国家和民族迄今为止智慧结晶的一种体现，其覆盖范围广泛，即具有较强的丰富性，且不易统一量化，即高不确定性。因此在衡量文化的影响力和竞争力时，很难凭借文化本身的某项属性作为标准化的判断依据。创意，是人将智慧乃至艺术灵感附加在某种文化载体上，创造出的商品和服务，较文化本身具有更高的知识性，创意成果更加丰富，具有更大的不确定性。由于从业人员的知识和劳动在文化创意成果产出过程中的重要性不容忽视，因此衡量行业竞争力的过程中，除了要考虑文化本身的因素，同样要考虑从业人员能力的因素，以及影响人的创意能力的外界因素。此外，由于产业覆盖范围广泛，使得制造业、旅游业、IT 业、金融业等诸多行业的企业都涉及了文化创意活动，导致文化创意产业价值链的复杂性进一步升高，产业整体竞争力评价的复杂性也必然相应提升。

融合性除了体现在文化与人的融合，更体现在产业融合、科技融合、地域融合等多方面的融合。根据文化产业的分类，工业、旅游、互联网、软件、设计等诸多传统或现代产业都与文化发生了有机结合，如文化旅游、工业旅游、工业设计等行业的相继出现。随着计算机技术、网络技术、屏幕技术、拍摄技术、显示技术等现代科技的发展，文化创意产业的发展也得到了促进，如电影电视制作中高科技元素的融入、影院观影视听感受的提升等。文化创意产业与其他产业的融合、文化与其他元素的融合，同样决定着产业的整体竞争力。此外，不同国家和地区有不同的文化，但文化的传播又突破传统地域限制，让文化创意产业的国际化成为必然，以版权和文物为代表的文化创意产品进出口，也成为决定文化创意产业国际影响力和竞争力的因素。

一、文化创意产业竞争力的含义

在进一步评价文化创意产业竞争力之前，我们首先要明确：竞争力的内涵是什么？应该如何看待产业竞争力？而文化创意产业作为新兴产业，其竞争力的构成要素又有何特殊之处？

（一）国家竞争力

首先，由于文化本身具有基于国别和民族的区域性区别，且北京文化创意产业发展已经成为国民经济支柱产业之一，因此在国家整体竞争力层面探讨文化创意产业竞争力有其实际意义。

20 世纪 70 年代末，经济发达的美国率先开始了关于竞争力的研究。随后，英、法、德、日等发达国家也陆续开展了有关竞争力问题的研究，并逐渐成为了世界性潮流。进入 90 年代，各国间以经济为中心的竞争日益加剧，对国际竞争力问题的研究更加深入。竞争力的重要性虽然得到公认，但关于国际竞争力的概念，学者们从不同的角度发表了不同的看法，这些知名的学者和机构包括，以美国哈佛大学商学院迈克尔·波特为代表的学术界学者，以及世界经济论坛（WEF）、洛桑国际管理发展学院（IMD）和经济合作与发展组织（OECD）等国际机构。迈克尔·波特在其著作《国家竞争优势》一书中曾指出：在谈论经济繁荣时，"国家竞争力"这个名词本身并没有意义。由于国家经济的基本目标是保障并提供国民的生活质量，因此，在国家层面上，"竞争力"的唯一意义就是生产力。波特认为，一国经济发展以及国际竞争力水平，并非只与政治环境和宏观经济条件相关，微观经济基础也起着重要的作用。它对竞争力的研究是侧重于中观的产业领域，站在产业层次，向上、向下扩展到国家和企业层面。一个国家的竞争力集中体现在其产业在国际市场中的竞争表现，而一国的特定产业能否在国际竞争中取胜，取决于四个因素，即生产要素、需求要素、关联产业和支持性产业的表现，企业的战略、结构和竞争对手的优劣程度。此外，政府的作用以及机遇因素也同样具有显著影响力。这六大要素构成了波特著名的竞争力模型，即"钻石模型"。

其他的对竞争力的学术观点还有很多，比如美国《关于产业国际竞争力的总统委员会报告》认为："国际竞争力是在自由良好的市场条件下，能够在国际市场上提供好的产品、好的服务的同时又能提高本国人民生活水平的能力。"

在国内学术领域的研究中，中国人民大学竞争力与评价研究中心研究组提出了国家国际竞争力的权威概念，认为国际竞争力是指"一个国家在世界经济的大环境下，与各国的竞争力相比较，其创造增加值和国民财富持续增长的能力"。1997 年国内开始发布《中国国际竞争力发展报告》，对国际竞争力进行了如下解释："所谓国际竞争力实际上也就是企业或企业家们在各种环境中成功地从事经营活动的能力"。1999 年，该报告又强调"国际竞争力是一个国家在世界市场经济竞争的环境和条件下，与世界整体中各国的竞争比较，所能创造增加值和国民财富的持续增长和发展的系统能力与水平"。2000 年，该报告进一步阐述"国际竞争力是在追求持续、最大地提高人民生活质量的目标下，通过竞争形成和促进一国的整体发展能力"。

综上所述，从国内外对国际竞争力的主要观点来看，国际竞争力的定义尚未形成标准统一的、被学者广泛接受的定义，但其视角主要集中在宏观层面，对国家整体发展、国民生活水平、社会生产力进行研究和阐述。但衡量文化创意产业的竞争力除了要看其在国家经济运行中的作用，同时也要关注产业本身的发展以及其文化价值。

（二）产业竞争力

迈克尔·波特认为，国家竞争优势归根到底就是产业竞争优势问题，主导产业是否具有优势是竞争优势形成的关键，分析竞争问题应从产业入手，考察一个国家的经济、政治等环境对各个产业的竞争力影响。他认为产业国际竞争力是一国在某一产业的国际竞争力，是一个国家能否创造一国良好的商业环境，使该国企业获得竞争优势的能力。与宏观视角的国家竞争力研究不同，产业竞争力的研究更多的是基于产业中观视角，从投入产出的角度出发，分析研究产业、比较评价某特定产业的竞争力或者相对竞争优势。产业竞争力其实是国家竞争力的基础，迈克尔·波特是第一位从产业层次研究国际竞争力的学者，他对全球竞争进行了全面研究和分析，并撰写了《竞争战略》、《竞争优势》和《国家竞争优势》三部著作。在他对国际竞争力问题的深入研究中，他把产业定义为生产直接相互竞争产品或服务的企业集合，该定义有效地把企业（微观视角）、产业（中观视角）和国家（宏观世界）进行区分，并有机地结合起来分析。波特为了对产业竞争优势提供一个比较完整的解释，提出了著名的"钻石模型"，如前段所述，该模型中的关键因素分别是：生产要素、需求条件、相关和支持性产业、企业的战略、结构和竞争对手，重要变量是机遇和政府。

近年来，国内的主要学者先后对产业和产业竞争力进行了大量讨论，中国社会科学院金碚教授于1996年提出产业竞争力定义为：在国际自由贸易条件下（或在排除了贸易壁垒的假设条件下），一国特定产业以其相对于他国的更高生产力，向国际市场提供符合消费者（包括生产性消费者）或购买者需求的更多产品，并持续获得盈利的能力。陈晓声在2001年的研究中认为，产业国际竞争力是某一产业或整体产业通过对生产要素和资源的高效配置及转换，稳定、持续地生产出比竞争对手更多财富的能力。它不仅表现为市场竞争中现实的产业实力，而且还表现为可预见未来的发展潜力。2002年，裴长洪的研究与金碚等的分析框架大体一致，他主要从两个方面评价产业竞争力，即用显示性指标说明国际竞争力的结果，用分析性指标来解释一国某个行业为什么具有国际竞争力。

综上所述，定义产业竞争力的前提是对产业所处市场环境的比较，因为国家对产业的扶持力度、国家的政治环境、经济文化水平等都是影响产业竞争力的因素。研究产业竞争力的重点是对产业价值链的核心能力（即价值创造能力）的比较，其核心能力包括生产管理能力及有效产出能力、资源攫取能力、市场份额占有能力等。这种核心能力既有现实竞争力，又包含竞争潜力。

（三）区域竞争力

考虑到国家内部的产业分布存在地域性差别，若评价北京文化创意产业的竞争力，除了要了解国内此产业整体竞争力，同时也要兼顾北京相对于其他城市或地区的竞争优势，以及北京自身文化创意产业相对于其他产业的竞争力。

迈克尔·波特在1990年对区域竞争力进行了如下解释，他认为"区域竞争力是一个城市（地区、区域）经济在保持和不断提高居民生活水平的同时，吸引和保持那些在经济活动中具有稳定的或不断增加市场份额的企业的能力"。此概念听起来过于晦涩拗口，2001年，Huovari、Kangasharju 和 Alanen 提出了对区域竞争力的新解释，即"为了让居民能够享受相对良好的经济福利，一个区域培育、吸引和支持经济活动的能力"。由此可见，文化创意产业作为主要经济支柱产业，其竞争力的加强对北京区域竞争力的提升也将起到积极的推动作用。

（四）企业竞争力

在国家竞争力、产业竞争力、区域竞争力中，企业作为产业活动中的主体，不停地被提及，企业的竞争力强弱是区域、产业、国家竞争力的基础。迄今为止的大量针对企业竞争力的概念和内涵的研究，将为我们选择评价企业竞争力的要素提供理论依据。

1985 年，世界经济论坛（WEF）在《全球竞争力报告》中认为企业竞争力是企业的一种能力，即"企业在目前和未来环境中以比其国内外竞争者更有吸引力的价格和质量设计和销售货物以及提供服务的能力和机会"。同年，美国《产业竞争力总统委员会报告》指出，企业竞争力是"在自由良好的市场条件下，企业能够在国际市场上提供好的产品、好的服务，同时又能提高本国人民生活水平的能力"。此两份报告的出发点依旧更多地聚焦于国际竞争力视角。

美国哈佛大学 Spence 于 1988 年提出，企业竞争力是指一国企业在国际市场上的贸易能力。他认为贸易流向、技术开放管理、一般产业政策和特殊产业政策、国内管理政策、竞争垄断等都对企业的表现和竞争力有深刻的影响。美国竞争力委员会主席 George M. C. Fish 则认为，企业竞争力是指企业有较竞争对手更强的获取、创造、应用知识的能力，首次将研究重心聚焦到知识、信息的传播和创造方面。

20 世纪 90 年代中后期，中国学界对企业竞争力也开始了系统研究。中国社科院金碚教授是国内较早研究竞争力的学者，他认为"企业竞争力是在竞争性市场中，一个企业所具有的能够持续地比其他企业更有效地向市场提供产品或服务，并获得盈利和自身发展的综合素质"。《中国国际竞争力发展报告》认为"企业或企业家们在各种环境中成功地从事经营活动的能力"。

综合看，企业竞争力是个多层次多角度含义的综合性范畴，是一种综合能力。它既涉及企业内部要素结构和经营管理能力，还涉及企业的外部环境，它影响企业自身的市场占有和盈利能力，还影响到国家竞争力，它是静态的相对优势能力和动态的潜在发展能力，因此对企业竞争力的评价要综合考虑企业内外部诸多要素，如内部经营管理能力、人力资源、知识储备，外部的区域和国家政策、经济环境、机遇挑战等。

（五）北京文化创意产业竞争力评价内涵

经过以上对各种竞争力的历史科研成果的总结回顾，各级竞争力之间的关系可以大致总结如下：

在综述中经常被国际机构提及的国际竞争力,由于其基础在于跨越国家的竞争力,且不为本书研究重点,因此本书并未将其与国家竞争力相区分,但在概念和内涵的相互包含关系中,国际竞争力的内涵最为广泛,在宏观层次有国家竞争力,在中观层次有产业竞争力和区域竞争力,在微观层次上有企业竞争力。产业竞争力和区域竞争力介于国家竞争力和企业竞争力之间,前者以产业特性区分,后者以地理特性区分,具有相互作用和相互影响的关系。

国家竞争优势是以区域、产业和企业的竞争优势不断提升为基础,区域、产业和企业的竞争力越强,国家竞争力也相应越强;同时,国家通过社会、经济、政策制度等环境要素又可以影响区域、产业和企业竞争力的形成。

区域竞争力相对于国家竞争力而言,其具有更为开放性的主体,可以是国家、地区甚至城市,竞争力由所有产业和要素共同构成;产业竞争力的竞争主体是同类企业或者产品的总和,两者之间是相辅相成的。

因此,对北京市文化创意产业竞争力的评价工作,是以一个特定区域内、一个特定的产业为评价对象。针对特定区域,需要考虑的因素有居民生活质量、经济福利,区域培育、吸引和支持经济活动的综合能力;针对特定行业,需要考虑产业综合的生产管理能力、资源攫取能力、价值创造能力、市场份额占有能力等。此外,由于北京作为首都和文化中心的特殊性,以及文化传播无国界的特性,因此其国际竞争力以及对国家竞争力的贡献亦不可忽视。

二、关于产业竞争力评价的理论体系

由于文化创意产业在产业结构上的复杂性以及竞争力构成要素的复杂性,在评价其竞争力的时候要求我们客观、全面地综合考虑多方面的因素,如资金、人力资源等;而产业的融合性和区域竞争力评价则要求我们兼顾文化、创意以及工业、旅游、IT、体育等诸多产业。

(一)文化型产业的竞争力评价模型

针对文化产业或文化创意产业的产业竞争力,自引导起步期之后,全国都对产业的发展给予了极高的重视,在众多科研项目中,产业竞争力是用来衡量产业的发展状况及国内、国际相对优劣势的重要指标,自然成为学者研究和政策研究的重点。至今,对文化产业竞争力的评价尚未得到举世公认的指标体系和评价模型,由于审视视角和出发点不同,不同学者的评价模型各有千秋,从研究方法的角度来说,并无绝对的对错之分。通过整理和总结目前为止的研究成果,结合经典理论成果及编撰者对产业的个人理解,本书倾向于延续以迈克尔·波特的钻石模型为基础的评价体系构建工作,与此同时,我们还将同时简要回顾其他比较有代表性的模型,供读者了解。

在产业竞争力评价的研究中，美国哈佛大学商学院迈克尔·波特教授的钻石模型是迄今为止传播最广泛，被世人所接受的经典模型。他在研究中提出：一国的特定产业是否有竞争力主要取决于生产要素状况、需求状况、相关支持产业的状况、企业战略与竞争环境，如图2-1所示。

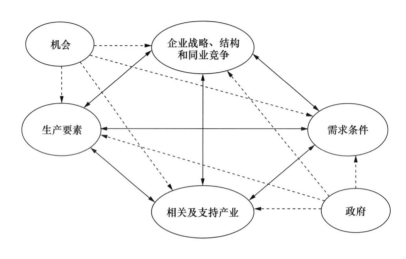

图2-1 钻石模型

在国内，也有不少学者应用钻石模型进行文化创意产业的区域竞争力研究。为了让读者更好地了解钻石模型的理论及应用，本书选择性地摘取了两篇学术论文中的研究成果进行简单回顾和介绍。

以文化产业整体为研究对象，占绍文和辛武超两位学者基于钻石模型的理论基础，进一步将文化产业竞争力影响因素分为生产要素、需求状况、相关及支持产业、企业竞争力、政府行为与机遇优势五大要素，并以此为依据建立了文化产业竞争力评价指标体系，并应用因子分析法进行了实证分析，最终得出如表2-1所示的指标体系。生产要素主要包含了文化资源、人力资源、无形资产、信息化水平4个竞争层面；需求因素主要包含消费人群、支出、收入这3个方面。

毕小青与王代丽建立的指标体系在要素、因素的选择方面同样以钻石模型为理论基础，但是其研究成果在具体指标的选择上更加具体，且兼顾到文化领域对于企业战略，尤其是创新能力的评价，如表2-2所示。指标体系共分为6个要素体系，15个影响因素，共计38个具体指标，指标中既包含客观指标也包含主观指标，兼顾了评价体系的科学性和综合性。

表 2-1　2010 年文化产业竞争力评价指标体系

因素	指标	因素	指标
生产要素	X1：文物保护单位数量（市县级及以上）/处	相关及支持产业	X8：金融机构年末存贷款余额/亿元
	X2：文化产业从业人数/万人		X9：高新技术产业产值/亿元
	X3：专利申请量/万件	企业竞争力	X10：文化产业增加值/亿元
	X4：互联网用户量/万户		X11：著名商标总量（市级及以上，不含国际）/件
需求状况	X5：在校大学生数量（本科＋研究生）/万人		X12：文化产业法人单位数/个
	X6：城镇居民人均教育文化娱乐服务消费占比	政府行为与机遇优势	X13：财政一般预算支出中文化体育与传媒支出比重
			X14：当年文化产业发展专项资金/亿元
	X7：国际文化旅游创汇/亿元		X15：全年全社会固定资产投资中第三产业投资比重

资料来源：占绍文，辛武超．基于钻石模型的西安市文化产业竞争力评价实证［J］．吉首大学学报（自然科学版），2010（1）．

表 2-2　文化产业竞争力指标评价体系

要素体系	影响因素	具体指标	
需求基础	收入	人均地区生产总值（元）	城乡人均纯收入（元）
	消费	居民消费水平（元） 文化消费者的成熟度	城乡人均文化消费（元）
生产要素	人力资源	文化产业从业人员 高级职称科研人员数	每百人中大学毕业生比例
	文化资源	世界文化和自然遗产项数 文物藏品数量	对文化资源和自然遗产的开发利用程度
	文化基础设施	文化活动的基础设施 建设综合指数	文化单位平均固定资产
	资本资源	固定资产总投资 文化文物单位经费自给率	实际利用外资/美元

要素体系	影响因素	具体指标	
相关产业发展状况	教育发展水平	在读大学生数占全省人口比重	公共教育经费支出占地区生产总值的比重
	通信产业发展水平	每千人拥有移动电话	通信产品年销售收入
	信息产业发展水平	每千人拥有个人电脑	互联网的普及率
		信息产品年销售收入	
	旅游产业发展水平	旅游到达人数	旅游收入
企业战略与竞争状况	企业战略	企业运作与策略综合指数	文化产业的集中度
	竞争状况	出口货物占地区生产总值的比重	文化产业的品牌知名度
生产竞争力	产业规模	文化产业总产出	文化产业增加值
		文化产业增加值占第三产业生产总值的比重	
	生产效率	固定资产产出率	劳动报酬产出率
创新能力	科研能力	人均完成科研项目	高级职称科研人员比重
		研发经费占地区生产总值的比重	申请专利个数

资料来源：毕小青，王代丽. 文化产业竞争力的决定要素与分析方法研究［J］. 沈阳大学学报，2010（4）.

迈克尔·波特的钻石模型只是众多理论模型中的较有代表性的经典模型之一，从不同的研究视角出发，其他的评价模型还有如层次模型、二维结构模型、分叉树模型等。由于不同模型的出发视角不同，对研究方法的选择也有不同要求，其中不乏同样基于产业中观视角的评价模型，我们将在着眼于产业中观视角的研究成果中选择性地进行介绍，供读者参考。

与钻石模型及模型应用中涉及的因子分析法不同，层次分析法的应用更关注竞争力在微观宏观层面的属性。国内学者花建对竞争力进行了分层处理，将其划分为微观竞争力、中观竞争力和宏观竞争力三个层次，建立了以文化产业四大核心能力为一级指标，以七大竞争力板块为二级指标的综合指标体系，如表 2 - 3 所示，该体系涵盖的具体指标数量达 30 个。层次分析法建立的指标体系能比较全面地反映文化产业竞争力，为了进一步确定各项指标的权重，可以应用的研究方法有如 ANP 网络层次分析法等。

在钻石模型和层次模型的基础上，根据竞争力、能力的类型，有学者对竞争力进行了进一步的划分，如李宜春将竞争力系统划分为 3 个模块，即核心竞争力、基础竞争力、环境竞争力，同时结合钻石模型中的五大要素，即生产要素、需求状况、相关产业集群、文化企业战略、政府行为，构建了 5 个一级指标、28 个二级指标的综合评价体系。从产业的可持续发展角度，以叶丽君、李琳为代表的学者对区域文化产业竞争力的评价体系构建过程中，引入了现实竞争力和潜在竞争力两个概念作为一级指标，反映文化产业现实竞争力的二级指标包括市场占有率、产业规模、生产效率及经济贡献；反映文化产业潜在竞争力二级指标包括成本能力、创新能力、文化需求基础和产业投入。

表2-3　文化产业竞争力指标评价体系的层次模型

	市场拓展能力	产业实力
文化产业竞争力	成本控制能力	产业效益
		产业关联
	整体创新能力	产业资源
		产业能力
	可持续发展能力	产业结构
		产业环境

在所有的模型中，钻石模型是被应用范围最广也是理论体系最为成熟的模型工具，在至今为止的研究中，被广泛应用于文化产业，因此本书将延续使用钻石模型为基础的理论体系，进行对北京市文化创意产业竞争力评价体系的构建工作。

（二）科技型产业竞争力评价模型

在北京文化创意产业增加值、从业人员数量等各方面，软件、网络及计算机服务领域均远超过其他行业，稳居第一位。与传统文化产业不同的是，软件产业是一个总称，与软件产品和软件服务相关的一切经济活动，都属于软件产业的范畴，既包括技术研究与开发，又包含创意创作。相对于传统文化产业对长期文化积淀的要求，软件产业知识密集程度、技术密集程度都要更胜一筹。

因此在产业竞争力评价的过程中，其科技属性相关的产业运作投入、产出、经营效益和产业环境，构成了指标体系中的一级指标。在产业投入方面，受关注较高的二级指标包括R&D经费投入及强度（占比）、R&D人员数量及强度（占比）；产业产出方面，二级指标包括如产业增加值、业务收入、市场占有率等；经营效益的二级指标可以包含利润、全员劳动生产率等；产业环境中的二级指标则包括如企业数量、从业人员受教育程度等。从指标体系的简要回顾中不难发现，若过度强调产业的科技属性，则指标体系很难兼顾软件产业作为文化创意产业应具备的创意属性。

为了弥补此缺点，张亚明和李苗在以河北省软件产业为研究对象的实证研究中，将一级指标调整为技术竞争力、生产竞争力、市场竞争力。其中，技术竞力的二级指标包括：R&D 人员数量、R&D 人员强度、R&D 经费投入强度、本科以上占从业人员比例，共计 4 个二级指标。生产竞争力中包括软件业务收入、利润总额、产业增加值、成本费用利用率、累计通过认证软件企业数，共计 5 个二级指标。市场竞争力中包括累计登记软件产品数、市场占有率、软件出口额，共计 3 个二级指标。经过调整后的指标体系，能够单独对产业的市场竞争力进行单独评价。

通过对比软件产业的竞争力评价体系与传统文艺产业的竞争力评价体系，不难发现，在对 R&D 投入和 R&D 人员给予足够重视的前提下，通过将科技属性的指标融入到文化产业的指标体系中，我们能够建立一个完整的评价体系，从而对文化创意产业的各个细分行业都能够进行有效的竞争力评价。

（三）文化创意产业竞争力评价模型

文化创意产业概念的出现，对产业竞争力的评价提出了新的要求，产业的文化属性、创意属性和科技属性都要在评价模型中得到充分并且客观的体现。在针对文化创意产业竞争力的研究中，我们将迄今为止的理论及研究方法划分为如下 3 类。

1. 创意产业 3T 理论及创意指数

创意产业 3T 理论是由理查德·佛罗里达于 2002 年在其创意资本理念的基础上提出的，时值我国及北京文化创意产业的政策引导起步期，根据理查德的理念，发展创意经济必须具备三个基础条件：技术（Technology）、人才（Talent）和宽容度（Tolerance）。其中，技术是指那些为了达到工业或商业目的的科学应用，也就是产业的科技属性；人才主要包括受过高等教育的劳动参加者，尤其是具有创新性思维的优秀人才，即创意属性；宽容度则是其理论的创新之处，近似的我们可以将其理解为包容度，即对不同民族、不同种族、不同职业的人群的信仰、行为或新创意的容纳和接受程度。

在文化型产业和科技型产业的竞争力体系中，对创意属性的关注略显不足。"创意指数"填补了此项空白，它是为了衡量某一区域以"新理念、新高科技企业和地区增长"将"创意阶层的能力"转化为创意经济成果的能力。结合 3T 理论，创意指数是一个包含了 3 个子指数的指标体系，3 个子指数分别是人才指数、技术指数和宽容度指数。其中，人才指数通过创意阶层的比例衡量；技术指数进一步划分为高科技指数和创新指数；宽容度指数则用反映多元化和宽容度指数，如波西米亚指数（艺术家、音乐家和艺人的相对集中程度）和熔融指数（外国移民在总人数中的比例）衡量。

香港和上海已于 2004 年和 2006 年分别建立了创意指数。香港创意指数首先借鉴了 3T 创意指数，由于缺少宽容度指数的相关数据，通过增加与创意产业相关的经济和社会文化参数进行了本土优化，形成了 5C 模型，即创意的成果、结构及制度资本、人力资本、社会资本和文化资本。结合我国的国情和上海创意产业的发展情况，上海市发布了内地第一个创意指数，与香港创意指数相似，也加入了相关的经济社会指标，具体包括产业规模、科技研发、文化环境、人力资源、社会环境五大指数，下属 33 个分指标，并且确定了各指标的权重，适用性较强。虽然现有的创意指数的指标体系并不一定完全适用于对北京的文化创意产业竞争力评价，但基于创意指数的新理论体系，对于我们的建立更加完善的评价指标体系提供了理论支持。

2. 基于钻石模型的指标体系

对中国各地区文化创意产业竞争力的评价中，最被广泛应用的即波特的钻石模型。指标体系的构建与上文介绍的指标体系思路大致一致。通过多次对各地产业竞争力的评价，钻石模型的理论经历了充分的检验，理论具有较高的成熟度和可信度。

3. 钻石模型以外的评价指标体系

此类别中，不同学者的理论模型各有特色。秦琴（2008）建立了由产业规模、经济效益、研发、人力资源和社会文化环境 5 个因素、共计 26 个指标构成的指标体系，但由于部分指标数据较难获得，在实证部分仅采用了 4 个指标（资产总计、主营业务收入、利润总额和应交所得税）做分析。张学亮（2008）通过建立综合评价指标体系对西安市的文化创意产业竞争力状况进行了分析和评价，同样由于存在较多的软指标，大量指标值需要通过调查和专家座谈的方式获取资料，一定程度上降低了评价方法的可操作性，也可能造成评价结果的主观成分过高。

对北京文化创意产业竞争力的评价过程中，除了要注意既有评价体系的优劣势，还要综合考虑文化创意产业自身有其特定的成长环境和生存空间，正如斯科特所言：创意产业的发展高度依赖本地独特的发展环境，具有鲜明的地域特点。查尔斯、哈顿、理查德·佛罗里达、尤素夫等也进一步指出，文化创意产业与城市之间存在高度的耦合性。文化创意产业的发展实践和空间布局特征也表明，城市是吸引创意人才，进而引起文化创意企业集聚的空间载体。因此，在进行城市文化创意产业的竞争力评价时，应该牢牢抓住城市的特点，尤其是城市的便利性、多样性和开放性等，这些因素对文化的积淀、创意阶层的流动、创意思想的激发都有着重要的作用。

三、文化创意产业竞争力评价指标体系的设计

通过对经典理论的比较和回顾，迈克尔·波特的钻石模型在产业中观视角下，具有较明显的优势，其理论体系成熟度最高，且在至今为止的国内外众多研究中接受过实践检验，本书将延续以钻石模型为理论基础，通过综合考虑文化创意产业在文化积淀、科技融合、创意创新能力培养等方面的各种因素，建立北京市文化创意产业竞争力评价的指标体系。

本书中构建的指标体系为定性分析模型，共由 2 个层级构成，一级指标在钻石模型的基础上做了指标维度的调整：

第一步，指标维度精简。对于文化创意产业而言，钻石模型中的机遇主要划分为三类，即市场拉动的外生型机遇、产业层面整体战略导向带来的内生型机遇以及政策环境带来的政策性机遇。通过将需求要素、产业结构与战略要素、政策与法规要素中的相关指标进行抽取，即可得到构成机遇要素的指标体系，从而达到对机遇的评价，进而降低指标体系主维度的目的，将指标体系的主维度由 6 个减少为 5 个，如表 2-4 所示。

表 2-4　北京文化创意产业竞争力评价体系——基于产业中观视角

一级指标 主维度	二级指标	二级指标（加权项）	一级指标 副维度
生产要素	人力资源丰富程度（高低）	高级人才聚集程度（高低）	创意要素
	资本资源雄厚程度（高低）	创新及研发的投入力度	
	设施资源完善程度（高低）	—	
	文化资源富饶程度（高低）	文化的包容度	
相关与支持 产业要素	科技融合能力（强弱）	跨界创意能力	
	内容创造能力（强弱）	内容创意能力	
	服务支持能力（强弱）	—	
需求要素	市场规模（高低）	市场消费性机遇 （外生型机遇）	机遇要素
	文化创意消费系统化程度（高低）		
	需求强度（强弱）		
产业结构与 战略要素	产业战略定位（重要程度）	基于产业结构的 战略性机遇 （内生型机遇）	
	产业结构及规模（大小）		
	竞争程度（高低）		
	产业聚集程度（高低）		
政策与法规要素	政策支持力度（强弱）	政策支持机遇 （政策型机遇）	
	法律法规完善程度（高低）		

第二步，指标维度扩容。文化创意产业中，创意和创新要素的重要性越来越

显著。文化创意产业的产业结构越发复杂化、多元化，对创新和创意能力的要求越来越高，因此，仅仅依靠生产要素方面对人力资源部分指标的考量已经不足以满足竞争力评价的需求，加之以软件、互联网为代表的高科技元素的融合，本文将"创新能力"作为新的一级指标加入到指标体系中，用以衡量产业及企业在研发投入方面的强度以及相应的成果产出。通过对指标的研究，结合以3T理论为代表的经典理论工具，不难发现，构成创意要素的指标主要分布于生产要素、相关与支持产业要素两个一级指标中，比如人力的创意性、文化的包容性等。因此创意要素与机遇要素共同构成了一级指标的副维度。从而使指标体系覆盖更全面、指标结构更系统。

（一）生产要素

生产要素共包括4个二级指标，分别是从人力资源、资本资源、设施资源、文化资源视角出发对生产要素进行评价。人力资源的丰富程度主要包括对从业人员规模、高端人才的规模、人才聚集程度等方面的评价，用以体现作为生产要素的人力资源的现状和潜能。资本资源的雄厚程度用以体现区域内文化创意产业自身资本实力的强弱，以及区域内金融机构对文化创意产业支持力度的强弱。设施资源完善程度用以衡量区域内（如博物馆、文化馆、音乐厅、影院等）与文化创意产品及服务的生产活动直接相关的设施是否完善。

对于文化创意产业而言，除了从人力、物力、财力评价生产要素之外，作为其生产活动基础的文化资源是否丰富，也是决定产业总体竞争力强弱的核心指标。文化资源既包括自然遗产，也包括非物质文化遗产，既可以是有形的文物，也可以是无形的民俗文化。因此，我们引入第四个指标，即文化资源富饶程度，用以衡量区域文化创意产业长久以来的文化积淀。文化资源的富饶程度越高，说明此区域文化创意产业的综合生产能力越强。原因在于，文化资源富饶程度低的区域，尽管依然可以大力发展软件等科技型的产品及服务，也可以通过区域人口增长提升影视行业的票房收入，但对于需要文化积累的细分行业的发展则显得乏力。因此，为了综合评价生产要素的整体优劣势，本书中设立了如上所述的4个二级指标。

（二）相关与支持产业要素

相关产业的支持与生产活动具有极强的关联性，这种关联主要体现在相关产业对文化创意生产要素的促进以及产业间的协作。

随着文化创意产业分类标准的颁布，科技、旅游、休闲娱乐等诸多行业都被界定为文化创意产业的细分行业，因此不同领域的生产要素间的彼此促进和协作，构成了决定相关与支持产业要素竞争力的核心指标。经过对9个细分行业的观察和研究，本书简要总结了3个指标。

其一，科技融合能力。此指标着眼于文化创意产业的科技属性，对占据产业规模将近40%的软件、互联网产业给予了特别关注。由于传统文化创意产业中并不涉及太多的高科技元素，随着科技的飞速发展，科技元素向文化创意产业的渗透已经成为必然，如电影特效、动画制作等。科技融合能力越强，说明高新技术产业对文化创意产业的支持效果越好，也说明了该区域的文化创意产业对新技术、新文化的包容性更高。

其二，内容创造能力。内容创造能力主要用来体现区域内的人力资源将文化和物力资源转换为文化创意产品和服务的能力，其本身并不属于生产要素范畴，因此本书将其列入相关与支持产业要素。由于创造能力具有不确定性和无形性，难以用固定指标予以定量评价，因此其更适合被应用于比较研究中，用以衡量不同区域在创意能力上的相对强弱。

其三，服务支持能力。服务与支持既体现在对生产活动的支持，也体现在对市场的服务和支持。对产业生产活动的支持程度体现在区域内对文化创意产业发展促进的促进力度，如公众服务平台、产业发展办公室等，对市场的服务支持能力则直接体现在服务型企业的数量和影响力。

（三）需求要素

市场需求方面，主要从三个角度进行评价：市场规模、文化创意消费系统化程度、需求强度。

第一，市场规模用以体现区域内整个文创产业市场越强的大小，市场越大则必然预示着该区域的文化创意产业面临的整体市场前景越乐观，其相对于其他区域对文化创意企业的吸引能力越强。

第二，文化创意消费系统化程度，主要用来衡量区域市场中消费者在各细分行业市场的消费构成是否存在对某些特定行业的倾向。此指标在比较研究中可以有效地反映不同区域在文化创意产业发展中的倾向性。

第三，需求强度。需求的强度主要体现在两个方面：①区域内文化创意产业人均消费；②消费者对文化创意产业产品及服务进行消费的频率。由于本书主要从产业中观视角出发，因此对于需求要素并不进行定量分析，只做较粗略的定性评价。

（四）产业结构与战略要素

钻石模型中的战略视角主要是用来衡量企业战略对企业竞争力的影响，由于此指标体系的目的在于对产业整体的竞争力进行评价，评价对象是北京市文化创意产业整体，而非某一特定企业，因此为了更好地从产业中观视角分析，评价北京市文化创意产业的综合竞争力，本书对于战略层面的评价指标选择主要从产业结构要素以及产业整体战略要素入导，并设定了4个具体指标。

（1）产业战略定位，用以体现文化创意产业整体在区域内的发展目标以及重要程度。此指标同时可用于对各细分行业的战略定位评价，从而体现产业整体及各细分行业的相对重要程度。产业战略定位主要受到两方面因素的影响，一方面来自于产业内部的原动力，如产业整体或企业的愿景、目标，另一方面来自外部的政策引导的影响，如政策对产业的推动和促进。因此，产业战略定位大致可以从重要程度和紧迫程度两方面衡量，内部原动力会引导企业设立一个或一系列的战略目标，这些战略目标之间的相对优先级可能并不相同，在实际发展过程中将会进一步影响到产业结构的变化，这是为什么即便同样在中国国内，不同区域的文化创意产业结构也彼此不同且各具特色；而外部政策引导则决定了战略定位的紧迫性，政策的制定并不涉及具体的定量化指标，但对产业发展的促进、要求和期待是掷地有声、即时生效的。从战略的灵活性角度看，内部原动力促成的战略具有更强的灵活性，是先有方法再设定具体目标，再进一步落地实施，实施过程中可进一步调整；而政策促成的战略则具有更强的刚需性，是直接设立模糊目标并要求直接落地实施，在实施过程中再整合资源的摸索方法。因此，对产业战略定位的评价将能够帮助研究人员间接、有效地评价区域文化创意产业灵活发展的软实力以及打硬仗的攻坚能力。

（2）产业结构及规模，用以衡量区域文化创意产业中各个细分行业的相对发展状况，以及其是否具备了一定规模。此指标既可以对区域内的文化创意产业进行内部比较分析和评价也可以对不同区域进行比较研究。某一细分行业的规模在文化创意产业整体中的占比越大，说明该细分行业相对于其他行业的优势越明显，在区域间的比较研究中，此指标也可以体现不同区域在文化创意产业发展中的倾向性和相对优势产业，但某一细分行业占比过大则可能预示着该地区在产业发展过程中存在着严重的不平衡，尽管某一特定行业可能存在相对竞争优势，但区域文化创意产业整体竞争力的表现却可能不尽如人意。

（3）竞争程度，用以衡量区域文化创意产业的成熟度和活力，竞争程度主要由企业数量及各企业的相对规模体现，通常情况下，企业数量过少或垄断都会导致产业竞争程度低，进而造成产业发展活力低下，缺乏活力的产业环境将会进一步抑制新企业的出现和现有企业的发展。因此，正如钻石模型和波特五力模型中共同强调的，竞争要素是衡量竞争力必不可少的评价指标。

（4）产业聚集程度，用来衡量区域内的产业集群效应是否显著，通常来说，产业聚集程度越高，则预示着企业间的合作和协同发展程度越高，产业整体的投入产出比亦会相应提高。此外，产业聚集程度的提高也可以有效防止重复投资和重复建设，一方面，已有企业能够更准确地应用自身优势资源对某一具体领域进行深耕细作，从而在巩固自身优势竞争力的同时，防止资源浪费和同质化竞争；

另一方面，产业集群将有效地促进产业整体配套设施的建设和完善，提高建设效率、减少重复投资。配合以上三项指标，对产业聚集程度的评价将能够有效地反映区域文化创意产业的相对成熟度。

（五）政策与法规要素

政策支持力度指标用以衡量政策对于行业发展的引导力度，比如北京文化创意产业发展的第二阶段，即引导起步期，此阶段产业发展的主要促动力在于政策的引导和鼓励，政策力量成为区域竞争力的主要构成因素。此外，政策支持还可以体现在从财税等诸多方面直接支持企业的经营活动，一方面，已有企业可以获得更好的经营环境，进而通过自身发展提高企业和产业的竞争力；另一方面，地区性政策还可以直接吸引外地以及国外企业，以招商引资等方式提高区域对于企业的竞争力，从而最终实现区域产业竞争力的提升。

法律法规完善程度，用以衡量区域对产业发展提供法律保障和法律支援的能力。由于文化创意产业既涉及科技产品、产品设计、工业设计等有形生产要素和产出品，也涉及文化、版权、创意等无形的生产要素和产出品，加之国内知识产权保护工作的起步较晚，文化创意产业所需要的配套法律直接关系到产业是否健康发展，只有健康发展的产业才能形成可持续发展的良性竞争力。

（六）创意要素

为了衡量创意能力，3T 理论中加入了创意指数，用以衡量技术、人才的包容度，同时创意指数中还引入了波西米亚指数，通过衡量艺术家的聚集程度来衡量创意能力的强弱。由于 3T 理论中全部的指数选择并不完全适用于我国的文化创意产业，因此本书对指标进行了相应的调整。由于包容度主要体现在技术、人才方面，我们将选择性地利用已有指标中涉及技术和人才的指标，进行深度挖掘，通过重新组合，与机遇要素共同构成指标体系的副维度。创意要素中共包括4 个二级指标。

（1）高级人才聚集程度，此指标类似于 3T 理论中的波西米亚指数，但并不局限于艺术家，而是涵盖了全产业中拥有高级职称的人才数量，高级人才的聚集程度直接影响区域产业的创意创新能力。在以往的研究中，从业人员总数和高级人才数量被并列为人力资源要素的子指标，但前者与后者存在包含关系，两者间存在较强的相关性。此外，两者的侧重点并不相同，从业人员总数越多，产业整体对于产品和服务的生产力越强，而高级人才数量越多，则产业整体在创意创新方面的能力越强。由于此指标与人力资源的丰富程度存在一定的相互包含性，是人力资源在某一特定视角的放大，为了避免二级指标重复，本书将其并列为两个一级指标下的二级指标，在评价创意要素时，通过对此二级指标进行二次利用，实现了对特定的高级人才聚集程度要素的加权，从而保证在重视人力资源整体丰富性的同时兼顾对高级人才能力的重视。

（2）创新及研发的投入力度，用以衡量产业整体对创意创新的财力投入程度。在人力资源固定的情况下，研发投入与创意产出理论上应成正比。此指标与产业整体资本的雄厚程度存在一定的相关性，但是，与产品制造和服务维系方面的投资不同，由于对创意创新方面的研发投入可以进一步提高生产力，与上文中陈述的指标设计逻辑类似，本书将此指标列为创意要素的二级指标，通过此特定指标的二次利用实现加权，进而提高其在产业整体竞争力评价中的重要性。

（3）文化的包容度，文化的包容度中除了包括文化本身的丰富程度，也包括对常住和外来旅行人数的对比评价。文化的发展和积累正是随着时间推移互相影响、逐渐融合的过程，也就是说文化越富饶，则相应的文化的既有包容性就越强。旅游人数则体现文化本身对其他文化领域的人的吸引力，通过对人数的统计，间接反映区域文化对于其他国家和地区的异文化的吸引力和潜在包容性。

（4）跨界创意能力，主要用以体现文化创意产业利用科技进行创意的能力。高文化创意园区、聚集区内的新技术企业的相对数量及经营情况，能够有效地反映科技对创意的贡献程度，贡献程度越高，说明产业的跨界创意能力越强。尽管除科技文化融合之外还有诸如文化旅游等跨越行业边界的创意活动存在，但这些行业本身均属于文化创意产业的传统细分行业，在对跨界创意能力的对比评价中，我们主要衡量高新技术产业以及已经列入文化创意产业的软件及互联网行业的发展情况。

（七）机遇要素

尽管根据钻石模型中，机遇被并列为与其他五要素平行的第六要素，但从要素的具体构成看，机遇主要划分为三个方面：市场需求带来的外生型机遇，产业战略催生的内生型机遇，以及政府影响下的政策型机遇。

众多对竞争力评价的研究都将机遇要素与产业结构，抑或是政策法规要素进行了不同程度的合并。但由于机遇本身的多样性，与单一要素的合并难以反映机遇要素的全貌，进而难以衡量机遇要素对于产业竞争力的贡献。因此，本书将机遇要素与创意要素并列列为副维度指标，通过对二级指标的深度挖掘，实现对机遇要素的全面评价。以北京市文化创意产业为例，在引导起步期由于政策的强力推动，提升了产业发展的紧迫程度，政策与产业战略共同创造了产业发展的机遇，实现了产业的稳定起步，并为增长期奠定了坚实的基础。

正如钻石模型中箭头连线所示，各一级指标并非彼此独立，而是互相影响、相辅相成的，本书中的指标体系是在对钻石模型的深度理解和挖掘的基础上建立的，设立副维度的优势在于，通过对二级指标的深度挖掘，实现对一级指标之间相辅相成关系的观测和评价，加之对 3T 理论模型的改进和应用，使得指标体系更加全面且更具系统性。

第二节　国内文化创意产业的地域性比较

本书的第一章中，从时间轴的视角对北京市文化创意产业的发展进行了系统性的回顾和阶段性划分。本节中，我们由纵向视角切换至横向视角，对国内不同区域的文化创意产业的产业竞争力进行定性评价，并进行相应的横向对比。

一、北京及京津冀地区

北京市文化创意产业从 2014 年起进入加速成长期，经过十余年的发展，产业已经具备相当的规模和影响力，在第三产业中成为了名副其实的支柱产业。随着文化的交融和城市发展的需要，京津冀一体化正在成为主旋律，这也是京津冀三地的诸多产业发展过程都共同面临的大环境。因此本章在对北京市文化创意产业进行竞争力评价的同时，将兼顾京津冀一体化背景下的区域协同发展，对京津冀地区的文化创意产业发展和竞争力进行简要评价。

（一）生产要素

在人力资源方面，北京市作为首都常年保持的极高的人才吸引力，吸引了大批人才入驻，其中既包括来京深造的莘莘学子，也包括怀有一技之长怀揣梦想的青年才俊，其中亦不乏在文化创意领域已经有所建树且颇具影响力的具有高级职称的名家学者。从整体上看，2014 年，北京文化创意产业从业人员达到 191.6 万人，而据国家统计局数据，当年的北京市总人口为 2152 万人，文化创意产业从业人员占比达 8.9%。互联网数据统计显示，美国 2002 年文化创意产业从业人数占美国全国总就业人数的比例为 6%（占总人口比例小于 6%），同样历史悠久且最早提出"文化创意"概念的英国，当年的文化创意产业总雇佣人数占全国总人口的比例仅为 3.2%。由此可见，同发达国家相比，北京文化创意产业的人力资源丰富度较高，此外，由于北京市教育资源丰富，知名大学及科研院所能够进一步为人力资源储备提供保障。值得一提的是，北京文化创意产业从业人员较 2013 年的增长率为 18.5%，总人口增长率则为 1.75%，文化创意产业人才聚集程度仍在不断提高，人力资源的丰富度在未来有望进一步提升。

2014 年出台的《北京市文化创意产业功能区建设发展规划（2014～2020年）》明确指出："引进和培养一批能够参与国际竞争的文化创意产业管理、创意、营销等高端人才"，产业整体的从业人员结构将进一步向着高端化迈进。为了进一步提升人力资源竞争力，北京市已开始通过实施中央"千人计划"、"万人计划"和"北京海外人才聚集工程"进而实现培养和引进世界顶级创意创新人才。《规划》中直接指出了要重点培养和引进的人才，如文化创意领军人才、高层次文化经营管理人才、文化金融融合的资本型人才、文化科技融合的创新型人才，以及熟悉国际文化产业和贸易规则的外向型人才。截至 2016 年，北京市在丰富人力资源要素方面，已经从追求量变向提高质变进行转化，产业在人力资源的丰富程度和人才储备方面，已经形成了较强的竞争力，在国内处于相对领先地位。

在资本资源方面，北京市对第三产业固定资产的投资逐年升高，统计局数据显示，2014 年此项投资额已达 6681.6 亿元，其中国家预算内的资金占比正在逐年减少，国内贷款、自筹资金的占比逐年升高，这在一定程度上反映出北京市整体具备较强的投资能力，且资金来源更加多样化。除政府政策性投资外，产业获取投资的最主要途径是通过国内外金融机构获得贷款，以及通过投资机构获取风险投资。北京市统计局数据显示，截至 2014 年，北京市银行系统公司为 4018个，保险系统公司总数为 645 个。据中国人民银行营业管理部公布的金融机构数据，北京市的金融机构（含外资金融机构）在 2014 年实现本外币存款 100095.5亿元，首次突破 10 万亿元大关，其中中资金融机构的存款占比高达 97.6%，全部金融机构本外币贷款余额 53650.6 亿元，贷款余额占存款总额的 55.6%，根据2015 年之前的商业银行相关的法律法规，此比例距离法定上限的 75% 仍有较大空间。由此可见，北京市的资本资源雄厚程度较高，一方面，整体资本资源的总额保持逐年增长；另一方面，投资能力并未完全发挥。对于处于城市发展战略地位的文化创意产业来说，雄厚的资本资源为产业高速发展提供了强有力的保障，保障了自 2004 年以来产业规模的持续扩大，也大大提升了北京市在文化创意领域的竞争力。

在设施资源方面，文物局数据显示，截至 2014 年，北京市共有博物馆 171个，档案馆 18 个，公共图书馆 25 个，各类艺术馆和文化馆合计 346 个，文化创意领域基础设施配备的完善程度高，在全国居于领先水平。加之京津冀一体化过程中，三地在基础设施资源方面的共享，更有助于区域协同发展，为区域竞争力的提升添砖加瓦。

作为文化创意产业的基础，文化资源富饶程度直接决定了区域文化创意产业发展的潜力。北京市自明朝以来，作为历代古都，积累了丰富的文化资源，其中既包括自然景观，也包括人文社会类非物质文化。在自然景观方面，根据旅游业的相关统计数据，北京市共有文物古迹 1840 处，A 级以上景区多处（其中AAAAA 级 8 处，AAAA 级 72 处，AAA 级 75 处，AA 级 44 处，A 级 8 处），景区数量在全国处于领先地位。此外，在京津冀一体化的大背景下，最新公布的《京津冀旅游协同发展示范区合作宣言》中三地将联合建立旅游区，天津蓟州区、宝坻区和北京平谷区，河北省的兴隆县、遵化市、三河市6地将共建京东休闲旅游示范区；而天津武清区将和廊坊市加强合作，打造京南休闲购物旅游区。通过区域协同发展，京津冀整体在旅游景区资源方面将具备更强的竞争力，旅游业收入有望创新高。在文物方面，北京市各级博物馆中现共有文物藏品共计128万件，其中一级品891件，尽管北京并没有莫高窟、秦陵兵马俑等珍贵历史遗迹，但北京市的国家级文物保护单位仍有60处之多，天津和河北省分别有8处和86处，若将山东省的51处合计在内，环渤海地区共有国家级文物保护单位205处。作为中国文化中心，北京及周边地区聚集了我国大量国宝级文物，文物藏品资源极其丰富。例如，2016年6月在河北博物馆举办的"京津冀历史文化展"中，展出的仅有关京津冀地区历史的珍贵文物就有230余件。北京市及京津冀地区极高的文化资源富饶程度也体现在历史上历朝更替过程中的文化融合和不断积累，从古代中原文化和北方游牧民族文化的融合，到两次世界大战期间的世界文化传播和融合，再到中华人民共和国56个民族的文化大融合，北京市具有最为全民的文化积累，富饶的文化资源为文化创意产业的发展打下了坚实的基础。

综合分析以上四个方面，可以说北京市和京津冀地区在生产要素方面，从全国来看都具备较高的水平，以富饶的文化资源为基础，经过丰富的人力资源的生产和开发利用，加之雄厚资本资源的财力保障，北京市和京津冀地区已经形成了较高的生产力水平，并继续向着积极的方向发展延伸。完善的基础设施避免了文化创意产业成为空中楼阁，让产业在高速、良性发展的同时不脱离社会生活、更接地气，从而营造更好的文化创意氛围。

（二）相关及支持产业要素

在相关产业和支持产业中，高新技术产业近些年来与文化创意产业的相互促进越发变得显著。一方面，软件、网络及计算机服务业已被列为文化创意产业的细分行业；另一方面，在电影、动画以及舞台艺术展现等方面，越来越多的高科技元素得到广泛应用，直接促进了影视和动画行业的发展。

在科技融合能力方面，据北京市科学技术委员会的统计数据，北京市全部研发机构累计已有265个，其中中央所属研发机构221个、北京市地方所属44个。研发机构数量庞大，且北京作为首都，坐拥地理优势，既可以发展自身的科技能力，又可以高效利用中央所属研发机构的科研能力。在科技研发中，从事应用研究的科研人员（折合全时当量）为全年1.6万人，占科研人员总数全年3.8万人的42.1%，加之全年超过45亿元的研发投入，北京市已经具备极强的科技研发能力，并且诸如数字技术、虚拟现实、增强现实技术，已在影视动画为代表的文化创意产业中多有应用。近年间春节联合晚会上对高新技术的应用，更让北京市文化创意产业的科技融合能力得到进一步提升，并走在全国的前列。聚焦到行业内部，具有研发（R&D）部门的企业数量虽然已具备一定基础，但仍然有待进一步提升。统计局数据显示，在电信、广播电视和卫星传输服务领域，北京市共有（限额以上）企业212家，其中有研发活动的企业数量为30家，占比为14.2%；互联网和相关服务领域，企业总数258家，有研发活动的企业为16家，占比为6.2%；软件和信息技术服务领域，企业总数2234家，有研发活动的企业为307家，占比为13.7%。根据国民经济分类标准，此三个行业是在文化创意产业涉及范围内、拥有独立研发活动比例最高的三个行业。近年间软件、互联网、信息技术服务等领域的飞速发展毋庸置疑地印证了北京市在科技研发方面具备极强的竞争力，文化创意产业与科技的融合虽然也已在部分领域取得了一定进展，并且在国内处于领先地位，但整体还需更进一步提升。

在内容创造能力方面，北京市在电影、电视剧、动画、音乐的制作方面，都在全国居于领先地位。以2014年统计数据为例，北京市生产故事片270部，占全国的43.7%，制作电视剧86部，占全国的20.0%，电视剧出口额占全国的24.4%。内容制作能力在全国处于领先水平，其中在电影行业的竞争优势尤其显著。随着2014~2020年文化创意产业发展规划的指导文件的出台，在人才资源进一步聚集的基础上，北京市文化创意产业的内容创造能力定会得到更进一步的提升。

在服务支持方面，根据文化创意产业划分标准，其他辅助服务在文化创意产业增加值中的占比约为10%，该比例在2009年突破12%。截至2014年，其他辅助服务行业在总收入中的占比升至12.43%，综合来看，北京市文化创意产业的服务支撑能力较强，其对于总收入的贡献在所有细分行业中位列第三，仅次于软件、网络及计算机服务和会展行业。为了更好地促进产业发展，北京市在服务支持方面，设立了一系列的国家级产业园区，促进产业聚集，如中关村软件园、国家广告产业园、国家音乐文化基地等，为保障产业的高效发展保驾护航。

综合来看，北京市文化创意产业在相关与支持产业要素方面，具备极强的竞争力。凭借地理区位优势，北京培养了强大的科技发展能力，保障了科技与文化的融合，尽管科技文化融合才起步不久，但北京市在起步阶段便已小有成绩，通过利用科技创新，进一步提升了内容创造能力。辅佐以优秀的服务支持能力，相关与支持产业已经具备较强的竞争力。

（三）创意要素

在与生产相关的创意要素中，主要来自高级人才和创新投入两个方面。在众多研究中，从业人员总数和具备高级职称的人数两项指标被并列为生产要素。经过对实际文化创意产业生产过程的梳理，不难发现，从业人员总数中包括全产业中各种生产职能的人才，其中以直接从事产品和服务生产的人员居多，高级人才则更多的是从事对文化创意产品的研发、设计、制作环节的工作，在创意产出的基础上，再通过全部从业人员在价值链中的协作，最终实现生产力。因此从价值链中的职责分工角度看，高级人才的数量或聚集程度更能直接反映区域的创意能力。

依托于中央及北京市综合高校、专业设计院校、科研院所，北京在高级人才聚集方面已经具备突出优势，其中不乏中关村这样的国家级人才聚集区。除了持续提高既有人才的聚集程度，北京市在人才储备方面也在逐步加大力度，启动了如北京市文化创意产业高级人才研修班等机制，致力于专门为文化创意产业提供高级人才培养。截至 2014 年，北京市统计局统计数据显示，在电信、广播电视和卫星传输服务领域，限额以上企业之中专门从事研发（R&D）的人员已达到 5497 人；互联网及相关服务领域，研发人员已达 4483 人；而在软件和信息服务领域，专门从事研发的人员已有 21892 人。

依托于高度聚集的高级人才基础，北京市整体对于创新和研发的投入也在持续升高，2014 年，在电信、广播电视和卫星传输服务领域，限额以上企业内部在研发（R&D）方面的经费支出高达 285398 万元；互联网及相关服务领域的企业研发经费为 210387 万元；而在软件和信息服务领域，企业内部的研发经费更是高达 625317 万元。三个领域中，限额以上企业的研发经费总和达到 112.1 亿元，创新研发投入已经具备一定规模。

随着城市发展和人才的聚集，北京市开放程度越来越高，来自全国各地、世界各国的游客及常住人口络绎不绝，本来就具备丰厚文化底蕴的北京市，在文化包容度方面有了更进一步的提升。文化的包容度既体现在异文化间的融合，也体现在文化科技融合。北京市文化包容度之高，以北京市海淀区和朝阳区最具代表性。首先，国际文化资源丰富，对外影响力大，北京市几乎聚集了绝大部分外国驻华大使馆，同时汇集了将近 2/3 世界 500 强企业的中华区，或亚太地区总部以及国际组织、国际商会，半数以上的外资金融机构。在文化创意领域，北京承载了近 1/3 的国际会展，更吸引了大批国际传媒公司在京设立分支机构。国际文化与文化、文化与科技的融合，进一步促进了北京跨界创意能力的提升。近年来，北京市出产的电影电视剧出口额逐年递增，诸多电影作品登陆国际电影节并有所斩获，正是跨界创意能力和内容创造能力最好的体现。

北京市作为世界城市、创意之都、首都行政区，在生产、支撑方面形成了显著的生产性竞争优势，具备了走向国际的前提条件。加冕世界"创意之都"是对北京创意能力莫大的肯定。同国内其他区域相比，在生产要素、相关与支持产业要素、创意要素方面，均已形成较强的竞争力。

（四）需求要素

国家统计局数据显示，北京市全市人口在 2014 年已增长至 2152 万人，且仍在逐年增长，京津冀协同发展大趋势下，三地累计人口已超过 1 亿，占全国的 8.1%，京津冀三地人口密度分别达到每平方千米 1311.1 人、1289.8 人和 393.4 人，均远超全国平均水平的每平方千米 142.1 人。市场规模在全国处于领先地位。随着总人口的增加、文化创意产品服务的丰富，北京市文化创意产业的消费额也在逐年增加，人均教育文化娱乐服务支出到 2013 年已经增长至将近 4000 元，占人均可支配收入的约 10%。2013 年，北京电影票房收入 18.6 亿元，2014 年，票房收入突破 20 亿元大关，直接增长至 22.8 亿元。随着产业的进一步发展，北京文化创意市场仍具备较大的成长空间。市场规模大、需求强度高，将有利于更多优秀的国内外企业落户京津冀地区，从而形成区域产业发展的良性循环。

在消费结构方面，本地个人消费者对产品的消费成长缓慢，服务性消费占比逐年升高，以教育文化娱乐服务为例，2007 年，人均文化娱乐用品支出为 789 元，文化娱乐服务支出为 718 元，基本持平；2013 年，文化娱乐用品支出仅增长至 949 元，而文化娱乐服务支出则实现翻倍，增至 1963 元，是文化娱乐用品支出的两倍。此外，电影、演出、期刊图书出版等行业收入的持续增长，也说明北京文化创意产业的消费结构更加偏重于服务型、体验型、享受型消费，消费结构更加多样化、系统化。对于外地、外国来京的消费者，在旅游业方面，游客在购物、住宿和餐饮项目的消费占旅游总消费的近 40%，而在景区游览和文化娱乐消费项目的消费占比只有约 10%，这一方面反映出北京已经具备雄厚的文化创意基础，时尚文化、美食文化已经具备一定的竞争力；另一方面也反映出旅游业中文化娱乐服务尚待进一步开拓。

在对公消费方面，会展收入则在 2012 年达到 250 亿元的峰值后，有少许回落。2014 年回落至 203 亿元，但会议收入与展览收入相对比例基本稳定，具体数据详见本书第一章中对行业整体结构的分析。

（五）产业结构与战略要素

自引导起步期以来，北京市响应中央号召，并结合自身发展需要，出台了一系列的政策，其中明确了要将文化创意产业作为战略性产业进行重点发展。正是得益于在国民经济中的战略性地位，文化创意产业在十余年间取得了突飞猛进的发展。从产业的重要程度、受重视程度方面看，北京在产业战略要素方面具备较强的竞争力，但由于受中央指导精神的影响较大，全国各区域间并未形成显著差异。

在产业结构方面，整个文化创意产业内部各细分行业的发展并不平衡，根据本书第一章中对行业整体结构的分析，软件、网络及计算机服务业在产业总资产和增加值中的占比约为40%，广播、电视、电影，新闻出版，广告会展，旅游、休闲娱乐的占比为6%～10%，其他行业的占比较小。产业结构稍显不平衡，一方面受产业特性的影响，由于高新技术相关行业的发展速度快、投资需求高、市场规模大，与传统文化领域的行业区别较大；另一方面也在于产业发展过程中难以做到面面俱到，因此在产业结构方面，与国内其他区域相比，北京市具有更强的科技型、创意型倾向。相对于旅游文物古迹等资源，科技型倾向的特性更有助于北京在京津冀区域协同发展中，将自身优势转化为区域型生产力，加速区域产业的发展、升级。

值得关注的是，对于艺术品交易等总资产占比只有4%的细分行业，其总收入占比仍达到8%。艺术品交易受制于艺术品数量和消费能力，短期内难以出现爆发式增长。虽然暂时处于相对薄弱环节，但随着市场对艺术品需求的增长，此类行业将展现出更大的发展潜力，薄弱环节的优化将让产业结构得到更进一步的强化。

除艺术品交易之外，其他各细分行业均已出现较开放的市场竞争，国有资本比例逐年降低，由于政策激励和行业发展大环境的利好，多种所有制的企业如雨后春笋般出现，各级产业园区、集聚区的相继成立也为产业集聚提供了便利，其中既包括科技型园区，也包括创意型园区、出版产业基地，产业集聚更加系统化。同国内其他行业相比，北京文化创意产业已经具有较高的竞争程度，并已形成较高的聚集程度。在产业结构和战略方面，具有较显著的竞争优势。

（六）政策与法规要素

北京市对文化创意产业给予了极大的政策支持，自引导起步期起，与国家整体战略相一致，北京市就通过颁布相关政策确立了文化创意产业的战略性支柱产业地位，并配套以相应的支撑、激励政策，促进产业成长，政策体系逐步完善，正如本书第一章表1－3中所节选的，2006～2011年，政策体系建设已经覆盖到产业整体、细分行业、支撑服务等诸多领域。2012年之后，随着行业细分更加具体，各细分行业发展也更加成熟，针对产业整体、细分行业的政策也更加具体，并更加具体地着眼于人才建设、园区建设等能够提升产业可持续发展能力的领域，政策体系得到进一步完善。北京文化创意产业的发展过程中，政策保障功不可没，但政策指导力量过于强大一定程度上反而会抑制产业自身能动性的形成，为长远发展埋下隐患。

与政策相配套的，法律法规建设方面，同国内其他地区相比，北京也已取得较大进展。首先，我国整体对于文化创意和知识产权的保护工作起步较晚，长久以来缺乏知识产权保护的相关意识，由于缺乏经验，在工业设计等诸多领域也出现了一些知识产权相关的法律纠纷。近些年，作为文化创意产业发展的配套服务，北京市在知识产权保护、投融资、旅游、文化娱乐、出版印刷、体育等诸多领域颁布了相关的正式或试行法律法规，尽管与发达国家相比可能还存在一定差距，但与国内其他地区相比，已经取得了较显著的进展。

除了直接指导产业发展的相关政策法规，北京市还在积极利用市级及国家级人才引进政策，旨在吸引高级人才从而提升本市文化创意产业的人才竞争力，例如《北京市文化创意产业功能区建设发展规划（2014~2020年)》中便明确指出要"以领军人才带动吸引海内外优秀人才入驻功能区，进一步激发人才创新活力，研究探索产学研联动的文化创意人才培养新模式"。

总体来看，北京市已经形成了一系列保障行业发展的法律法规，与国内其他地区相比，处于领先地位。

（七）机遇要素

如指标体系中所示，机遇要素主要由三方面构成：外生型机遇（由市场需求创造）、内生型机遇（由产业战略导向创造）、政策型机遇（政策要素创造）。

经过上文对北京市目前各方面要素的评价，我们可以对北京市文化创意产业面临的机遇做如下总结：首先，市场规模大、前景广阔，全市人口基础和持续增长的需求强度注定了在未来北京文化创意市场容量将进一步提升；其次，国际化战略将为北京市文化创意产业提供更加宽广的国际舞台，细分行业这些年的发展壮大也将为区域内的企业带来更加多样、开放的竞争环境；最后，政策引导力一直是推动产业发展的刚性推动力，尽管未来政策的力量可能逐步减弱，但政策对产业的重视程度并不会降低，通过在融资、人才、法律等方面的支持保障，北京市文化创意企业将迎来更加优越的产业环境。

综上所述，北京市及京津冀地区，尽管在内部仍有一定的实力差距，但以北京市为核心的区域文化创意产业，与国内其他区域将比，已取得显著的成就，处于领先地位，在生产、消费、支持、创意方面，均已形成较为显著的竞争优势。除京津冀地区外，根据《中国文化产业发展报告（2014)》中的划分，包含山东在内的环渤海文化创意产业区已经形成，以北京、天津、青岛等主要城市为中心的产业聚集区已经具备相当的规模，在北京文化创意产业自身实现加速发展的同时，伴随着京津冀一体化、环渤海聚集区等优越产业环境的形成，环渤海地区将进一步向着世界文化交流、文化贸易集散地发展壮大。

二、上海及长三角地区

长江三角洲地区覆盖的区域主要有上海、浙江、安徽和江苏四省市。长江流域是中华文明的起源地，江苏省南京市更是古代六朝古都，是中国古代历史文化发展的重要地区，南京与北京以及西安、洛阳并称为中国四大古都，具有极其深厚的历史文化积淀。进入近代，上海市同样见证了中国近现代史的演进，除了富含历史文化资源，作为我国东部沿海的主要经济中心之一，上海市同样具备发展文化创意产业所需的一系列要素条件，并已取得较显著的成果。

（一）生产要素

在生产要素方面，长江三角洲地区的四个省市均已具备较为深厚的人力资源基础，从业人员总数均已突破100万人。2013年统计数据显示，上海市文化创意产业从业人员约为129万，江苏省超过120万人，浙江省和安徽省为30万和10万余人。四个省市在从业人员规模方面，均少于北京及京津冀地区。

以经济实力最强的上海市为例，2014年末，上海市金融机构实现存款余额73882.45亿元，其中中资金融机构占比91.8%，贷款余额为47915.81亿元，贷款余额占存款余额的64.9%。从存款贷款余额总额看，上海市在资本资源雄厚程度方面略低于北京，在全国居于领先地位。北京市的中资金融机构占比为97.6%，相比之下，上海市对外资利用程度更大、效率更高。上海市接近65%的存贷款余额比例高于北京市的55.6%，一方面这说明上海市既有的金融投资力度更强，另一方面也暗示出在未来发展中，金融机构对包括文化创意产业在内的各产业的贷款融资能力将受到一定程度的限制。

在设施资源方面，上海统计局数据显示，截至2014年，上海市共有各类图书馆25个、博物馆纪念馆总计103个，各类群众文化活动机构238个，文物机构114个，包含档案馆在内的档案机构818个。档案机构数量明显多于全国其他省市，其他基础设施总数除稍微少于北京市外，与全国其他区域相比具有较大优势。此外，据统计上海市群众体育健身活动设置总数已增至近14000处，城市整体基础设施的完善程度在全国处于领先水平。

文化资源方面，据不完全统计，上海共有国家级重点文物保护单位16处，此外还有市级文物保护单位百余处，纪念地十余处，其中不乏静安古寺、玉佛寺等国宝级古迹。此外，江苏、浙江和安徽省分别有国家级重点文物保护单位53处、72处和36处，四省市累计共计177处。尽管上海市国家级文物保护单位数量并不显著，但长三角地区四省市累计文化资源丰富程度在全国名列前茅，仅次于环渤海地区的205处，若只与京津冀地区的154处相比，仍具备一定竞争优势。从旅游业看，截至2013年，作为长三角中心的上海市共有A级以上旅游景区88个，其中5A级景区3个、4A级景区44个，并不具备显著优势。

（二）相关与支持产业要素

在科技方面，上海市2014年研发（R&D）经费为861.95亿元，是当年上海市生产总值的3.66%，其中应用研究104.43亿元，占总研发经费的12.1%。研发（R&D）人员折合全时当量为全年16.82万人，是北京市3.8万人的4倍之多。其中从事应用研究的人员折合全年2.34万人，高于北京的1.6万人，在全国遥遥领先，但应用研究人员占比却只有13.9%，研发投入力度最大的领域是新技术的试验和发展。在科技支撑方面，上海市整体具备极强的竞争力，在保持强力的应用支撑能力之外，对前沿技术的研发也保持较大优势。

在内容创造方面，如图2-2所示，上海市年均电影制作和译制部数并不出众。在出版行业，2014年，图书出版种类近25000种，其中新出版的图书种类占到了一半以上，期刊出版种类为627种、报纸出版100种。单子音像出版量与北京市基本持平。整体看，尽管上海市为中国开放程度最高的东部主要经济中心，但与同为直辖市的北京市相比，内容创造能力差距较大。

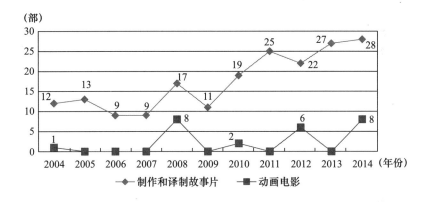

图2-2 2004~2014年上海市电影制作数量分析

在服务支持方面，上海市作为中国经济最发达的城市之一，经济结构已经形成第三产业主导的格局。由于缺少文化创意产业中细分行业的统计数据，此处将采用服务业整体数据作为代替。2015年上海市国民经济和社会发展统计公报数据显示，第三产业增加值占上海市生产总值的比例高达67.8%。服务业增加值2072.53亿元，年增长率为8.7%，显著高于6.9%的生产总值增长率。服务业增加值在上海市生产总值中的占比约为8.3%，该比重仅次于战略性新兴产业，远高于制造业。由此可见，对于文化创意产业的发展来说，上海市整体具备极强的服务支撑能力。在邻近的文化大省江苏省，服务业在生产总值中的贡献率为47.9%，文化服务业企业在文化及相关产业的全部法人单位中的占比为40.0%。无论是从服务业贡献率，还是从文化服务业企业数量来看，长三角区域都已具备了较强的服务支撑能力。

（三）创意要素

长三角地区，文创从业人员共计约 290 万人，此外还拥有以上海交通大学、浙江大学为代表的一批国内顶尖学府，高级人才聚集程度高、高素质后备人才储备丰富，加之在文化创意领域整体的投资支持，为创新能力的培养打下了坚实的基础。

长三角的核心上海，作为我国近现代开放最早的口岸城市，带领长三角地区形成了汇聚古今中外文化的多元化文化体系，具有较高的文化包容度。在人才、文化高度汇集的同时，长三角地区借助其强大科技实力及科研投入，形成了较强的跨界创意潜力。但是在形成强劲的科技文化融合能力的背后，美中不足的是，由于在影视音乐等方面较京津冀环渤海地区处于相对劣势，长三角暂时暴露出内容创意能力略逊一筹的短板。

整体看，长三角地区创意能力的软实力较强、潜力大，但现阶段创意能力在细分行业中呈现出分布不平衡的特点。

（四）需求要素

作为长三角核心的上海市，2014 年国家统计局数据显示，城市总人口已经达到 2436 万人，比同样是直辖市的北京市高出 13.2%。同年，江苏省人口增至 7960 万人，浙江省 5508 万人，安徽省 6083 万人。长三角地区人口总规模接近 2.2 亿，是京津冀地区的近两倍。因此从市场整体规模来看，无论是从作为核心区的京沪两地间的对比，还是两区域间的对比来看，长三角地区的市场都更具规模，相应的市场潜力也更大。在人均消费额方面，以长三角核心的上海市为例，其人均消费水平达到全年人均 43007 元，显著高于全国其他省市，市场整体具有较强的消费能力。

（五）产业结构与战略要素

在产业整体战略定位方面，长三角地区作为文化创意产业主要聚集区，整体上在给予文化创意产业战略性的重视的同时，各地也结合自身特点在一体化的同时兼顾自身优势领域，进行差异化的错位发展。上海市在发展过程中善于接纳吸收，饱含近现代文化积淀的同时，通过开发与吸纳，也展现出较强的现代化和国际化特色；而邻近的浙江省在历史发展中兼具内陆型的农耕文明与海洋型的重商主义，这样的文化特色让浙江省进而形成了在已有文化的基础上创新开拓的产业环境。整体看，长三角地区的优势领域主要在于设计（工业、服装、软件、建筑景观设计）以及艺术品创作和交易，在积极发挥既有优势的同时，积极扶持传媒出版、广告会展等细分行业的发展。

在设计领域，上海市作为比北京市更早荣膺设计之都的城市，其在创意设计领域的竞争力可见一斑，创意设计也成为产业增加值增长的主要动力，紧随其后的是数字内容和广告会展业。长三角地区已经形成了以设计为核心、以艺术品、广告会展等行业为支撑的竞争力体系。从全国的文化创意产业的整体布局看，作为长三角与环渤海地区中心的上海市与北京市，作为南北方文化中心、国际设计之都，在彼此竞争的同时，也具有产业结构互补的特点。

在产业聚集方面，以上海市为例，在"十二五"期间已经建成中国（上海）网络视听产业基地、中国时尚趋势研究院等国家级聚集基地，以张江国家数字出版基地为例，集聚企业总数已高达553家。此外，市级重大项目的建设也取得了大幅进展，上海自贸区国际艺术品交易中心、上海工艺美术品交易中心等相继建成。作为长三角地区的核心，上海市在城市文化设施、创意产业园区布局方面，制定了明确的战略目标，到2018年，将形成一条横贯上海"东西轴线"的产业集群，进一步提升产业聚集程度，形成文化创意产业的"多圈"聚集。

（六）政策与法规要素

以北京市为参照对象，自2014年起，文化创意产业发展进入加速发展期，政府在政策法规的建设方面也进入了一个新阶段。2014年，《中国（上海）自由贸易试验区文化市场开放项目实施细则》中，在游戏游艺设备领域，放开了对外资企业的限制。随后，在上海市政府公布的第七批取消和调整行政审批事项中，涉及文化创意产业的共22项。政策大环境正在向更加灵活开放的方向前进。

在对细分行业的政策支持方面，上海市出台了一系列政策与实施意见，对电影、对外文化贸易、文化与金融合作三大领域给予了重点关注。以文化金融合作为例，政策覆盖了融资支持、试验区建设、公共平台建设、创新支持等诸多领域，在扩大覆盖面的同时，政策渗透深度也在逐步加深。以《上海市国民经济和社会发展第十三个五年规划纲要》和《上海市文化改革发展"十三五"规划》等重要政策文件为基础，上海市进一步制定了2016～2018年的文化创意产业发展三年行动计划，进一步强调了文化创意与科技、金融、制造业融合发展的重要性，为了进一步激发产业和企业活力，从而提升竞争力，上海市提出了"产业联盟＋产业基地＋产业基金＋产业人才基地"的创新模式，通过政策力量进一步加强产业融合和人才培养的协同发展，打造区域文化创意产业的综合竞争力。

（七）机遇要素

长三角地区汇集了大量文化创意产业从业人员、高端人才，拥有江浙沪三地历史文化资源，人口及市场规模也居于全国领先地位。从外部环境带来的机遇看，长三角地区在国内处于领先地位，具有较强的竞争力。在国际化、全球化的背景下，以上海为代表，长三角地区具有极强的文化融合能力，文化包容度较高，更加能够抓住甚至创造市场消费性机遇。

与此同时，高度开放的产业环境也提高了区域产业竞争程度，企业数量的增加和质量的提升，配合以完善的政策支持，在市场前景广阔的大环境下，长三角文化创意产业更容易走进竞争带动产业发展的良性循环，以竞争促发展，通过促进竞争和聚集创造更多的内生型机遇，进而达到提升产业整体竞争力的目的。

三、东南地区

在经济区域的传统划分上，与长江三角洲齐名的珠江三角洲主要包括如下 9 个城市：广州、深圳、珠海、佛山、江门、东莞、中山、肇庆、惠州，随着经济的发展和改革开放，2003 年之后，泛珠江三角洲的概念被正式提出并逐渐被采纳（即知名的"9＋2"经济地区概念），泛珠江三角洲地区包含了中国华南、东南和西南的 9 个省份及两个特别行政区。由于区域覆盖面广，有限篇幅内难以全面囊括，本节将以东南地区尤其是广东省为例进行介绍。

（一）生产要素

东南地区主要包括广东、福建、海南三省。其中广东省的文化创意产业增加值最高，据《文化蓝皮书》中对三地文化创意产业的统计，广东省文化创意产业增加值达 2529 亿元，福建和海南分别只有 802 亿元和 71 亿元，尽管福建和海南产业增加值增长率分别达到 33.4% 和 65.1%，但在增加值总量和 GDP 总量方面，广东省仍然是东南地区形成产业竞争力的核心。引用文化创意产业最新分类标准，据《广东统计年鉴》（2016）数据，广东省 2015 年教育行业从业人员 157.92 万人，文化体育娱乐行业从业人员 28.76 万人，艺术表演团体 72 个，旅游住宿餐饮业从业人员 227.92 万人，软件及信息技术行业从业人员 86.62 万人。文化创意产业相关的各行各业从业人员总数超过 500 万人，较京沪两地具有明显优势。

珠三角地区作为我国南方主要经济区，其资本资源的雄厚程度不言而喻，且毗邻港澳特别行政区，产业发展在获取投融资方面，具有得天独厚的优势条件。在基础设施方面，截至 2015 年，广东省共有电影放映单位 1793 个，艺术表演团体 72 个，文化馆 146 个，公共图书馆 140 个，博物馆 193 个，档案馆 217 个，在设施资源方面，明显优于京沪两直辖市。

以广东为代表的东南地区，是我国开放最早的区域之一，加之泛珠三角概念的广泛普及，让东南地区极大程度上融合了本土文化和外来文化，两广地区自古以来便是中国的富庶之地，传承了中华文化的精华，泛珠三角地区的港澳台等特别行政区同时为东南地区带来了新鲜的外来文化，形成了东南地区多元、富饶的文化体系。

总而言之，从经济、人才、文化三方面的生产要素看，东南地区已经具备了极强的发展文化创意产业的基础竞争力。

（二）相关与支持产业要素

在科技融合方面，广东省统计局 2015 年统计数据显示，广东省科技研究机构已达 8164 个、R&D 人员超 68 万人、R&D 研发支出接近 1800 亿元，当年专利申请 355939 件，其中获批准 179953 件，同全国其他地区相比，具备极强的研发能力。除了科技研发，在科技的应用和转化方面，广东省 2015 年技术合同成交额达 663.53 亿元，为科技向文化创意产业的融合奠定了坚实的基础，科技融合方面具有极强竞争力。

在内容创造方面，广东省在 2015 年共出版图书 10089 种，总印数超过 3 亿册，其中新出版图书 6092 种，占比超 50%。出版的杂志共有 382 种、报纸 100 种。广东省电影电视剧制作量的统计数据暂时缺失，与全国其他地区相比，图书与影视出版并非广东省的优势所在，但动漫游戏业近年间发展迅速，数量与质量均出现良好的增长态势。除腾讯、网易之外，网龙、广东原创动力文化传播有限公司等诸多在业界具有一定知名度和影响力的公司相继涌现。

在服务支持方面，根据《广东统计年鉴》披露，2015 年广东省规模以上服务业中，软件及信息技术服务企业 1833 个，广播电视和卫星传输服务企业 171 个，互联网和相关服务企业 133 个，软件和信息技术服务企业 1529 个。横向类比至北京市文化创意产业的细分，这些服务业企业均与文化创意产业有着一定程度的交叉，为文化创意企业的发展提供直接支持，为文化创意企业形成企业竞争力、产业区域竞争力提供了强有力的支持。

（三）创意要素

在人才聚集和创新能力方面，广东省在全国均处于领先地位，由于毗邻港澳，广东省在聚集国际化人才、文化交流、创新研发投入方面具有较强的竞争力，这些条件构成了内容创意的源泉，为广东省的文化创意产业的发展提供了根本保障。美中不足的是，相对于北京市众多的高等学校，广东省在以高等教育为基础的教育和研究方面的综合竞争力稍显逊色。

从地区发展看，广东省作为中国历史上一直保持开放的通商口岸，跨文化交流时间长、文化交融程度深、文化积淀深厚，长久以来，形成了高度多元化的文化氛围，具有极高的文化包容度。加之以腾讯为代表的众多大陆企业，以及港澳台和外资科技企业，区域的跨界创意能力与内容创意能力都具有较强的竞争力。

（四）需求要素

发达的经济和优越的地理位置，赋予了珠三角地区富有活力的劳动力资源，进而极大限度地促进了区域人口的增长。作为我国东南沿海主要的人口聚集地，珠三角地区，尤其是广东省，为文化创意产业的发展提供了巨大的潜在市场。在过去的数年间，珠三角地区人均文化消费水平均高于全国平均水平，而且增长速度保持在较快的水平。国家统计局数据显示,广东省在 2006~2012 年,城镇人均文化消费水平从约 1000 元增长至约 2000 元,2012 年,全国城镇人均文化消费额不足 1200 元。同期,广东省乡村人均文化消费水平从约 300 元增长至约 450 元,与全国平均水平持平。值得一提的是,邻近的福建省在人均文化消费方面,也高于全国平均水平。

由此可见,珠三角地区拥有大规模的潜在市场规则,且需求的系统化程度和强度均在全国处于领先地位。综合考虑香港及澳门,泛珠三角地区在需求要素方面已经形成极强的竞争力。

（五）产业结构与战略要素

多年来,东南沿海地区经历着经济结构转型,经济、产业结构以及发展方式持续处于转变时期。依托于制造业的坚实基础,强劲且活跃的资本市场首先带动了文化制造业的发展,从而进一步推动了地区产业结构调整,为文化创意产业整体的发展开拓了广阔的空间。在文化创意产业中,新闻出版、动漫游戏和文化会展的发展最为明显,成为区域文化创意产业竞争力提升的三驾马车。

东南沿海珠三角地区,新闻出版业产值在我国位居前列,其中又以广东省最具竞争力。通过企业改制、结构优化、精品战略等一系列途径,以广东省为例,其新闻出版业整体规模在 2011 年居全国首位,新闻出版总署发布的《2011 年新闻出版产业分析报告》披露,广东省新闻出版业营业收入和总产出均超过 2000 亿元。此外,福建省在全国排名位列第八,广东与福建共同构成了东南沿海地区及泛珠三角地区新闻出版业的主导力量。新闻出版业则形成了文化创意产业竞争力的核心力量。

人才、科技以及区位带来的国际化优势为动漫游戏产业的发展提供了得天独厚的条件。单广东一省网络文化及数字互动游戏产业的收入就占据全国近 1/3,稳居全国第一,相关的游艺游戏设备产值更是占据了全国总产值的 2/3。以 2010 年为例,统计局数据显示,广东省动漫的核心产值达到 33.2 亿元,动漫总产值（不计动漫主题公园）高达 106 亿元,较上年增长约 42%,显著高于同时期全国平均增长率的 28%。随着厦门国家影视动画基地、番禺动漫产业基地、福州国家动画实验园等一批重点动漫产业基地的落地,泛珠三角地区动漫产业形成了从研发到生产再到销售的产业集群,覆盖了产业链上中下游的各个环节,形成了系统性、综合性的产业竞争力。

东南沿海地区现已形成以珠三角为中心的会展经济圈,是我国主要会展经济圈之一,会展整体实力在全国居于前列。以广交会为代表,香港、珠海、中山等一批新兴展会城市正在兴起,展会行业竞争日趋激烈,业界的合作也随着竞争的加剧而日渐紧密,形成了充满活力的行业发展态势。现如今,泛珠江三角洲地区已经形成诸多颇具规模及影响力的展会，如广交会、博鳌亚洲论坛、高新技术交易会、黄金珠宝交易会，电子信息博览会、国际汽车工业博览会等。泛珠三角地区已经成为我国会展业中的龙头标杆，具有极强的竞争力与影响力。

近些年，文化旅游如雨后春笋般发展，各省国民经济和社会发展统计公报数据显示，2006～2012年，东南地区旅游业总收入从2960亿元增长至9685亿元，其旅游总人次在全国旅游总人次中的占比接近30%，是全国名副其实的旅游大省。泛珠江三角洲地区文化旅游主要以广东省深圳、广州两地为中心，形成了以华侨城为代表的一大批文化旅游项目，加之海南省的一批国家级滨海休闲度假海岸和国家级主题文化园，泛珠江三角洲地区已经形成了集自然风光、旅游度假、传统文化于一体的文化旅游产业生态，在国内处于领先地位。

随着国家将文化旅游发展提升到战略高度，泛珠江三角洲地区利用其制造业基础、文化积淀、港澳台及海外合作等一系列资源，实现了文化创意产业发展的快速发展，形成了以出版、动漫游戏、会展、文化旅游为主要增长点的产业结构，产业结构日趋完善，产业竞争日渐激烈，文化创意产业在经济转型过程中起到了积极的推动作用，并形成了独具特色的产业竞争力。

（六）政策与法规要素

从"十一五"时期开始，泛珠江三角洲各地区已经将发展文化创意产业提升到国家战略层面，并积极提供政策支持，营造良好的产业发展环境。以广东省为例，现已经形成层次分明的政策支撑体系，保证文化创意产业的持续、快速发展。政策支持的践行大致可以分为三个层次。

首先，制定宏观政策规划，确定产业发展的战略方向。以《珠江三角洲地区改革发展规划纲要》为代表的指导性宏观政策明确指出：要培育一批创意产业集群。其中包括国家级软件及动漫产业基地。从宏观的战略高度，对文化创意产业的发展给予了高度重视，为区域文化创意产业发展指明了方向。

其次，出台系统化的产业支持政策，完善政策体系。针对各细分行业，以广东省为例，先后出台了一系列支持性政策文件，如《广东省建设文化强省规划纲要》、《广东省文化产业振兴规划（2011～2015年）》、《关于促进广东省文化和科技融合发展的意见》、《关于金融支持广东省文化产业振兴和发展繁荣的实施意见》及《关于促进对外文化贸易发展实施意见》等。一系列政策的出台，进一步巩固了文化创意产业发展的根基，并促进了科技、金融等不同领域与文化创意产业间的融合。为区域文化创意产业竞争力的丰富和多元化奠定了坚实的基础。

最后，颁布专门性政策，将政策激励贯彻到底。以广东省为例，其颁布的《关于促进广东省工业设计发展意见》明确针对工业设计领域提出：要以工业设计推动传统制造业的转型升级。政策一方面鼓励工业设计的发展，另一方面也极大地促进了工业设计作为生产力进一步服务于区域发展这一良性循环机制的形成。除此之外，在加速文化创意产业集聚方面，广东省文化厅先后出台《关于加速珠江三角洲地区文化创意产业发展的指导意见》和《关于文化创意产业园区（集聚区）的管理办法》，旨在推动产业发展并优化产业布局。

通过以上三个层次的政策体系构建，以广东省为例不难看出，泛珠三角地区已经形成了系统化的政策体系，为文化创意产业整体和各细分行业的蓬勃发展保驾护航。保证了区域文化创意产业在规模、产值方面在全国名列前茅。

（七）机遇要素

统观需求、产业结构及战略、政策法规三方面要素，泛珠三角地区坐拥大规模的既有市场及潜在市场，且人均消费额较高、市场需求旺盛，文化创意产业发展所面临的市场消费性机遇巨大。产业内部增长势头强劲，产业结构持续优化且竞争日趋激烈，竞争与合作持续进入良性循环，极大地促进了产业良性发展和快速增长，辅佐以系统全面的政策支持，泛珠三角地区面临积极乐观的战略性机遇和政策性机遇。总而言之，区域文化创意产业发展所需的机遇要素已齐备，且发展趋势良好，产业竞争力在未来将得到更进一步的加强。

第三节　区域文化创意产业竞争力评价

2014 年统计数据显示，北京市文化创意产业从业人员共计 191.6 万人，显著高于上海市的 129 万人，但与以广东省为首的东南地区尚有较大差距。尽管从业人员总数位列第二，但是充足的人才引进计划为从业人员队伍的强化提供了保障。此外，北京市高校云集，高级人才聚集程度在全国处于领先地位，且人才聚集程度仍呈现出增长态势，从人力资源生产要素方面来看，北京市的综合竞争力和发展潜力优于我国其他省市和地区。

2014 年，北京市的投资总额达 6681.6 亿元，资金实力雄厚，而且贷款余额仍有约 20% 的增长空间，从投资额和投资增长空间看，北京市较包括上海市在内的其他省市均具有更强的实力和成长空间。美中不足的是，上海市作为我国激励外资发展的先驱，其对外商投资的利用程度高于北京，北京市文化创意产业在"走出去"的过程中，对外商投资的利用有待进一步加强。整体来说，北京市的资本资源较为雄厚，且仍具有强劲的增长空间。

北京市作为古今历朝古都，文化积淀深厚。现如今，全市已有博物馆 171 个、各类图书馆和艺术文化馆合计约 400 座、文物古迹 1840 处、文物藏品 128

万件、A 级景区 227 个、国家级文物保护单位 60 处，若将环渤海地区统计在内，国家级文物保护单位共计达 205 处之多。与此相对，以上海为代表的长三角地区四省市共计有古迹 177 处，A 级景区 88 个。从设施资源的完善程度和文化资源的丰富程度来看，北京市较其他省市地区处于较明显的竞争优势地位。值得一提的是，广东省有共计约 720 座各类图书馆和文化艺术馆，明显多于北京市的 400 座，但广东省总面积显著大于北京，从人均图书馆数量和图书馆密度上看，北京市仍然处于相对优势地位。

总体来说，与其他省市地区相比，北京市在生产要素方面具有得天独厚的优势条件，且通过自身不懈的努力，正在逐步形成并强化核心竞争力，在国内处于相对优势的竞争地位。

一、相关与支持产业要素竞争力

北京市作为首都，积极贯彻国家关于科技融合、文化创意产业促进、产业结构优化改革等大政方针，形成了大批科技型企业，随着互联网时代的到来，软件、广播、计算机等领域的企业逐年增加，为北京市支持产业要素竞争力的形成提供了前提保障。与北京市相匹敌的深圳市也孕育了大批互联网企业，其中也不乏已成为国际型企业的互联网公司。单从科技融合能力方面看，北京深圳两地不分伯仲。然而在内容制作方面，北京市的故事片、电视剧生产和出口较其他省市具有显著的优势，在电影行业尤其显著，北京市的文化创意内容制作能力在全国处于领先地位。

与科技和内容等相关产业要素不同，支持产业要素主要由服务支持能力体现。近些年，辅助服务行业对于文化创意产业总收入的贡献率持续升高，但与上海市等地相比并不处于领先地位。为了鼓励产业发展，北京市设立了一系列的市级乃至国家级产业园区，为文化创意产业发展保驾护航。从支持力度看，北京市的支持要素更多地体现在政策型支持，相关的服务型产业要素相对薄弱。

总体看，北京市在相关与支持产业要素方面，只具有少许竞争优势。其原因体现在三方面：其一，北京市文化创意产业在内容创造与公共服务支持两方面虽然拥有较强的竞争力，但是暂时并不构成明显的竞争优势；其二，在科技融合能力方面处于领先但并无明显竞争优势；其三，服务型产业的支持能力方面，北京市的竞争力仍有待进一步改善和提升。

二、需求要素竞争力

2014 年以后，北京市总人口数已超过 2100 万，京津冀三地累计人口突破了 1 亿人。按照人口密度核算，北京市每平方千米 1311.1 人，远高于全国平均水平。相比之下，上海市 2014 年总人口已突破 2400 万，长三角地区总人口达 2.2 亿，人口基数和潜在市场规模较北京市更具更强的竞争力。

在消费系统化方面，北京文化创意产业的消费结构正在从以以往的产品消费为主转变为以服务消费为主，更加偏重于服务型、体验型、享受型消费。消费结构已经出现了更加多样化、系统化的特点，消费结构方面，同为经济中心的北京、上海和深圳三地之间较为相似，无明显差距。由于北京旅游景点和文物古迹丰富，相应的外地与外国游客到京的旅游消费相应较高，但景区游览和景区内文化娱乐消费的占比很低，这更进一步说明北京市近年间文化创意产业的发展更加全面，消费结构更加多样化、系统化。北京市相对于其他省市地区的消费系统化优势更多来自于教育领域，北京市作为首都，有着众多国家级和市级高等院校、科研院所和企事业单位，教育科学文化消费基础雄厚。整体看，北京市、上海市、深圳市三地在消费系统化方面均处于全国领先地位，但北京市消费的系统化更加全面，作为需求要素的竞争力略胜一筹。然而在消费强度方面，经济发展水平相当的各省市地区并无显著差异。

总体看，北京市在需求要素方面并不具有明显的竞争优势，人口基数虽然庞大，但较上海等地仍略逊一筹。消费系统化程度虽然更高，但由于各大经济中心人均收入和总消费水平并无显著差异，文化创意消费强度也并未呈现出明显落差，加之深圳毗邻香港，存在较强的跨区文化娱乐消费趋势，本地需求强度可能已经在一定程度上被分流。上海和深圳以及以两地为代表的长三角和珠三角地区，相对于北京市具有更强的需求要素竞争力。

三、产业结构与战略要素竞争力

北京市在软件、网络及计算机服务业的总资产与增加值在产业总资产和增加值中的占比约为 40%，广播、电视、电影，新闻出版，广告会展，旅游、休闲娱乐的占比约为 10%，仅从自身纵向比较便可发现，北京市产业结构呈现出较明显的不平衡，不利于产业整体竞争力的培养和塑造。

以同为设计之都的上海为核心的长三角地区，现已经形成了以设计为核心，以艺术品、广告会展等行业为主的产业结构；以深圳为代表的东南沿海地区则形成了以新闻出版、动漫游戏和文化会展为主导的产业结构。三个区域的产业结构各具特色，在充分展现自身优势领域的同时，又暴露出产业结构不平衡的缺点。

以国家整体文化创意产业发展战略为指导，结合自身发展需要，全国各省市地区均已形成了政策主导的战略指导体系，因此总体来说，全国主要文化创意产业区域在产业结构和战略要素方面竞争力大体相当，均有自身需要克服和改进的问题。但值得一提的是，随着一线城市趋于饱和，而且二三线城市因自身发展需要，已经向众多文化创意企业伸出橄榄枝，以多种形式的政策优惠吸引其迁移入驻，因此仅仅从政策型战略要素角度看，北京、上海、深圳甚至处于相对竞争劣势地位。

四、政策与法规要素竞争力

在过去的几年中，紧跟国家大政方针，各省市地区均已出台一系列促进文化创意产业发展的激励政策，从政策的重视程度来说，各地之间并无显著差异。各地之间也存在少许不同。

北京市在法律法规逐步完善的同时，政策对于产业发展的指导作用也越来越明显，在人才引进方面，完善的政策更有助于高级人才的聚集，但在细分行业的发展方面，过于频繁和深入的政策干预并不利于行业的健康成长。相对而言，上海等地的政策大环境正在向更加灵活开放的方向前进。

因此，对政策与法规要素的评价更需要辩证思想。从人才聚集和创意能力培养的角度出发，北京市的竞争力可能更胜一筹；相对而言，若从行业良性和可持续发展的角度看，北京市的竞争力可能稍显逊色。

五、创意与机遇要素竞争力

创意要素和机遇要素，作为指标体系的第二维度，主要用于对第一维度中各指标的加权。在创意要素方面，北京市与上海市同为设计之都，都聚集了大量文化创意产业从业人员，融合了全国乃至全世界的多元文化，两座城市在全国处于领先地位。考虑到影视作品、软件开发等直接文化创意产出的产值和数量，北京市的创意成果较其他省市地区有显著优势，在全国遥遥领先。概括看，北京市在创意要素方面具有根本性的竞争优势。

在机遇方面，北京市与上海市都坐拥两千余万常住人口，且人均收入和支出水平较高，市场消费性机遇前景良好。在外生型机遇利好的同时，内生型和政策型机遇方面却呈现出博弈局面。一方面，由于各省市文化创意产业结构均有不平衡的现象且各具特色，因此内生型机遇难以进行定性比对，但对于京沪深等核心城市来说，由于资本和人才的聚集程度更好，产业聚集也更具竞争力，三地相对于其他地区保持着明显的竞争优势，并且有实力在较短时间内逐步改善产业结构，另一方面，政策支持力度虽然能够促进产业战略性机遇的出现，但也有可能成为带来抑制产业自由良性发展的负面影响。

综合来看，北京市较上海、深圳及其他城市，创意要素方面已经具有较强的竞争优势，但在机遇要素方面却仍待考量，如何有效利用市场和政策力量推动产业发展，是北京市乃至全国文化创意产业发展过程中需要解决的问题。

第三章 北京文化创意产业
竞争力提升策略

近年来，我国文化创意产业发展势头迅猛，文化创意产业整体的竞争力得到了较大提升。但是，我国文化创意产业的整体竞争与以英国为代表的文化创意发达国家，以及亚洲近邻日本、韩国、新加坡等相比，仍然存在较大差距。北京市虽然已经成为设计之都，而且其文化创意产业在国内也具有较显著的竞争优势，但距离成为世界一流的文化创意城市还任重而道远。

近些年，社会经济新常态已成为热点，对于北京市来说，在疏解非首都功能后，继续发挥文化中心的优势、提升文化创意产业竞争力，是其提升城市影响力的重要手段之一。因此，根据实际情况、把握北京市文化创意产业发展现状和问题，提出具有针对性的竞争力提升策略，对于北京市作为国家首都和文化中心、成为世界城市和文化创意具有极其重要的意义。

根据第二章中对文化创意产业竞争力评价指标的讨论，以及对以京沪深为代表的主要区域间的横向比较，我们可以发现，北京与国际和其他地区比较，差距是多方面的。既体现在文化创意人才的"质"与"量"上，同时也体现在金融、技术等各方面的综合支撑上。此外，市场运作能力、资源转化能力、创新能力等综合能力也稍显薄弱，因此本章以竞争力指标为基础，重点关注北京文化创意企业竞争力提升的对策，在此基础上，进一步提出政府在区域产业竞争力提升的过程中的作用及角色。

第一节 北京文化创意产业发展中的问题

目前，北京已经聚集了大量文化创意产业人才，既有规模庞大的从业人员群体，也有高级创意人才聚集，文化创意产业呈现出良好的发展态势。保守估计，北京目前有超过 6000 家的文化创意产业单位，产业值逐年增加，在 GDP 中的占比不断提高。尽管如此，通过与国内其他省市地区的横向比较，结合国际先进经验，我们仍然可以发现北京市文化创意发展中的一些弊端和瓶颈。

一、生产要素比较单一

（一）人才结构不合理

作为文化创意的产业的根本，创意来源于人才，创意能力依赖于每个从业者的智慧和劳动。文化创意产业竞争力的形成和提升，在极大程度上取决于人才个体的技能、创意和才华。人才资源的总量、质量和结构，共同构成了人力资源要素。北京市作为首都、文化中心，虽然从业人员总数与其他省市相比具有较明显的优势，但文化创意人才在从业人员总数中的占比较低，高端人才的占比更是少之又少。相对于北京市文化创意产业发展的巨大潜力和广阔前景，人才储备明显不足，现有高端复合型人才更是缺乏。

除了创意人才总量上的不足，人才资源缺乏还体现在结构不平衡上，高端人才的稀缺造成了结构性短缺。结构性短缺主要体现在两方面。其一，专业方面，高端创意人才缺乏，这直接限制了创意能力的提升，导致原创产品数量的增长缓慢，从而进一步抑制了企业乃至区域核心竞争力的进一步提升。其二，缺乏复合型人才，即通晓文化创意产品并能将其市场化、产业化的高级经营管理人才。现阶段，北京市文化创意产业的从业人员中，中低端职位的从业人员较多，高端创意人才稀缺，也缺少具备文创运营管理能力丰富的人才。然而，具备经营管理经验的高端人才却对文化创意产业少有涉猎。在动漫游戏、艺术品交易、广告会展、文化旅游乃至广播影视行业，北京市各高校培养的毕业生数量远不能满足市场所需，教育以培养低端制作人员为主，对高端创意人才和复合型人才的培养有待强化，区域在文化创意领域的教育体系仍有待完善。

因此，吸引高端复合型人才，健全人才培养体系，改善文创人才结构，是北京提高文创产业竞争力解决生产要素单一化的重中之重。

（二）融资渠道受限

到目前为止，尽管文化创意产业已经得到了突飞猛进的发展，但产业发展主要依靠政府专项拨款和企业申请银行贷款。随着文化创意产业被提升到国家战略层面，全国各地对文化创意产业给予了极大的政策性专项资金支持，为文化创意产业的发展奠定了基础。但企业面临融资渠道单一的窘境却没有得到改观。

产业融资渠道的单一体现在来源单一和难度高两个方面。一方面，银行贷款是专项拨款之外企业获取融资的主要途径，然而银行出于风险规避的考虑，无形中提升了企业获取融资的难度；另一方面，由于文化创意产业需要长久的积累，总体来说产业的短期投资回报率并不高，因此并未成为风险投资热衷的领域，这进一步限制了企业获取融资的渠道。融资渠道的单一，更加大了企业对政策性专项资金的依赖，从而限制了产业发展的多样性。

为了让产业发展更加顺利，企业需要更广阔的融资渠道，以便获取更大的成长空间。因此，融资渠道的拓展是北京市文化创意产业竞争力提升过程中需要优化的另一大生产要素问题。

（三）文化资源的转化能力弱

北京市的文化资源非常丰富，聚集了中华 56 个民族、不同历史时期文化之精华，文化的繁荣也吸引了大量文化名人及艺术家。文化及人才资源的聚集，却未能显著提高北京市文化创意产业的创意水平，文化资源的优势尚未转化为产业的整体竞争优势。最具代表性的当属动漫行业，这个在过去飞速发展的行业，既包括现代创意元素，又可以覆盖传统文化。然而北京动漫产业的发展却相对缓慢，多年来漫画和动画产品内容相对浅显单调、情节老套单一。创意能力的进一步提升，将有助于提升文化资源向文化创意产品的转化效率。

与以美日为代表的世界先进国家相比，我国的动漫产品受众年龄呈现出幼稚低龄化的特点，产品本身缺乏创意性。除此之外，颇具讽刺意味的是，我国经典古典名著的素材和文化素材，却常常被外国所用，演绎成为诸多动漫作品，并获得较好的市场反响。北京有着丰富的文化积淀，却未能为己所用，这更进一步验证了北京乃至我国文化创意产业在文化资源转化方面的不足。

二、支持要素薄弱

（一）跨界融合程度不够

跨界融合程度不够，主要体现在产业内外两个层次。产业内部，细分领域的联系与协作有待加强；产业之间，跨产业边界的协作融合尤其薄弱。

首先，在文化创意产业内部，根据《国民经济行业分类》（GB/T 4754 – 2002）标准，北京市将文化创意产业共划分为 9 个行业大类、27 个中类、88 个小类。在大类的划分上，主要分为文化艺术，新闻出版，广播、电视、电影，软件、网络及计算机服务，广告会展，艺术品交易，设计服务，旅游、休闲娱乐，以及其他辅助服务。在既定的行业划分标准下，文化创意产业的各个细分领域被明确界定。如此一来，行业间潜在的文化链条也被切断。然而，文化创意产业以创意为核心，通过创意的产生和产品的创新、生产、营销实现价值的创造，并通过后续的系列衍生品和具有高附加值的服务创造更高的价值。创意的生成和产品的制造仅仅是起始，文化创意产业的价值链是一个复杂的整体。在价值链整体内部，创意是核心，价值的持续扩散才是价值链的精髓所在。价值的扩散覆盖了文创资源、创作、生产、流动、展示等诸多环节。扩散的过程中既需要价值链的纵向延伸也需要横向的扩展。但细分行业的划分，极大地限制了产业横向扩展。加之管辖部门和所属区域的限制，产业内部的纵向联络与协作受到极大限制。为了更好地激活文化创意产业价值链，使产业更有活力、更具竞争力，北京市需要为产业发展创造更好的跨界融合环境。

（二）行业标准缺失

行业划分标准虽然为文化创意产业进行了更加细致的分类，但各细分行业中的行业标准暂时未得到完善。相关行业标准的缺失，造成行业发展良莠不齐，例如，市场上一些并未达到行业标准的"劣质"企业滥竽充数以次充好，竞相低价售卖创意服务，毁坏文化创意产品和服务的形象和价值，压制优质文化创意企业的生存空间，然而更多的"劣质"投机企业反而会伺机寻找降低运营成本的"捷径"，缩短创意产品和服务的开发周期，将更多的劣质产品和服务推向市场。从结果上来看，势必导致劣币驱逐良币的恶性循环，挫败企业创新的积极性，不利于市场的培养和塑造。此外，行业统计标准也有待完善，不同统计口径的统计数据大相径庭，一个完整、一致的统计机制有待建立。有些产品和服务可能位于多个细分行业的交界处，统计过程中也会出现重复与遗落。对于新兴行业尤其如此，缺乏准确一致的统计数据，行业发展难以得到全面客观的体现。

（三）服务支持有待完善

首先，北京市文化创意产业公共服务平台建设有待完善。现阶段，各产业园区仍然存在各自为政的现象，缺乏沟通联络与合作，每个区县、园区在自身发展的同时，并未能形成全市的协作网络。在战略规划层面上，极大程度上不利于产业的整体发展以及区域竞争力的塑造；在产业运营层面上，现在的服务支持体系无法实现文化创意产业的人才培训、信息和交易平台方面的资源共享。

其次，供给与需求脱节，服务环节有待加强。文化创意产品并非皇宫贵族所特有，而应该是全民族、全国乃至全世界具有普遍影响力的文化产品。因此，文化消费市场不能曲高和寡，从人才培养到研发设计再到服务提供，北京市需要激励更多既能满足当下文化创意需要，又价格低廉的文化创意产品，从环境营造方面为产业发展提供间接支持。此外，对于已经存在的文化创意产品，例如收藏品、展览品、艺术品乃至音像设计广告等产品和服务，北京的产品交流渠道较少且单一，服务市场亟待建设。为了在全国具有更强的竞争力，也为了更进一步地走向世界加强国际化，北京文化创意产业在服务与交易的规范性方面也有待进一步的改进。

最后，社会文化创意环境缺失。展会、文化艺术活动等官方和民间活动对于文化创意产业的宣传来说，至关重要，尤其是市民喜闻乐见、感同身受的文化艺术形式，其对于文化创意产品和服务宣传效果功不可没。北京市虽然已经具有一定数量的各类文化馆，但公共开放程度低、组织民间活动匮乏、场馆利用率低。从市民角度看，近些年涌现的"广场舞"等活动，极大地体现了市民对于文艺、体育的爱好，但由于缺乏相应的社会支持，使得初衷积极向上的文艺活动逐渐演变成为占用公共场所、扰乱社会秩序的群体活动，且直接冲突层出不穷。在产业发展诉求和市民需求日益升温的今天，北京市应更多地发挥支持功能，通过举办各类有组织、有规划的活动，促进文化创意产业的发展壮大和良性发展。

三、需求国际化通路不畅

（一）文化出口额不高

北京市文化创意产业整体发展已经初具规模，领头企业也颇有影响力。无论是大型领头企业还是中小型企业，北京文化创意企业的进出口总额年年升高，但进口额远高于出口额。北京市的文化创意领先企业，与国际龙头企业相比，仍存在一定差距。无论在企业规模、经营效益或是文化产品影响力方面，以迪士尼为代表的国际巨头仍保持着巨大的领先优势。在设计方面亦是如此，尽管近些年北京高楼林立，但单以地标性建筑设计为例，国际知名企业仍然具有压倒性优势，望京和银河两大地标 SOHO，乃至中央电视台大楼（新址）都是国际建筑师的杰作，与本土设计师无缘。在相同的招投标条件下，北京市乃至全国的本土企业竞争力仍然有待提升。

文化出口难有起色的原因是多方面的，北京市乃至国内文化创意产业整体起步较晚，产业链成熟度不够，人才有待进一步培养，文化产品和服务中的创意能力有待进一步提高。尽管荣膺"设计之都"且与国内其他城市与地区相比文化出口处于领先地位，但北京市的国际影响力尚需进一步强化，推动产品走向世界、促进需求国际化、提升文化出口额，将会是北京文化创意产业国际竞争力的最有说服力的体现。

（二）知名品牌少

文化创意产业国际化的过程中，知名品牌必不可少。但由于北京市乃至我国的文化创意产业起步晚，尚未形成在全世界颇具影响力的文化品牌。加之根据行业分类标准和地理区域的划分，文化创意产业链被打断，品牌系列难以成型、缺乏互动。国际上，迪士尼品牌覆盖了动画、出版、制造、主题公园等诸多领域，品牌具有极高的知名度和品牌价值。又如时代华纳，由多家跨国影视传媒企业组成，其业务范围广，包括互联网、广播、出版、电影电视、音乐娱乐等。北京市虽有少数在国内小有影响力的企业，但未能形成跨地区跨行业的文化创意集团企业，品牌缺乏国际影响力。

北京文化创意产业缺乏国际知名品牌，主要原因可以归纳为两方面。

其一，市场不成熟，尚不具备形成知名品牌的条件。北京市文化创意产业与国外相比，起步较晚，市场集中度不高，企业经营范围较宽泛、零散，缺乏聚焦。从事媒体和软件开发的企业较多，其中的大多数企业仅从事低端工作，少有富含创意的作品出现，专利申请也显现出有数量而缺乏质量的现象。总体看，北京市文化创意产业覆盖面广并非坏事，多元化的发展有利于产业的全面发展，但在品牌建设过程中，企业集中发挥自身优势资源打造有特色、高价值的产品和服务，是塑造和提升品牌形象的必经之路。此外，起步晚也造成了产业发展所需的体制改革进展缓慢，北京作为政治和文化中心，仍然存在体制抑制产业发展的现象，国有文化创意企业缺乏竞争力，企业缺乏活力，而民营企业又面临资金和体制方面的束缚，发展缓慢。

其二，北京市乃至全国市场规模大，巨大的潜在市场抑制了产业集中度的提升，也不利于企业创新创意的产生，甚至可能出现"一招鲜，吃遍天"的讽刺局面。品牌的塑造，需要市场的支持，而如何积极有效地利用市场要素，不单是企业要思考的问题，也是政府监管机构要深思的问题。品牌的塑造，应伴随着企业的成长、产业的升级，本地品牌的国际化，才是北京文化创意产业真正走向世界的旗帜。

四、产业结构与战略要素不匹配

（一）产业结构内部不平衡

北京文化创意产业整体起步较晚，由于经济发展已经取得长足进步，在充足的政策保障和资金支持下，产业规模迅速扩大，综合实力快速提升。但是，快速起飞也为产业发展不平衡埋下了伏笔。北京市文化创意细分行业中，诸如软件、影视、设计等重点行业在全国已经拥有较显著的竞争优势，这些细分行业的增加值约占全市文化创意产业总增加值的70%以上。细分行业加速发展固然是好事，但只有各细分行业相对均衡发展，才能形成更加全面的企业、区域乃至国家的产业竞争力。

（二）竞争同质化

北京市文化创意产业发展至今，由于加速发展的需要，存在一定的盲目发展现象。各区县在产业培养和发展过程中，竞相设立文化创意大型项目、建立产业园区。近些年，各方投资也竞相涌入文化创意产业，进一步造成了重复建设。竞争程度的提升固然是好事，但同质化竞争却造成产业结构不平衡、企业间恶性争夺资源。

产业园区同质化严重，缺乏明确的自我发展定位，缺乏对自我核心优势和市场需求的正确认识，定位不明确。现阶段，从经营效益和需求方面看，咨询策划类文化创意企业前景较好，但此类园区数量较少；以休闲娱乐、时尚为主要元素的园区构成了北京乃至全国文化创意产业园区的主流。其中因果关系不难理解，休闲娱乐入门门槛低，相对而言其广告招商范围广，产品和服务可以在极短时间内呈现在消费者面前，易于受到大众的关注，短期投资回报率较为乐观。

除了盲目跟风与同质化，此类文化创意园区还面临着商业模式单一的问题。企业通常靠收购倒闭旧厂房，凭借成本优势打造出 LOFT、SOHO 概念的工作空间，此后吸引画廊、设计师入驻，而且此模式下难以吸引和维持高端设计人才，常常会因此走向恶性循环，最终在房租地价的竞争中弱肉强食，无论淘汰还是存活，企业和园区的竞争力本身并无提高。

总体来说，此模式下园区的建立虽然一定程度上加速了企业的聚集，规模虽然得到扩张，但难以实现产业链联动和规模经济，而且聚集入驻园区的企业良莠不齐，经营范围同质化。加之聚集区的建立模式单一，政府引导作用明显，在政府行为的干预下，甚至有盲目跟风、搭政策顺风车的现象存在。这更加剧了同质化的形成，非常不利于创新和创意能力的培养。

（三）产业链协同滞后

产业结构不平衡，行业划分、区域划分等一系列现状，造成了产业链上下游协同难度大、效果差的局面。除此之外，北京文化创意产业链协同的弊端，还体现在产业间协作与人才培养。产业间协作需要与经济、政策支持相匹配，促进文化与科技、旅游、金融、互联网等诸多领域的融合。人才培养则关系到文化创意产业的可持续发展，现阶段北京市文化创意相关高校和专业数量有限，人才培养数量远不及市场需求，且高校培养与产业需求之间存在一定的脱节，培养的人才找不到合适的岗位，急需人才的岗位找不到合适的人才。在产业间协同发展、跨界融合的背景下，更加多元化的人才显得尤其缺乏。因此，从文化创意产业内部、文化与其他产业之间双管齐下，促进产业链协同，并有针对性地改善人才培养的效率和效果，是改善北京市文化创意产业结构、增强竞争力、提升产业活力过程中要解决的另一个主要问题。

五、政策与法规滞后于产业发展

（一）政策竞争加剧

在我国文化创意产业发展的起步阶段，政策激励起到了极大的作用，北京市亦不例外。全国各省市均将文化创意产业的发展提升到战略高度，出台了一系列的产业促进政策和办法，比如政策扶持、专项经费、招商引资等。但与其他地区相比，政策支持力度稍显薄弱。有些地区出台的政策和办法从房租补贴、地价优惠、奖励补贴等方面直接帮助企业降低经营成本，很多北京企业甚至开始增加在其他地区的投资，从国内竞争环境看，北京文化创意企业甚至出现了外流的情况。为了防止北京文化创意产业出现空心化的窘境，北京需要及时调整政策体系，避免国内政策竞争抑制本地产业发展的现象出现。

（二）知识产权保护力度不足

文化创意产业以创意和知识为基础，创意水平和知识产权保护机制是产业良好、快速发展的根本保障。我国在知识产权保护方面长久以来较为落后，法律体系不健全、执行不到位，侵权现象频繁出现，极大地抑制了创意创新、知识版权所有者的创新积极性。随着技术的发展，近年间涌现的以互联网和数字信息技术为基础的文化创意行业，其产品和服务的可复制性较高，真正创意所有者的权益得不到保护。随着产业的飞速发展与国际化进程的推进，知识产权的保护力度与文化创意产业规模之间存在极大的不平衡。建立完善的文化创意产业法制体系，营造良好的产业环境，保护创意创新者的知识产权和权益，是保证产业长久良好发展的法制保障。

第二节　北京文化创意产业的竞争力提升策略

经过四个阶段的发展，北京市文化创意产业的发展尽管取得了一定的成绩，但各方面均存在不足，有待进一步改善。适逢"十三五"规划的重要时期，进一步确定文化创意产业的战略地位，整合资源改善产业环境，推进市场化、国际化，促进产业融合，才是全面提升产业的国内和国际竞争力的关键所在。根据竞争力评价体系的指标进行划分，我们提出北京市文化创意产业竞争力的提升策略。

一、人才体系建设

（一）人才分类

人才建设过程中，首先需要对人才分类体系进行完善，根据中国的文化创意产业特色，划分出适合我国，尤其是适合北京市的人才分类体系。人才分类需要全面考虑细分行业特色，也要考虑人才创意能力的层次。

首先，北京市已经对文化创意产业进行了九个大类的划分，虽然此分类对产业内部和外部的联动造成了少许的影响，但对于人才的划分却起到了一定的帮助作用。但是，产业上下游及产业之间的联动更需要人才的多元化。对人才分类体系的建设，不能对人才一概而论，而要对能力进行分类，人才是多项能力的集合体。有了更加科学合理的人才划分和评价体系，才能从根本上刺激人才的多元化发展、促进复合型人才的涌现。随着文化创意产业战略地位的确立和深化，其对经济增长的推动作用将进一步凸显，参考欧美日等文化创意强国的经验，培养造就复合型人才是保持产业竞争力的基础。理查德·佛罗里达指出，创意有别于传统的行业与部门分类，创意阶层甚至被视为农业、工业、服务业之外的第四大主要职业群体。据此，创意能力及其人力资源在现代经济发展中，尤其是在文化创意产业发展中的重要程度，可见一斑。因此，在充分考虑各行业特色的时候，也要找到各行业间的联系，集中各行业的优势资源培养复合型人才，塑造北京市多元化的创意能力。

其次，创意能力的培养要充分考虑创意能力的层次和构成。在各细分行业的创意能力彼此交融后，便会形成一个五彩缤纷的创意能力集合。从业人员根据各自所从事的工作，所具备的能力也千差万别。有些岗位所需的创意能力以科技类能力为主，如软件相关行业；而有些岗位所需的创意能力则是以文化为主，如绘画；还有些岗位所需的创意能力则是更加抽象的想象力，如动漫影视等。即便在同一类岗位中，不同级别、不同规模的企业或项目，对人才的能力要求也各不相同。但是，享有"专家"、"大师"等美誉的人寥寥无几，除了文化领域的资深专家、教授、非物质文化遗产传承人，其他创意人才难以得到全社会的普遍认可，民间艺人乃至企业的每一位创意人才的自我价值实现，难以被世人所见。因此，为了更好地完善人才创意能力体系，对创意能力进行层次区分，甚至设立级别认证，调动人才的主观能动性，吸引更多潜在创意人才加入到文化创意产业大军中，将起到积极的促进作用。

（二）多元化人才培养体系

为了产业的长久可持续发展，北京市的文化创意人才培养尚需进一步加强。人才培养体系的多元化建设可以从三个方面加强，跨界融合、产学研结合、学科建设。

首先，跨界融合背景下的人才培养。与人才分类相一致，在人才培养阶段，对于创意能力的多元化应给予足够的重视。现阶段，细分行业和市场的划分、高等教育中的学科划分，在培养人才技能专业性的同时，也在一定程度上抑制了创意能力的多元化发展。随着产业发展越来越多元化、产业融合越发普遍，具备多元化能力的复合型人才供不应求。因此，在产业发展过程中，北京市一方面要积极利用各方资源吸引国际化复合型人才的引进，另一方面也有必要对既有文化创意产业从业人员进行职业生涯培训。在职业生涯的持续培训中，积极鼓励人才参与到跨界创新创意活动中，为人才提供更加开放、多元化的发展平台，避免专职专岗、一岗到底，激励创意人才在实践中学习、进步，并辅佐以相应的专业及高等教育培训，为文化创意产业的可持续发展提供人力资源保障。

其次，产学研结合。在美国日本等发达国家，诸多产业的发展过程中，产业实践与教育教学、科学研究密不可分，三者彼此交融、相辅相成，共同促进了产业的发展和竞争力的形成。北京市应借鉴产学研联合的发展思路，推进企业、学校、科研机构在人才教育和培养方面的合作互动，促进复合型和应用型人才的培养。此外，产学研结合还能帮助北京市加速国际化进程，引进国际先进科研成果和教育理念、吸引国际文化创意人才、促进人才交流。

最后，学科建设。行业跨界主要针对人才职业生涯发展过程中的学习和发展，产学研联合则将产业发展与教育科研紧密相连。为了建立更加完备的人才培养体系，北京市在高校学科建设方面，需要更进一步的强化。北京拥有众多国内乃至国际知名院校，其中不少高校已经有文化创意方面的专业设置，包括影视表演、软件计算机及其他艺术相关专业。但到目前为止，统观北京市全部高校，文化创意专业设置主要依托于各学校自身发展历史，缺乏与时俱进的更新，专业结构也缺乏体系性。随着文化创意产业的发展取得初步成就，北京市政府可积极推进并深化高校在文化创意领域的学科建设，逐步丰富文化创意相关专业的学科和课程体系，根据文化创意产业不同行业特色开设相关专业方向并同时开设综合性文化创意课程，培养掌握多元化专业知识，又同时兼具经营管理能力的复合型后备人才。

以上三方面，从人才的教育培养、能力建设、职业培训三个阶段，配合以行业细分与跨界相结合、产学研相结合的跨界融合思想，构成了全方位立体化的创意人才培养体系。

二、完善投融资服务体系

首先，政策扶持的专项基金的效果有待提升。专款除了直接刺激产业发展外，还应起到引导投资的作用，因此北京市应更加灵活地运用政府专项资金，设立文化创意产业投资引导专项基金，促进社会融资、风险投资和银行贷款向文化创意产业的流动，进一步吸引资本实力雄厚的投资机构。

其次，市场准入门槛有待进一步降低，北京市还需积极联合社会资本以股份制、合伙制和私营制等多种形式共同设立文化创意产业投资基金，促进全社会资本向文化创意产业流动，为文化创意产业的发展创造更加雄厚的资本基础。除了直接投融资服务，各大金融机构、保险公司还可以开发面向文化创意产业的金融、保险产品，促进文化创意产业与金融业间的融合和互动。同时，投融资服务体系的完善还应加大对中介服务机构的扶持力度，加强海外风投对北京市文化创意产业的关注度，在文化创意产业园区与潜在投资者之间搭建更加多样化的金融服务桥梁。

三、搭建多样化的文化创意平台

市场的开发一方面取决于有竞争力的产品和服务，另一方面也在于市场推广和营销手段的利用。为了促进本地文化创意市场的成型，也为了加快文化创意企业竞争力的成型，政府要积极促进甚至主导构建服务北京文化创意产业市场的平台。

首先，从平台的功能方面来看，政府应积极建设并利用平台加速创意能力和创新人才的培育。例如，针对业界企业和从业人员，举办文化创意相关的学会会议或产业高峰论坛；针对青年人和在校大学生开展文化创意概念与设计的征集乃至竞赛，通过丰富的活动，促进文化创意产业内的人才交流与培养、增加市场活力，尤其对于企业间的文化创意活动。由于北京市占据丰富的历史文化资源，政府应在文化保护和传承方面发挥更积极的引导作用，对北京市乃至其他省市地区的特色文化习俗、风土人情和节庆活动进行保护和发扬。如此一来，一方面可以提高北京作为文化中心的城市形象，另一方面还能促进各民族间文化交流，通过文化交流和联动实现创意能力的流动，从而实现北京市文化创意能力的多样化以及产业的加速发展。

其次，从平台的持续时间看，相对比追求短期产出，北京市政府应更加重视平台的可持续发展，利用平台为文化创意企业和从业人员提供固定的交易展示、信息交换、中介咨询服务，打造持久运行的服务型基础设施。对于企业来说，平台的信息共享与互动功能能够极大地帮助企业拓宽市场渠道，提升企业知名度和影响力。对于政府自身来说，若能促进文化创意产业投融资和贸易推介活动的持续开展和良性运转，必将促进北京市的文化创意产业出口额的大幅提升。

因此，利用多样化的文化创意平台，政府有能力同时利用政策干预和市场调节两只手的力量，大力支持北京的文化创意企业参加国内国际的大型文化创意活动和展会，提升企业、北京市在国内外的知名度和影响力，在更大范围内加强文化创意产业交流与合作、实现优势互补，促进设计、旅游、数字出版等各细分行业的发展，吸引更多的国内外文化创意企业机构入驻北京。

四、激发市场活力

产业的持续增长和可持续发展与市场需求密不可分，文化创意产业亦不例外。让消费市场处于良性、健康的可持续发展状态，必将极大地推动文化创意产业的发展。现阶段，中国消费者对于文化创意的消费观念尚不积极，有调查结果显示，中国居民用于文化消费时间相对较多，但支出却相对较少。从结果上看，相当多数消费者不愿意在文化消费方面投入较多资金，究其原因却可能来源于两方面：其一，消费者主观消费意愿不强，由于价值观和个人需求的不同，多数消费者对于文化创意产品和服务方面消费的理解尚且不成熟；其二，文化创意产品和服务的数量质量有待提升，消费者在现阶段即使有消费热情，也可能找不到适合自身的消费途径。因此，通过激发市场活力实现拉动文化创意消费增长，进而促进产业发展，是提高北京城市文化创意产业竞争力和整体发展水平的重要途径之一。

鉴于以上两点原因，为进一步实现对文化创意市场活力的激发并刺激消费，从政府的立场出发，一方面可以适时适度地增加居民可支配收入，同时积极引导大众转变文化消费观念、提高文化消费水平、优化文化创意消费结构，另一方面要培育新的文化消费增长点，优化文化创意消费结构。具体做法是，加深对传统文化创意消费项目的潜力挖掘，进一步提升其内涵、扩大服务范围，从中寻找新的消费增长点，通过产品和服务质量的提升创造更高的附加值。对于新兴的文化创意产业的各细分行业，更要积极刺激、鼓励企业开展创新活动，大力推进文化创意产品内容和形式的创新，开拓新的文化消费领域，鼓励甚至与企业共同开发新的文化消费项目，在提高产品和服务质量的同时，提高文化创意产品和服务的多样性，实现企业和区域文化创意品牌形象的塑造和提升。

市场活力的提升，除了要依靠新产品新服务，还要主动出击，改变消费者对文化创意的消费观念。在政府方面，政府应加大对公益性文化设施的人员和经费投入，为群众免费提供文化消费场所与优质的公益性文化产品和服务，进而让文化创意走到群众身边、走到各家各户的家门口，实现全民对文化创意产品和服务的观念改变。在企业方面，各企业在保证自身文化产品的服务质量的基础上，应主动开展市场调查、了解消费者的兴趣爱好，有针对性地开发新的文化消费项目，探索新的文化消费领域，提升产品的多样性，为市场注入活力。

五、注重产业链建设

（一）提升产业链完整性

北京市文化创意产业共分为 9 个大类，更加细致的分类，促进了产业的结构化，但在细分行业间也形成了一道看不见的壁垒。各细分行业也有可能产生本位主义思想。因此，大力发展文化创意产业，北京市需要进一步促进产业链横向互动，加大产业中各细分行业在研发和市场等多方面的合作，并积极利用文化创意产业发展促进机构、其他民间组织等社会资源，实现产业平台的构建，拓展产业链的广度并加强内部联系。

此外，北京市也需促进产业链上下游的纵向互动。无论文化创意产业整体还是各细分行业，其产品和服务贯穿了从文化积淀、研究开发到持续服务等一系列过程，而且文化创意本身可以创造具有更高附加值的产品和服务。因此，文化创意产业是基于文化和创意的无限延伸，北京更应该促进研发能力的培育，并积极促进设计创意、数字化、新媒体等新兴技术的发展，以创意能力和科学技术促进产业链上下游形成积极互动，促进产业集聚形成完整的产业链，强化产业链的深度建设，以强大的产业链整体协同创新能力为产业融合奠定基础。

在产业跨界融合中，企业内部或企业与企业间协同推进并完善文化创意产业链，政府部门间协同形成政策合力，对于产业链的发展至关重要。以我国台湾为例，其文化与税收部门联合给予相辅相成的配套政策优惠，对于老字号企业（例如诚品书店）提供免税政策优惠，而该书店经营的其他相关产品及其商业配套服务，只需上缴同业税收的一半。在一系列配套政策扶持下，书店在拓展多样化经营方面的积极性得到大幅提升，已经形成一个综合性的休闲文化平台，书店除了卖书，还出售各类百货商品，并为顾客提供咖啡、餐饮等配套服务。书店在实现业务快速发展的同时，品牌效应大幅提高，如今已开始跨省经营。

近年间，跨界融合中受关注最高的当属科技与文化融合。数字化和信息技术不断地改造着传统产业，技术的不断更新催生了新的文化创意产品，并不断开辟新的消费市场，市场增长潜力不可估量。例如，第一部 3D 巨作《阿凡达》全球上映仅仅不到半年时间，就实现了 18 亿美元的票房，追平了经典作品《泰坦尼克号》上映后 18 年来的全球累计票房。诚然，IMAX 电影在成本与票价上远高于十余年前的电影作品，即便如此，新技术与新产品带来的业态转变，仍然呈现出巨大的市场潜力。

对于文化创意产业中的其他细分行业来说，科技的融入也带来了无限商机与增长空间，数字技术在文化旅游产业领域的应用，成就了例如实景演艺舞台等丰富多彩的文化创意旅游产品。据统计，目前全国各地的实景演出剧品达到 200 多台，对于传统旅游业来说，更加多样化的艺术呈现手段让旅游景区的文化产品和服务得到了大幅改善，从产业链上下游角度看，科技文化的成功融合和商业化，同时促进了创意设计、设备制造等配套产品和服务的现代化和规模化。除了 3D 电影之外，VR 与 AR、3D 扫描及 3D 打印、大数据等一系列新技术也在颠覆着传统的城乡规划、建筑与景观设计行业，甚至对历史文化遗产和非物质文化遗产的保护和传承也有着意义深远的影响。

产业链的完整性也体现在以产学研协同为代表的开放式创新能力的形成。无论是欧美日等文化创意产业强国的经验，还是国内外其他产业的发展，高校与科研机构在技术研发、战略规划、人才培养方面，无一不具有积极的促进作用。为了让产业链发挥更高的创新创意能力，形成更高的产业竞争力，高校科研机构在产业发展中的作用不容小觑。高校及科研机构的产学研协作以及科技成果转化应该与文化创意产业完美融合，要顺应时代发展要求。坐拥丰富的高校和科研院所资源，北京市在此方面具有得天独厚的优势。随着 2012 年国家科技部会同中宣部、财政部、文化部、广电总局、新闻出版总署联合出台了《国家文化科技创新工程纲要》，我国科技与文化融合已经被提升到国家战略高度并付诸实施，这对首都北京来说是绝佳的契机，也是利用科技实现文化创意产业链完善的绝佳契机。北京市应倡导并促进高校等教育科研机构中的高级人才参与到企业实践中，将创意、技术、管理等方面的先进理念直接服务于城市文化创意产业的发展，形成适应北京市乃至全国文化创意产业发展的产业链模式及理论体系。

（二）体制机制进一步创新

文化创意产业既包括经营活动也包括公益事业，物质与非物质文化遗产本身又具有较强的公共属性，因此公有制对产业发展势必带来一定的体制性影响。体制机制是一把双刃剑，需要在如下两个方面进行改进、创新，从而在最大程度上减少负面影响，并加强其对北京文化创意产业的促进作用。

一方面，借鉴国有资产管理委员会，北京市乃至全国可成立国有文化或文化创意资源管理委员会。如此一来，文化资源及文化创意资源的公有乃至国有属性将得到进一步强化，有助于资源的统一管理、规划，激活文化创意资源自身的活力，同时也可以避免少数投机或不法经营者扰乱市场秩序。建议委员会同时履行行业准入标准制定的职责，也应适当放宽准入标准，让更多优质的民营资本进入文化创意产业，提升文化创意产业的资本多样性，进而提升产业竞争力。为了避免准入门槛放宽造成的良莠不齐的现象出现，建议北京引入文化创意企业资质认定机制，通过一套全面、客观的评价体系，对企业进行持续性周期性的评估认定，保证文化创意企业健康成长。

另一方面，对于经营性质的企业及其经营活动，体制改革也要更进一步深化，除了必要的政策指导作用，在不涉及国家安全等严肃问题的前提下，应给予企业最大程度的支持，激励其在新产品、新服务方面进行开拓创新。对于公益性事业，政府和企业的角色要进一步分明，做到政企分开、政事分开，公益事业的运营要做到推进事业但不养闲人，从体制创新上拒绝臃肿低效不作为现象的出现。

六、进一步优化产业政策体系

产业政策在产业发展的各个阶段，无一例外地起到了积极的促进、引导和推动作用。但随着进入"十三五"时期，已出台的政策难以完全适应新时代、新形势的需要。为了北京市文化创意产业自身发展的延续性，政策体系也应与时俱进。此外，其他地区在促进其本地文化创意产业发展的过程中，纷纷出台颇具吸引力的招商引资优惠政策，北京也应该重新审视产业政策。

北京市文化创意产业的整体竞争力，取决于每一个企业的竞争力，而企业的竞争力的提升离不开优越的政策环境。未来几年，北京市文化创意产业政策需要从如下几方面着手：

第一，吸引并鼓励高级人才进入北京，为高级文化创意人才提供优惠和激励条件。由于创意人才的培养周期长、能力无法短时间内实现速成，吸引海内外高级创意人才是解决人才问题最直接的手段。辅佐以人才分类、持续培养等激励手段，打造更加有竞争力的创意人才梯队建设政策体系。在吸引人才的过程中，政府要积极营造有利于各类人才发挥其智慧和才能的宽松环境，引进人才不是为了限制人才成长和发展，而是要鼓励其创造价值，尤其对于擅长文化创意产业经营的管理人才和具有国际化视野的高端创意人才，甚至于全国乃至世界各地文化艺术界的大师，为其提供优越的生活条件，尤其是工作条件，避免因为过多烦琐、不必要的政策条框束缚打击高端人才落户北京的积极性。此外，在人才流动的过程中，政府有必要引入服务能力强的专业人力资源机构为文化创意产业的企业和机构服务，可以采取建立具有全国乃至全球普适性的文化经纪人（或文化创意经纪人）资格评定制度，在促进文化创意产业人才流入的同时，也提高标准化、法制化，避免浑水摸鱼情况的出现。长期看，政府还可以通过举办招聘会、交流会等方式，促进市场调节的人才交流机制的形成，不断优化从业人员结构，实现人才吸引、人才培养的动态可持续发展。

第二，产业链结构优化，促进细分行业间的互动协作，加强产业间融合和产学研协同。由于现阶段的细分行业间的隔绝状态主要是由于地方行政体系和政策分类标准等外部因素造成，北京应该推行产业融合和产业结构优化政策，既有利于本地企业发展，也有助于全国文化创意产业的良性发展。

第三，经济政策。改善投融资难的现状，鼓励更多元化的资本进入文化创意产业，让所有文化创意企业能够获得更加雄厚的资本支持。文化来自于民间，资本来自于社会，通过政策引导资金流，进而促进文化和文化创意的互联互通，更加有利于北京市乃至全国文化创意产业形成一个完整的文化创意生态环境。

第四，知识产权政策。要加大知识产权保护的力度，降低知识产权申请和审批的烦琐程度，为产业的良性发展保驾护航。

第五，法律体系的完善。政策仅是促进产业发展的兴奋剂，完善的法律法规体系才是保证行业发展的基石。我国整体呈现出配套法律法规不完善的问题，北京市亦如此，以知识产权为例，相应的立法必不可少。以政策为基础，通过实践检验，最终提升至国家层面实现立法，才能从根本上保证良好的产业发展秩序。

七、加强品牌建设与国际化之路

法国学者马特尔经过了历时 5 年的实地调查研究，走访了 1250 多名产业领袖和文化精英并进行了深度访谈，在其研究结论中马特尔指出："世界文化大战已经爆发，但各大国之间为了国家利益已不再利用传统意义上的军事手段，而是以电影、电视、流行音乐、时尚服饰、餐饮、媒体等各种文化创意产品为手段，展开博弈和竞争。"不难理解，放眼全球和我们身边，美国通过销售好莱坞大片、米老鼠、百老汇歌剧、NBA 节目及周边运动产品、星巴克、麦当劳、可口可乐等，一系列"著名品牌"都在传播美国文化和价值观。因此，在国际市场上营销"中华牌"以及"北京牌"不仅有助于文化创意产业的发展，甚至在国际竞争和文化大战中具有战略意义。聚焦到文化创意产业本身，品牌建设与国际化之路能够提升文化创意产品和服务的附加值以及国际影响力，有助于输出文化创意品牌，形成相对竞争优势。

文化企业只有积极走出国门、进入世界市场，才能真正意义上体现出竞争力。现阶段，北京市文化创意产业的出口水平较低。为了进一步提升出口，北京市急需提升本地文化创意知名品牌。要积极支持领先企业的发展，促进领先者进一步提升自身实力，提升品牌价值和知名度。由于区域和行业细分的影响，国内文化创意产业暂时未形成完整的产业链协作，因此更需鼓励企业进行兼并重组，尤其是跨行业、跨地区的兼并重组，进而形成一批具有多元化能力、拥有自主知识产权的大型文化创意集团。领头企业的崛起不仅可以提升其自身的竞争力和品牌价值，而且更能形成示范效应，带动全北京其他企业的发展壮大。在加强品牌规划和建设的同时，北京市还可以适时地启动文化创意企业认定工作，对企业的研发、品牌、服务等多方面的创意能力和资质进行认定，从而进一步提升区域文化创意品牌的价值和竞争力，激发企业的积极性。

只有品牌价值的提升，才能提升北京文化创意产业在全国的相对竞争优势，进而加快走向世界的步伐。然而，对于出口额的提升，品牌建设仅仅是诸多环节的其中之一。文化创意产业出口，不仅包括各细分行业中具体产品的出口，更重要的是北京市作为一个整体，其历史文化、社会资源、创意产品及服务等要素有机结合，共同走向世界的过程。如当人民听到好莱坞，会联想到众多耳熟能详的影视企业、演艺明星和出版企业，借助好莱坞的创意能力，全世界也更多地了解了这个行业、这个城市乃至这个国家的文化。

与好莱坞不同，北京有着更加悠久的历史、更加多元的历史和当代文化，它不仅是一个创意城市，更是历朝古都，见证了从古至今中华文明的历史变迁。因此，北京文化创意的国际化之路，需要系统化的战略规划。其间，创意人才的培养和建设、政策支持、产业结构优化、研究开发、市场营销等诸多要素都具有至关重要的作用，在"走出去"的过程中，强大的财政支持显得尤为重要。例如万达集团 2012 年收购了 AMC，从我国文化创意文化企业做大做强、"走出去"的角度看，这是一桩颇具影响力的收购，但若没有强大的政策支持以及与各大银行的联动，此次并购恐难成功。此次万达并购 AMC 的总资金高达 31 亿美元，其中有 26 亿美元为并购资金，另外 5 亿美元为补充流动资金，交易额共计约合 200 亿元。而 2011 年万达集团总资产为 2200 亿元，占总资产的 9% ~ 10% 的并购交易，对于任何一家企业都并非易事，如果没有银行业和相关政策的大力支持，这次交易难以成功。从中国文化创意企业国际化的角度看，万达成功收购 AMC 后，将有能力利用 AMC 银幕进行中国影视作品的海外投放，尤其是登上美国影院的银幕，极大地有助于中国电影和中国文化的海外传播。

万达集团的案例为北京市提供了极具借鉴价值的经验参考。若要全面提升北京市文化创意产业竞争力，品牌建设与国际化至关重要，而品牌建设与国际化的过程中，全社会各方资源的协同合作必不可少。

八、促进区域协同，全面提升综合实力

对于不同企业间、企业与政府间的协同互动，前文已有讨论。目前，京津冀协同发展正在积极推进，北京市非首都功能外迁也已逐步步入正轨。未来北京文化创意产业的发展应在京津冀协同发展的大背景下，打破区域边界，与天津、河北实现文化创意产业大都市圈共赢发展，综合提升北京文化创意产业的实力水平。区域间的协同可以从如下几方面着手。

（1）淡化区域行政与功能界限。京津冀周边区县或产业园区可逐步开放共享资源，打造产业发展资源共享体系和信息共享平台；以优势集聚区为核心，形成区域产业合作联盟，将各区域分散的文化创意产业资源进行整合，进而实现资源的更完美对接，达到事半功倍的效果，实现倍增效应。

（2）促进区域内和区域间产业融合发展。文化创意产业的资源投入是多种多样的，除了技术设备、资金资本等可量化的物质资源，还需要知识经验、创新创意等不可量化的能力型资源。后者往往更加分散，且不同行业间的差异化程度较高，即便在同一细分行业，地域差异也可能造成资源的异质化。因此，以京津冀协同发展为契机，通过产业融合将分散的资源聚合，进而实现相互促进。

（3）区域融合与产业融合相辅相成。如今，从全国到北京市，文化与科技以及文化与金融等行业的融合发展已被给予极高的重视，京津冀协同发展将更有助于促进文化创意产业各要素在区域内的聚集和利用，对区域整体的业态重塑有

极大的帮助，带动区域和相关产业的转型升级和融合发展。

总而言之，随着《北京市文化创意产业功能区规划（2014～2020）》和《北京市文化创意产业提升规划》的逐步深化实施，北京市及京津冀地区的文化创意企业间的合作必将得到进一步地加深，伴随着产业融合创新，北京文化创意产业的综合发展实力将得到更进一步的提升，形成更强的国内和国际竞争力。

第三节　重视发挥政府在产业竞争力提升过程中的作用

一个产业的健康发展离不开政府的产业政策和相关法律保护，一个地区的产业竞争力提升更需要政府发挥积极作用。北京文化创意产业发展历经四个阶段，目前已经到了亟待提升产业竞争力的阶段。因此，政府应发挥出哪些作用和如何发挥作用则迫在眉睫。我们认为，在这一阶段，政府应该发挥出以下作用。

一、产业引导作用

在竞争力比较的过程中，北京市文化创意产业的政策引导特征明显，北京市作为政治经济文化中心，又是首都所在地，其在承接与贯彻国家政策方面具有得天独厚的优势。因此，北京市政府应该坚持其在产业发展中的引导作用，通过政策引导弱势行业加速发展，实现产业结构优化。在吸引人才方面，北京市应积极完善人才引进政策，吸引高级人才的流入，加大对高级文化创意人才的激励，并非盲目地追求总量的增加而忽略高端人才。

二、监督与管理作用

文化创意产业以创新创意能力为核心，知识产权是核心竞争力的源头。由于我国整体知识产权保护的起步较晚、发展缓慢，很多行业在发展过程中出现过抄袭剽窃现象，为了鼓励企业自主创新、保障其合法权益，也为了文化创意产业的良性发展，政府应加大司法和行政监管力度，以监督者的身份为产业发展保驾护航。

随着文化创意产业的发展，北京市各辖区在制定各自的文化创意产业政策和规划方面，具有较大的自主权。这固然有利于刺激本区产业发展，但对于全市甚至京津冀地区整体的文化创意产业发展，若各个区县政府之间缺乏协调沟通，则可能造成重复投资、整体发展效率低下等问题。政府在履行监督管理职能的过程中，可以适时适当地进行管理机制创新：一方面要巩固、明确政府主管部门各自的功能和职责，形成独立、有效的文化创意产业的管理监督体制；另一方面也要统筹兼顾全局，加深部门间、区域间的监督管理协作，充分考虑并利用北京市内各个区县以及京津冀地区不同城市的自身情况，促进监督管理协作，放眼全局制定文化创意产业的发展策略，间接促进跨区域协作互动。

此外，由于我国很多文化遗产的国有化特征，政府在鼓励企业进行产品、服务、技术、模式创新的同时，要加大对文化遗产的保护力度，防止在文化创意产业加速发展的过程中投机者中饱私囊，扰乱产业和市场秩序，为产业的发展营造良好的外部环境。

三、支持与服务作用

政府在通过政策引导产业发展的时候，也要注意做到张弛有度，产业的良性循环和健康发展，需要开放的产业环境。只有在开放竞争的环境下，以市场经济机制制约产业发展，才能塑造并强化区域文化创意产业的国际竞争力。

文化创意产业发展离不开公共服务平台的支持，而公共服务平台主要由政府部门设立并监管。可以说，政府在引导、监督、管理的过程中，应更加积极地发挥支持作用，对于企业的诉求给予足够的支持，例如金融融资支持、优势企业扶持，让区域文化创意产业百花齐放。尤其当企业和产业发展到成熟阶段后，一个完善的公共服务平台显得更为重要，它是百花齐放的根本保障。北京市政府的公共服务平台仍处于高速发展期，政府应考虑把精力和资源直接或间接地投入到对科研、人才、金融等服务中，并促进品牌建设，其中直接投入包括直接设立专项政策或资金，但更重要的是间接投入，例如设立引导基金，将政府的支持服务作为风向标，鼓励市场资本的介入，让市场力量成为推动产业发展的主要力量，才是文化创意产业能实现长期可持续发展的根本保障。

高校科研机构及中介机构，作为独立于企业与政府外的智囊和专业机构，也应受到政府的高度重视。支持并鼓励高校将其创新要素投入到文化创意产业中，通过产学研协作，加强技术研发、人才培养。而中介机构其所处领域中具有丰富的经验和资源积累，政府应通过引导、支持的方式，调动其优势资源，为文化创意企业提供专利、人才、融资、信息、咨询代理等方面的服务，利用市场机制帮助本地文化创意产业和企业扩大国内外交流合作，为产业和企业发展奠定更高的平台。

第四章 北京市文化创意产业特色化集群化研究

　　党的十七届六中全会明确提出：要按照全面协调可持续的要求，推动文化产业跨越式发展，使之成为新的经济增长点、经济结构战略性调整的重要支点、转变经济发展方式的重要着力点。为此，提出构建现代文化产业体系，加快发展文化创意、数字出版、移动多媒体、动漫游戏等新兴文化产业，加强文化产业基地规划和建设，发展文化产业集群，提高文化产业规模化、集约化、专业化水平。党的十七届六中全会对推动文化大发展大繁荣做出了战略部署，为北京打造科技文化之都带来了重大机遇。文化创意产业是北京坚持科学发展、深化全面转型，加快建设现代化首都新城区的重要支撑产业。党的十七届六中全会通过的《中共中央关于深化文化体制改革推动社会主义文化大发展大繁荣若干重大问题的决定》提出："发展文化产业集群，提高文化产业规模化、集约化、专业化水平。"市委十届十次会议通过的《中共北京市委关于发挥文化中心作用加快建设中国特色社会主义先进文化之都的意见》提出："引导区县实现差异化、特色化发展，建设一批规模化、集约化、专业化程度较高的市级文化创意产业集聚区。"通过分析北京文化创意产业特色化集群发展的基本情况及具备的条件，面临的重点、难点问题，提出北京文化创意产业特色化集群发展的发展对策，使之成为北京经济发展的重要增长极。要突破这些问题，必须坚持差异化战略，突出地区优势和特色，实现文化创意产业特色集群发展。

第一节　文化创意产业特色集群发展是壮大产业的必由之路

一、特色文化创意产业是区域主导产业和支柱产业的基础

文化创意产业特色化是在一定区域范围内，紧密结合区域资源状况，充分利用自己的区位优势和文化创意产业资源比较优势，通过深度开发文化创意资源，集中可利用的资源，通过区际竞争与合作，培育出具有规模效应的主导产业。

文化创意产业形成特色的关键是以满足市场需求为导向，能将文化创意方面的比较优势转化为竞争优势，并形成具有较强支撑力和带动力的主导产业。

文化创意产业在一个区域内是否形成特色，主要有以下衡量指标：①空间内部集聚；②立足于具有强竞争、弱替代性的比较优势；③以市场需求为导向；④产业关联和分工合作，区域规模优势明显，综合效益突出。

特色文化创意产业的核心是具有地方特色的文化创意产品与服务，形成的基础是区域内独具特色的资源，形成和发展的重要条件是区域所特有的生产技术、生产工艺、生产工具、生产流程和管理组织方式的有效整合。其独特的价值在于特色产业具有显著的差异性和不可替代性。文化创意产业的特色越突出，市场独占性和竞争性越强，该地区文化创意产业的比较优势也越大，特色产业就可以发展成为地区主导产业和支柱产业。

二、文化创意产业集群是区域主导产业和支柱产业的实现模式

文化创意产业集群是在文化创意产业领域内，地理位置集中的众多相互独立又相互关联的文化创意企业以及相关支撑机构，通过专业化分工和协作，从而获得持续竞争优势的产业组织形式。文化创意产业集群包含文化创意产业链上下游所有企业。文化创意产业是否形成集群，主要衡量指标有：空间集聚性；专业性；竞争协同性；知识资源互补性；高创新性；强辐射影响性，产业带动性。

（一）集群有利于降低交易成本，发挥规模效益

首先，文化创意产业集聚区内资源高度集聚，企业分工合作，知识互补，为集聚区内企业提供资源获取便利，有利于降低企业的交易成本，实现规模效益。

其次，企业的关联性导致企业需要相同或相似的公共服务设施和技能相似的

人力资源，企业空间集聚为企业享用共同的公共设施提供了可能和保障，同时，大量相同或相似劳动力的流动和获取的便利性又为企业节约了搜寻成本、时间成本以及培训成本。

最后，文化创意产业的集聚有利于实现产业价值链的增值，通过产业关联效应，带动周边相关产业，实现文化创意产业的规模化和专业化，带来规模效益。

（二）文化创意产业集群有利于提升区域企业竞争力

集聚区内企业既有分工又有合作，彼此形成互动式关联，这种互动会形成竞争的压力，有利于企业持续创新和发展，进而提升集聚区内企业的创新能力，提升集聚区内企业整体竞争力。

（三）文化创意产业集群有利于打造品牌形象，提升区域综合竞争力

文化创意产业的核心在于创新，发达的创意产业体现了区域的创新功能，这种创新能力正是区域经济壮大的基础。文化创意产业集群可以形成自己的龙头企业和知名品牌，形成特有的创新文化氛围、良好的发展环境、突出的信誉度等。这些因素最终形成区域经济的品牌效应和区域品牌形象，提升区域竞争力。

因此，文化创意产业通过集群发展，发挥集聚和辐射功能，迅速壮大产业，使文化创意产业成为北京的主导产业，进而成为支柱产业。

第二节　文化创意产业特色集聚发展的国内外典型经验

一、北京 798 艺术区

北京 798 艺术区所在地原是一家工厂，为了有效利用空余的厂房，企业将部分闲置厂房出租，这些厂房被装修成风格独特的建筑。这一独特的装修风格吸引了众多艺术机构、艺术家，如雕塑家李象群、传媒人刘索拉、行为艺术家苍鑫等一批知名艺术家，带动了包括比利时尤伦斯当代艺术中心、西班牙伊比利亚当代艺术中心、美国佩斯画廊等国际大型艺术机构进驻，逐步发展起来并形成了 798 独有的艺术风格。随着文化艺术机构的不断集聚，艺术区已逐渐发展成为国内最大的以现当代艺术展示交易为核心的文化艺术园区。汇集了画廊、设计室、艺术展示空间、艺术家工作室、时尚店铺、餐饮酒吧、动漫及影视传媒等各类文化创意企业，创作、展示、交易链条相对完整。798 已经成为国内外具有影响力的特色文化创意产业集聚区，也被美国《时代周刊》评为全球最具有文化标志性的

22 个城市艺术中心之一。在艺术区的辐射带动下，周边已经逐步形成了酒厂国际艺术园区、一号地艺术园区、草场地艺术区、环铁国际艺术区、索家村和费家村艺术村落等十余个文化艺术集聚园区，艺术区业已成为引领文化艺术园区产业发展的领头羊。798 是自下而上自发形成的特色文化创意产业聚集区的典型代表。

特色产业：现代、当代艺术。

集聚核心：创作、展示、交易完整的产业链条，集聚龙头企业，集聚区辐射效应开始发挥。

二、上海"8 号桥"

2003 年，在市经委和卢湾区人民政府支持下，由上海华轻投资管理有限公司、香港时尚生活策划咨询（上海）有限公司共同对上海汽车制动器公司生产场地实施改造，创建了上海创意产业集聚区的样板园区——"8 号桥"。不到一年时间，就吸引了来自 15 个国家和地区的近百家国际著名研发、设计、文化及咨询企业入驻，搭建了创意平台产业，有近百家创意、研发企业或机构入驻园区。对入驻企业而言，"8 号桥"最为独特的是园区设计时留出了很多"租户共享空间"，比如商务中心、员工餐厅、休闲后街、阳光屋顶、小花园等，互动的空间，可以使不同领域的艺术工作者和各类时尚元素互相碰撞，更能够激发灵感和创意。"8 号桥"创意产业集聚区搭建了激发创意灵感的硬环境，构筑了入驻企业与企业、企业与市场、企业与政府之间的交流沟通平台，形成了以设计为主体的产业链，从建筑设计到工业设计，从创意策划到电影后期处理，从家居设计到艺术院校，各种类型的创意产业相互补充，辅以网络信息平台，实践了上海华轻"以无形带有形，从资产经营到资源整合"的发展战略，同时还带动和引领了上海创意产业的发展，在全国乃至全球范围内引起了创意产业以及文化创意产业人士的高度关注。"8 号桥"保留了工业老建筑特有的底蕴，注入新产业元素，从而成为一个激发创意灵感，吸引创意人才的新天地。近年来，先后获得上海创意产业集聚区、全国工业旅游示范点、上海市企业信息化示范园区、卢湾区最具影响力品牌等荣誉，是上海市首个由老厂房改建而成的创意产业集聚区，也是全国工业旅游示范点中首个以创意产业为特色的示范点。

特色产业：设计产业。

集聚核心：政府搭台，完善平台，集聚区内部集聚共享功能开始发挥作用。

三、中关村软件园

为推动和促进北京软件与信息服务业的快速发展，提升在全国的领先地位，达到国际先进水平，北京市委、市政府于 2000 年决定在中关村科技园中建设一个软件专业园区。

中关村软件园自 2001 年初开工建设以来，在国家有关部委、北京市委、市政府及有关主管部门的大力支持下，在开发建设、企业引进、产业服务体系建设与国际化促进等方面，都取得了积极的进展。2001 年 7 月和 2004 年 8 月分别被国家有关部委确定为"国家软件产业基地"和"国家软件出口基地"，成为全国四个"双基地"之一。2006 年 12 月，被北京市委市政府确定为"北京市文化创意产业集聚区"。胡锦涛、温家宝、贾庆林等前任党和国家领导人先后到园区视察指导工作。

中国在全球软件产业中的比重日益提高，北京在中国软件产业中的位置日益重要，基础软件企业 80% 聚集在北京，在信息安全、游戏开发、互联网服务、企业管理软件等领域，北京软件企业占据了全国的半壁江山，在政府、金融、电信、中小企业、教育等应用领域，北京软件企业均居主导地位。其中，中关村软件园获得国家软件产业基地和国家软件出口基地的"双基地"资质，成为北京市软件产业的核心园区，在北京软件产业发展中的地位举足轻重。

中关村软件园园区一期已集聚软件和研发企业 180 余家，其中国内自主创新的知名企业 20 余家、世界 500 强企业 6 家、跨国公司 17 家、外包企业 20 家。入驻的国内知名软件研发及外包企业有汉王科技、中国银联、中国高新、中科大洋、国永融通、东软、普天研究院、方舟科技、启明星辰、港湾网络、信威通信、华夏科技、华力创通、广联达、黄石科技、中核能源、曙光科技、软通动力、文思创新、博彦科技等。在国际招商方面，ORACLE（甲骨文）、IBM、SIE-MENS（西门子）、IONA、FLEXTRONICS（伟创力）、TCS、WIPRO、英国路透集团等国际著名企业先后签约入驻。软件园孵化器共引进中小企业近 100 家。

国内企业中，产值 10 亿元以上企业 2 家，1 亿～10 亿元企业 10 家。目前，园区内从业工程师超过 1.8 万人。ZPARK 的品牌优势，以及多年形成的深厚积淀和广泛影响力，为中关村软件园的长远发展奠定了坚实的基础。

园区产业服务体系建设不断完善。目前在园区内建立了产业政策咨询、软件工程监理、企业评估认证、知识产权登记代理、人才培训、人才服务、综合通信服务、出口服务、孵化服务等产业服务体系。在通信基础设施建设上，依托相互连通的信息管道已建成园区千兆骨干网络并构建了公共信息服务平台，采用光缆与国家各大互联网、各大 ISP/ICP 等实现了互联、互通、互备份。建成了北京市最大的无线网络覆盖区域，实现了全园区的移动办公。在国家发改委和市发改委等有关部门的支持下，软件园正在承建北京国家软件出口基地综合信息系统项目。此外，园区内已经建设了"三库四平台"并提供软件测试等多种服务。同时，园区还正在建设 BPO（业务流程外包）服务体系和欧美软件出口引导工程。

进一步完善生活配套等综合服务板块，优化园区软环境的综合服务体系，包括产业服务体系，如产业发展咨询、共性技术支持、园区公共网络、培训、投融资服务等；物业服务体系，如物业管理、物业维修、车辆管理等；生活配套服务体系，如银行、餐饮、娱乐等方面。园区"二期"将在积极引进商务中介服务机构和生活后勤服务机构的同时，建设完善必要的生活、教育及体育、娱乐配套设施，通过完善的服务体系和软环境的建设，打造适宜软件企业和创意企业成长的生态环境。

以软环境建设和产业服务取胜的中关村软件园，将在产业集聚和产业集群化上取得放大效应，对助推北京区域经济发展有着更大的辐射力。

特色产业：数字娱乐产业。

集聚核心：政府主导，完善中介，聚集优势企业。

四、宋庄原创艺术与卡通产业集聚区

2006 年，在北京市委、市政府及通州区委、区政府的领导下，宋庄镇党委、政府秉承文化造镇的理念，积极推进宋庄镇文化创意产业发展和集聚区建设工作，"宋庄原创艺术与卡通产业集聚区"被北京市文化创意产业领导小组认定为第一批市级文化创意产业集聚区之一。为推动文化创意产业发展和集聚区建设，宋庄镇党委、政府根据区委、区政府领导的指示精神，积极组织开展规划和政策研究工作，各项工作进展顺利。

从 20 世纪 90 年代中期开始，经过十几年的发展，近 1200 多位艺术家散落在小堡村、大兴庄、辛店、北寺、小杨庄周围等近 20 个自然村内进行生活与创作，目前的宋庄初步形成了一个集现代艺术作品创作、展示、交易和服务于一体的艺术品市场体系；不完全统计交易额在 3 亿元以上，其中方力钧、岳敏君、高惠君等的作品均在千万元以上；相关的配套产业、服务行业及基础设施也呈现快速发展趋势。当代艺术的"中国·宋庄"品牌影响日益扩大，高水平、高效益并具有深远影响的文化创意产业入门的条件日益成熟。

三辰卡通集团是目前亚洲最大的卡通生产商，年产动画 12000 分钟，约占全国动画总产量的 1/2。三辰卡通集团的动漫版权已输出到美国、英国、韩国、印度尼西亚、海湾六国、南美以及中国台湾、中国香港等 15 个国家和地区。2006年，"三辰卡通集团"总部和制作基地正式入驻宋庄镇，标志着宋庄迎来了发展文化创意产业的新阶段。目前，宋庄正在加速产业区建设的五项工作：一是与村镇合作协议的签订；二是合作公司的组建；三是基础道路设施建设前期准备工作；四是三辰卡通集团一期项目的独立报批工作；五是集聚区高效管理机构的

组建。

2006 年，在文化造镇思想的指导下，宋庄镇大力发展文化创意产业。目前，入驻集聚区的文化创意企业中，包括日月星画材制作公司在内的中小制造企业近 30 家，服务企业有 20 多家，已建成前哨画廊、韩燕画廊等 20 余家画廊，包括宋庄门户网站在内的 4 家艺术网站，建成了全国唯一的村级美术馆——宋庄美术馆；盘活旧工业厂房，完成了东区艺术中心，上上美术馆及嫘苑女艺术家工作室改造；探索新农村文化产业发展，创建创意农业观光园，于 2007 年第三届中国·宋庄文化艺术节投入使用。这些项目的建成，初步形成了集聚区的文化产业集群，带动了相关产业的发展。

宋庄原创艺术与卡通产业集聚区将依托北京文化创意资源的强势，搭建技术平台，完善产业链条，形成产业集群，创新发展模式，与北京其他创意产业共同打造创意之都，使北京成为具有国际影响力的创意城市。集聚区内的项目将以原创为主导，将使宋庄成为北京最大的艺术与动漫原创生产基地。进而形成集创作、生产、展示、交易于一体的原创艺术与卡通产业集聚区。

宋庄原创艺术与卡通产业集聚区的建设将撑起通州新城规划中关于通州文化创意基地功能定位方案的一片天空，形成最具有生机活力和世界级影响力的中国当代艺术之城，中国当代文艺复兴的朝圣之地。将成为彰显运河文化，培育创意阶层，形成创意社区，实践通州文化功能区建设，提升通州的文化品牌形象的先头军，以及通州区经济发展新的增长点。

宋庄原创艺术与卡通产业集聚区的发展将以原创艺术、卡通产业为"双核"进行发展。目前宋庄是一个具有生态特征的独特的艺术品生产群落，是一个以原创为主要特色的艺术家工作室集群。作为艺术集聚区的产业形态，艺术集聚区将不断形成产生和扩大经济效应、文化效应和区域性社会效应。按照艺术集聚区的一般发展规律，将形成以原创为核心，以交易会展为纽带，以延伸产业发展为目标的产业布局。

按照动漫游戏产业集聚区的规律，将形成以三辰动漫和网络游戏制作及研发中心，以与三辰协作开发动漫游戏内容产品为主要业务的中小企业为周边层，同时，借助艺术家个人工作室的原创艺术资源为强大的动漫艺术进行创意资源整合，以及相关层的分布结构，进而形成一个"双核化"互动的产业布局。

（一）成立专家委员会对集聚区进行专业性指导

集聚区认定后，集聚区的管理及运行必须有长远的规划设计，邀请了北京市及国家研究文化创意产业的专家张晓明、金元浦、沈望舒、臧日宏等对宋庄原创艺术与卡通产业集聚区的规划进行了论证。成立集聚区专家委员会，聘请全国知名的学者专家，做好对集聚区文化创意产业的总体性、战略性的研究和规划，包括文化创意产业体系和重大战略性企业、技术、业态、产品、品牌的研究和规划，产业结构和布局的规划，市场网络的规划，政策法规的规划，统计评估体系的研究和设置，市场准入制度的研究。研究宋庄原创艺术的特点，将"特色型资源"发展成为"商业型资源"，进而到"智力型资源"。对集聚区的发展提出建设性的意见，为集聚区各项战略决策提供科学依据。对入驻集聚区的各个项目进行项目论证及把关。

（二）加快集聚区公共服务机构的建设

集聚区公共服务机构建设在技术上应有前瞻性，能辐射到整个集聚区 11.2 平方千米的范围。公共服务机构的建设将大力改善对现有文化机构、企业及有意到集聚区发展企业的服务质量，建立完整的有专业水准的金融、保险、交易、咨询、监督、鉴证、评价、市场秩序维护、一致的市场准入、平等的扶持措施、法律、审计、会计、人力资源、工商注册、税务登记等服务体系。

做好"一节、一航、一年鉴、一分会"组织工作，大力宣传集聚区及宋庄品牌。

特色产业：艺术品。

聚集核心：民间发起，创作、展示、交易、服务环节完整。

五、日本东京动漫产业集聚区

日本东京动漫产业集聚区是自发形成的集聚区。1912 年东京漫画会成立，1915 年东京举办了首届漫画展，20 世纪 40 年代开始随着日本政治经济中心向东京转移，大量画师也来到东京，东京的动漫行业达到鼎盛时期，这一时期还成立了日本动漫协会。

自 2002 年，日本东京开始举办东京动漫展（由东京市政府和动漫展组委会主办，朝日新闻社、动画协会、万代公司、日本数码产业协会协办，为进一步提高日本动漫的国际影响力、鼓励和发展动漫产业而举办的国际性动漫展），每年的 3 月，全球顶尖的动画、玩具、电玩、软件等领域数百家企业齐聚东京，角逐世界动画游戏市场，同时也吸引着无数世界各地的动漫爱好者。这个以国际动画交流与进出口商业洽谈为目的的全球最大规模的动漫盛会对东京动漫企业的集聚起到了重要促进作用。

目前日本 440 家动漫企业中，359 家位于东京，其中 40% 集中在东京的练马区和杉并区两个行政区。约有 50 家是日本主要动漫生产企业，绝大部分集中在东京，其他的企业则是动漫产业链上的承包商。山本在对东京动漫产业空间集聚进行五年多的研究后，把东京的动漫企业分为总生产商（Prime Conductors）（主要指包括动漫各生产制作环节的企业）、承包商（Process Order Receiving）（指那些具有多个动漫生产环节能力的企业）和制造商（只具备 1~2 个动漫生产工艺的企业）。总生产商为数不多，集中分布在练马区、杉并区等地，空间集聚程度最明显；承包商多集中分布在总生产企业附近；制造商则呈现零星散布的状态。根据山本对东京动漫企业的研究，东京动漫产业主要承包商主要集中在港区、中央区、涉谷区等 CBD 地区。这些地区集中分布了出版商、商务机构、文化机构，文化信息交流多，有利于承包商把握市场需求。中间转包商分布在练马区和杉并区以及西东京市。主要承包商的次承包客户、中间转包商的次承包客户集中分布在练马区和杉并区。

东京目前形成了基于动漫产业链条不同部分的特色分工的集聚区。

特色产业：动漫。

集聚核心：品牌推动、产业链条上下游分工合作、集聚区共享机制健全。

六、加拿大 BC 省动画产业园区

不列颠哥伦比亚省（British Columbia，BC）位于加拿大西部，是北美通向亚太地区的重要门户，是北美影视拍摄和制作的重要基地。BC 省动画产业兴起于 20 世纪 80 年代，大部分合同都来自美国，最初只是为了给美国公司提供初期的艺术作品、设计图样、故事模板、动画、配音配乐和声音合成等服务。20 世纪 90 年代中期开始，由于其制作质量优良、创意独特、交货及时且预算合理，BC 省动画产业园与国外厂商合作制片的现象越来越普遍。到 20 世纪 90 年代后期，BC 省动画产业制作的原创作品越来越多，并同美国或欧洲的公司共同拥有作品版权，园区发展进入了新的阶段，成为北美重要的影视制作与动画产业中心。

特色产业：影视制作和动画产业。

集聚核心：从外包制作到原创基地。

七、中国台湾新竹科学工业园

新竹科学工业园自创办以来入园企业数和营业额不断增长，入园企业从 1981 年的 17 家发展到 2009 年的 696 家，年营业额也从 1983 年的 30 亿新台币（折合人民币约 6 亿元）增长到 2009 年的 15856 亿新台币（折合人民币约 3376 亿元）。新竹科学工业园的电子信息技术产业突出，以台基电、华硕、联合微电子等世界著名企业为核心形成了新竹半导体、光电、计算机和通信产业等产业集群。拥有具有国际竞争优势的电子信息产业基地。新竹在全球电子信息制造业中取得了一席之地，拥有全球 80% 的电脑主板、全球 80% 的图形芯片、全球 70% 的笔记本电脑、全球 65% 的微芯片、全球 95% 的扫描仪。

新竹科学工业园区的成功取决于以下两个方面：

（1）政府的主导作用。建立了园区管理局进行管理和服务。管理上形成了三大特色：一切行政管理都以为企业提供高速服务为前提，一切变革都以为投资者提供合理便利为依据，一切管理规章都为有利于园区的发展而制定。服务上园区管理局主要设置了单一窗口的服务，管理局设立的服务业务广泛，设立了与政府各部门相关的业务，这样凡是园区公司要向政府办的各种手续都可以集中在管理局完成。新竹管理局追求"低成本、高效率、高品质"的目标，它们要求"小地方做得很好"，小地方做好才体现了园区的整体的服务品质。

（2）留学生的桥梁与中介作用。新竹科学工业园的发展同它与美国硅谷所建立的密切联系是不可分割的，而这种联系就是通过海外回岛留学生及他们所建立的跨国团体保持的。1980年，新竹科学工业园区成立后，园区逐渐为海外留学生提供了与美国相似的生活环境，并从政策的制定上为留学生提供了良好的发展空间，他们把大量的技术、资本及管理经验带回了岛内，更重要的是这些留学生在美国建立的跨国团体活跃的发展在美国与中国台湾之间，它们所建立的人员之间的频繁来往使最新的技术、资本及管理经验传送到新竹。1990年，硅谷1/3的科学家和工程师是来自国外的，而其中的2/3来自亚洲，而这些亚洲人中51%是华人移民，而华人移民又主要来自台湾地区。这样新竹就源源不断地获得了新技术，使得新竹园区的企业与现代高科技最发达的地区保持了紧密的联系，这也就保持了新竹园区企业技术水平的不断提升。也正是由于新技术的不断流入才保持了新竹园区技术发展的快速性和灵活性，支持了新竹园区的发展。

八、中国苏州工业园区

2007年，苏州工业园区全年实现地区生产总值836亿元，增长22%；地方一般预算收入76.3亿元，增长45%；进出口总额567亿美元，增长13%。园区在半导体、光电、汽车及航空零部件等方面形成了具有一定竞争力的高新技术产业集群，已成为国内重要的液晶面板出货基地和芯片封装测试基地，大型客车和芯片产能位居全国前列。园区以占全国十万分之三的土地，创造了全国约3%的IT产值和16%的IC产值，高新技术产业产值占工业总产值比重超过60%，高新技术产业利税总额占全市比重超过1/3。

园区经济托起了新苏州，很多经验值得借鉴：

（1）规划建设八年不走样。苏州工业园区规划建设，借鉴了新加坡裕廊工业镇的成功经验，并始终坚持国际通行的"先规划后建设，先地下后地上"的科学原则。在破土动工之前，园区就聘请新加坡规划部门12名规划师，分4组做出了4份规划，最后在其中一份最佳方案的基础上，集思广益完成了园区的首期总体规划。园区还利用法规确保规划的严肃性，在园区制定的45项法规中，属于规划建设的就有 17 项。

（2）管理按市场机制运作。苏州工业园区其中的一个特色，就是园区所有的管理理念、管理方法、机构组织，基本上按照市场经济机制运作。根据国务院的批复，园区按照"精简、统一、效能"的要求，建立了市委和市政府的派出机构——党工委和管委会，下仅设 8 个职能局，承担了近 20 万人口的党政司法等各项管理职能，而将开发经营权完全交由新苏州工业园区开发有限公司承担，严格实行政企分开。同时，除教育机构外，园区不设事业性直属单位，包括承担部门行政管理职能的如人力资源、卫生防疫等全部实现企业化管理。

（3）亲商服务深入人心。所谓亲商，是指在政策和法规允许的前提下，用人性化魅力吸引投资者。因为苏州工业园区的人知道，降低地价、减免税收等优惠政策已不再是吸引投资者的"灵丹妙药"，尤其是高新技术企业，更注重投资环境的综合优势，而"亲商"就是这种综合优势的最集中的体现，是最好的投资软环境。

九、美国硅谷高科技园区

美国硅谷高科技园区的经济总量目前尚无官方统计，估算为 6000 亿美元以上，超过 5 万家企业和 200 万名员工，其中斯坦福师生和校友创办的硅谷企业的产值占硅谷总产值的 50%。它以信息业为主，生物、空间、海洋、通信、能源新材料等新兴产业也聚集于此，其计算机硬件和存储设备、生物制药、信息服务业、多媒体、网络、商业服务等行业处于世界领先地位。

硅谷的成功在于，经过多年的发展，形成了自己的园区特点：

（1）硅谷中有着丰富的人才、智力资源。硅谷的发展是以智力资源为依托的。以斯坦福大学为代表的一大批高水平科研机构，为硅谷的发展提供了丰富的教育和人才资源，其培养出的各类优秀人才扮演了硅谷智力库的角色。

（2）所有的企业都在从事世界一流的技术和产品研发。一般认为，在硅谷的公司不论其大小，如果技术和产品水平不在世界上占前三位，就必然被淘汰出局。因此，技术创新成为硅谷公司生存和发展的首要前提。

（3）在硅谷投资的高风险科技公司成功率很高。硅谷地区聚集了数千家风险投资公司和全球 30%～40% 的风险投资，拥有完善的创业服务体系。

（4）政府对硅谷的管理方式比较宽松。政府通过营造创业和创新的制度建设和文化氛围，调动创业者的积极性、保护他们的合法权利。如放宽创业政策、明确产权、允许技术入股，为企业上市创造条件，创造一个开放的、公平竞争的市场环境和完善的公共服务，为创新企业的诞生、成长和壮大提供适宜的产业发展环境。

十、新加坡裕廊工业园

裕廊工业园重点发展能源与石油化工业，是东南亚地区重要的炼油中心和世界第三大炼油中心，同时也是全球第三大石油产业链基地。如今，能源与石油化工业成了新加坡经济的支柱产业。2008年新加坡制造业总产值2513亿新元，其中，能源石化工业总产值970亿新元，占制造业总产值的38.6%。裕廊化工岛通过集中投资，形成了上下游一体化发展的石化产业模式，具备一定的规模效应，且资源优化配置，在最大程度上共享原料供应，从而有效地降低了石油和石化产品的生产成本，提高了产品的竞争力。经过多年的发展和建设，裕廊工业园已成为新加坡最大的现代化工业基地，工业产值占全国的2/3以上，时至今日依然保持着发展活力。

它的成功取决于以下三个特点：

（1）政府主导的开发运营模式。这种模式的优势在于：保障项目快速启动并尽快达到经济规模；快速并以较低成本获取私人土地；有效吸引跨国公司投资；园区的竞争对象在国外而不在国内，园区之间没有恶性竞争。

（2）全球范围的集中招商。主要招纳三类客户群体：战略性公司，重点吸引其资本和市场；科技创新型公司，重点吸引其核心产品和技术研发；跨国公司的重要部门，重点吸引其最复杂的生产程序和最先进的生产技术。

（3）切实合理的制度安排。政府对入驻园区的企业并无特别优惠，各种政策如税务优惠不因企业是否在园区有别，而是按规定的公司及其经营状况的条件决定，体现公平竞争原则。园区对一般公司的进入都是开放的，没有门槛条件，政府也不审查公司的项目，可行性报告等属于企业自己的事情，可以说政府对所有公司一视同仁，企业是因园区发展环境而不是特殊政策而进入园区的，而园区重在为入区企业创造最优越的制度环境和法律环境。

综合分析比较上述四大园区的经验及特点，有以下重要启示：

（1）各园区都有明显优势的产业方向。中国台湾新竹科学工业园的电子信息技术产业突出，聚集了像台基电、华硕等世界著名企业，形成了半导体、光电、计算机和通信等方面的产业集群。中国苏州工业园在半导体、光电、汽车及航空零部件等高新技术产业方面具有较强竞争力。美国硅谷高科技园区以信息业为主，辅以生物、空间、海洋、通信、能源新材料等新兴产业。新加坡裕廊工业园以能源与石油化工业著名，是世界第三大炼油中心和全球第三大石油产业链基地。

（2）各园区都遵循政府主导下的市场机制高效地运行。苏州工业园成立了党工委和管委会，下设8个职能局承担各项党政司法职能，而将开发经营权完全交由园区开发公司承担，严格实行政企分开。除教育机构外，不设事业单位，工作全部企业化。美国硅谷高科技园区通过营造创业和创新的制度建设和文化氛围，创造了一个开放的、公平竞争的市场环境和完善的公共服务。新加坡裕廊工业园采取政府主导的开发运营模式，保障项目快速启动并达到经济规模；在全球范围内集中招商，对象为战略性公司、科技创新型公司和跨国公司的重要部门。

（3）各园区都以提升服务作为优化投资软环境的着力点。中国台湾新竹科学工业园追求"低成本、高效率、高品质"，要求"小地方做得很好"。中国苏州工业园注重投资环境的综合优势，用人性化魅力吸引投资者，主打"亲商"牌。美国硅谷高科技园区聚集了数千家风险投资公司和全球30%～40%的风险资本，创业服务体系十分完善。新加坡裕廊工业园不设进入门槛，通过创造最优越的制度环境和法律环境，吸引优秀企业入园。

（4）各园区都对人才、研发、新技术等智力资源或成果高度重视。中国台湾新竹科学工业园专门成立了非营利性的工业技术研究院从海外引进技术；通过海外留学生，密切与美国硅谷的联系，源源不断地获得新技术、资本及管理经验；园区管理局每年提供大量的创新奖励。美国硅谷高科技园区有以斯坦福大学为代表的一大批高水平科研机构，培养出各类优秀人才；所有的企业都在从事世界一流的技术和产品研发。

（5）部分园区对规划建设的高起点。中国苏州工业园大胆借鉴新加坡裕廊工业镇的成功经验，坚持国际通行的"先规划后建设，先地下后地上"的科学原则，有序进行开发建设。同时也特别注重规划建设当中的法规制定，规划建设类法规数量占园区所有法规的比例超过1/3。

从以上国内外文化创意产业集聚区经验可以得出以下经验借鉴：①任何一个集聚区产业特色都比较鲜明，做专而不是做全，在专的基础上，产业链向上和向下延伸，形成完整产业链；②集聚区功能比较完善，所有的集聚区都不是简单的企业空间位置的集中，而是集聚区提供完整的、可以共享的产业平台和公共服务平台，集聚区内企业可以共享集聚区服务，节约交易成本；③集聚区都有龙头或巨头企业集聚，众多中小企业在集聚区内可以分享辐射成果，成为巨头企业的合作伙伴，换句话说，就是在集聚区内，众多企业已经形成良好的生态链；④集聚区创新能力和辐射能力强。知名的集聚区一定是靠技术创新支撑可持续发展，一定是靠辐射带动效应吸引相关企业自发入驻并保持集聚区活力。

第三节　北京文化创意产业集聚区集聚模式分析

一、北京市文化创意集聚区特征

目前，北京市文化创意产业集聚发展日趋明显，伴随着集聚效应的初步显现，一大批特色鲜明的文化创意产业集聚区应运而生。截至 2016 年，经市委市政府认定的北京市文化创意产业集聚区共 30 个。以构建集聚区的形式借助集聚效应发展文化创意产业是必然趋势，除北京市外，上海市、杭州市、广州市等地也均有规模大小不一、发展程度不同的创意集聚区。

为归纳北京市文化创业集聚区的集聚模式，我们从地理区位特性和产业异质特性两个角度分析，首先考察集聚区的集聚特点，以便确定划分集聚区集聚模式的标准。

（一）集聚区地理区位特性

北京作为全国的政治、经济、文化中心，所处的产业环境致使集聚区集聚特点与其他地区的有所差异。文化创意产业的发展极大地受地理区位因素的影响，这既包括自然因素，也包括社会因素。

自然因素包括地貌地形、气候、资源等。由于文化创意产业涉及九大行业，其中旅游、休闲娱乐行业极大地受到自然因素的影响。例如：北京欢乐谷生态文化园、北京（房山）历史文化旅游集聚区、八达岭长城文化旅游产业集聚区、北京古北口国际旅游休闲谷产业集聚区等，这些旅游集聚区都有着强烈的人文历史背景，但随着人们对观光环境的要求越来越高，这些历史古迹也面临着严峻的文物保护、环境改造等挑战。近年来，北京的环境问题日益堪忧，特别是雾霾导致的污染问题制约着包括文化创意产业在内的一系列经济社会发展。

社会因素包括市场、消费群体、交通运输、产业政策等。北京市文化创意产业最大的社会因素优势便是产业政策优势。经国务院批准的《北京城市总体规划（2004～2020 年）》明确了北京的城市定位：国家首都、国际城市、文化名城、宜居城市。北京市政府也于 2005 年提出了打造"创意产业之都"的口号。在国家政策和北京市政策的优势鼓励下，各区县也根据自身不同的优势制定了更加具体的产业扶持政策。例如：中关村创意产业先导基地就分别享受国家、北京市、海淀区三个层次的政策扶持。北京市文化创意产业除了具有优厚的产业政策外，在人才吸引方面优势突出，而且当地消费者对文化创意产品的消费需求也不断增长，这些都加速了北京市文化创意产业的逐渐成熟。

（二）集聚区产业异质特性

产业异质性要求任何集聚区的建设和发展都应该遵循自身规律。文化创意产业的发展有着自己独特的发展特点，由于还处于产业发展的探索期，集聚区内的政府机关、企业单位、社会团体、学术研究机构、网络媒体和创意阶层六个部分扮演着怎样的角色，分别如何发挥各自的作用都需要进一步的探讨和挖掘。基于此，笔者并没有孤立地去挖掘某一个文化创意集聚区的内在特点，而是通过将文化创意集聚区与其他集聚区进行对比，找出属于文化创意产业的两个突出异质特性。

1. 集聚区的功能结构兼具生产性和服务性

根据《国民经济行业分类》（GB/T 4754 – 2002），我国的产业可以分为第一、第二、第三产业类型，共98个分项。而文化创意产业既具有第二产业的生产性特点，也具有第三产业的服务性特点。北京市的30个文化创意产业集聚区涵盖了9类细分文化创意行业，且兼具生产性和服务性。这种特性在艺术品交易类聚集区中表现得尤为突出，例如北京大红门服装服饰创意产业集聚区，既有属于纺织业的生产制造特性，又有创意设计的服务特性。这种功能上的二元性与传统的工业集聚区等有显著性差异。

2. 集聚区的地理分布兼具分散性和特殊性

由于文化创意产业涵盖面较广，不同细分市场的行业特性不一，进而导致一些行业生产特性大于服务特性，一些行业服务特性大于生产特性，所以集聚区的这种地理分布归根结底是由功能结构的二元性决定的。例如，顺义国展产业园、中国（怀柔）影视基地等都把集聚区锁定在了北京市五环以外的郊区，这种类似于传统工业区的选址方式，旨在追求城市郊区的低廉土地租金，以实现生产成本的最小化。而诸如中关村软件园、惠通时代广场等在选址上却选择在了商业繁华、文化品质凸显的黄金地段，这种类似于新兴服务业的选址方式更多地因为这些集聚区服务特性大于生产特性。由此可以看出，文化创意产业集聚区因行业涵盖面广，涉及的行业类型丰富多样，在集聚区的选址上呈现出总体上的分散性和个体上的特殊性。

通过对地理区位特性和产业异质特性两方面的归纳，不难发现北京市文化创意产业与其他地区的文化创意产业相比，最大的优势在于政策环境。这种政策环境是基于国家战略、城市定位、产业发展三个层次确立的，具体而言就是国家政策、北京市政策、区县政策对北京市文化创意集聚区的发展起着重要的作用。

二、北京文化创意集聚区的集聚模式

关于文化创意集聚区的聚集模式分类，不同学者从不同角度都有研究。按照集聚要素角度，可分为艺术创作模式、代工生产模式、科技创新模式、品牌扩张模式、文化消费模式（胡慧源、高莉莉，2013）；按照迈克尔·波特的集聚理论，可分为文化趋同型集聚、区位因素型集聚、垂直关联型集聚、水平关联型集聚（王晖，2010）；按创意产业集聚区演化路径，可分为自发集聚模式、市场引导模式、政府规划模式、产学研结合模式（付永萍、王立新、曹如中，2012）；从政府参与程度的角度入手，可分为"市场主导＋政府服务"型、政府规划型（吴承忠、李雪飞、2013）。

我们认为上述学者的分类都有一定的道理和依据，但并不能完全适用于北京市文化创意集聚区的划分。原因有两点：①北京市文化创意集聚区都是经过北京市政府批准成立的，在此基础上享受一定的政策扶持和优惠。因此，对于从集聚要素、集聚理论、演化路径角度下文化创意集聚区的划分并不能完全适用于政府角色比重较大的北京市文化创意集聚区。②集聚区的发展本身需要经历起步期、成长期、成熟期、衰退期，北京市现有的 30 个创意集聚区均或多或少地有政府参与，政府参与程度的高低很大程度上与介入集聚区发展的时期有关。按照政府参与集聚区的时间点划分集聚模式，比按照政府参与程度划分集聚模式更易于探索北京市文化创意产业的聚集模式内涵，从而为政府应该选择在何时介入、介入多少提供必要的依据和参考。

因此，北京市文化创意集聚区的集聚模式应从政府介入集聚区的时间点划分。按照产业生命周期理论的起步期、成长期、成熟期、衰退期四个阶段，结合政府介入的阶段，可以把北京市的文化创意集聚区集聚模式分为政府主导型、政府辅助型、政府服务型、政府退出型。

（一）政府主导型的集聚模式

政府主导型的集聚模式是北京市文化创意集聚区的主要形式，指的是以政府为主要发起者，通过行政手段和政策支持在集聚区的起步期就介入的集聚模式。该模式主要是在地区经济发展发生重大变化，或是发展战略亟待转型的大背景下产生的。

以北京市石景山区为例，坐落在此的北京数字娱乐产业示范基地非常典型。2001 年北京申奥成功，为改善环境问题，带动石景山区 60% 经济发展的首钢需要搬迁。石景山区面临着经济转型、破旧立新的发展问题。为此，2006 年底，石景山区确立了"打造北京 CRD，构建和谐石景山，建设现代化首都新城区"的中长期发展定位。"CRD"是首都文化娱乐休闲区的英文缩写（Culture and Recreation District），在重点发展的五大主导产业中，文化创意产业居首位。因而，作为政府主导的"北京数字娱乐产业示范基地"也被列为北京首批市级文化创意产业集聚区。2011 年，石景山区文化创意产业增加值占地区国民生产总值（GDP）达 15%，带动该区第三产业占比从 2006 年的 32% 上升到 60%。

在政府主导型的集聚模式下，政府就犹如一个召集人，从地区战略发展角度出发，首先建立一个"空"园区。然后利用政策优惠和行政手段，吸引企业入驻园区。这便是在集聚区的起步期就介入园区发展，由于介入的时期最早，因而发挥的主导作用也最大。

（二）政府辅助型的集聚模式

政府辅助型的集聚模式比较常见，是指在集聚区起步期之后，潜力和前景较好，政府为帮助集聚区发展壮大，在成长期介入其中的集聚模式。相对于政府主导型的聚集模式，该模式的优点在于政府承担的风险较小，投入也相对不多。政府在集聚区中发挥的是整合资源、指明发展方向的作用。

以北京市平谷区为例，这里的中国乐谷文化创意产业集聚区便是政府辅助型的。北京市平谷区的东高村镇原先就有很多生产提琴的小作坊，这些聚集在此的厂商从零起步，不断发展。原先的小作坊变成了规范的 20 家提琴生产企业，企业资产总额 2.5 亿元，从业人员 3000 人。政府在充分考察发展机遇的基础上，将打造一个以音乐产业化为核心的创意产业园区——中国乐谷，列入了北京市"十二五"规划的重点项目。为应对国际金融危机以来，单纯的提琴制造受到人工成本与材料价格逐年上升、汇率上行、国际市场壁垒等不良影响，在政府辅助下建立的中国乐谷，精髓在于延伸产业链条，转向音乐创意文化产业的发展思路。集合音乐产业的智力创造，以乐器研发、制造和交易为基础，大力发展创作、表演、体验、休闲和培训等产业业态和重要环节，逐步打造成为集器乐产销基地、音乐创作园区、无线音乐基地、主题文化娱乐区和服务配套区等功能于一体的产业集群。

在政府辅助型的集聚模式下，政府犹如一个指挥家，在整合人力、资金、场地等资源的基础上，制定适合于集聚区向健康有利方向发展的战略规划。这不同于政府主导型的召集人角色，一切不是从零开始的，而是对现有资源的整合、补充和升级。

（三）政府服务型的集聚模式

政府服务型的集聚模式是在集聚区发展到成熟期，政府为了维持其正常运转，避免出现衰退或者危机而扮演服务角色。这种模式不需要政府付出过多的资源和精力投入，只需要作为第三方进行监管和维护。该集聚模式下的集聚区在北京也有，数量不多，但名气很大。

以北京市朝阳区的 798 艺术中心为例，它就是北京政府服务型集聚模式下，数量不多，但名气很大的文化创意集聚区。798 艺术区位于北京市朝阳区东北部酒仙桥街道大山子地区，是在原有工业建筑闲置空间的基础上逐渐发展起来的以当代艺术为特色的文化创意产业区，其主要建筑由 20 世纪 50 年代前东德专家设计。建筑北侧的高天窗形成较为均质的室内光环境，对当代艺术活动的建筑和空间需求有着很好的适应性。从 2002 年开始，不同风格的艺术家纷至沓来，北京 798 艺术区逐步成为雕塑、绘画、摄影等独立艺术工作室、画廊、艺术书店、时装店、广告设计、环境设计、精品家居设计、餐饮、酒吧等各种文化艺术空间汇集的聚集区。截至 2010 年，798 艺术区的文化艺术类机构达 300 多家，成为国内外最具影响力的文化创意产业区之一。发展至成熟期之后，朝阳区政府和七星集团共同成立了北京 798 艺术区建设管理办公室，为艺术品的制作、展示、交易与拍卖搭建良好平台，以加强对艺术区的科学引导、规范管理和有效服务。

在政府服务型的集聚模式下，政府扮演的是第三方服务的角色。集聚区的发展井井有条，园区内的企业也会遇到一些问题和困扰，但这些是企业自身可以克服的。政府既不是召集人也不是指挥家，就像是一个帮助企业更好发展的服务提供商。

（四）政府退出型的集聚模式

政府退出型的集聚模式是指在集聚区发展到衰退期，由于出现某种危机或者是动荡的行业变故，集聚区面临解散或重组等情况时，政府协助企业完成破产或收购。对于国内发展还远未成熟的整个文化创意产业而言，这样的情况还未出现。不过按照正常的产业成长周期而言，这样的情况很有可能在未来出现。因此，政府应该未雨绸缪，对可能出现的情况做出预备方案，以防止集聚区在真正进入衰退期的时候手足无措。

三、北京市文化创意集聚区集聚模式评价

产业集聚模式没有优劣之分，关键在于模式是否适合该行业、该区域的发展需要。北京市文化创意产业因其独特的地理区位特性和产业异质特性，从政府介入集聚区的时间点来归结集聚模式是合适的。基于此划分出来的四种集聚模式——政府主导型、政府辅助型、政府服务型、政府退出型有着各自的特点。政府应该根据产业发展规律和每一个集聚区的行业类型、起步情况、市场潜力等来选择合适的时机介入。如图 4-1 所示。

政府主导型的集聚模式是北京市文化创意集聚区的首要模式。综览 30 个文化创意产业集聚区，政府规划的痕迹极其明显。在文化创意产业大发展大繁荣的战略政策指导下，北京市政府结合各区县的产业基础和发展定位，主导了众多产业园区的开发和建立。政府主导下的产业园区配套设施完备、政策优势显著、发展方向稳健，但同样可能产生企业预期与政府给予不匹配的问题。政府在大量投入资源的情况下，承担的风险也最大。

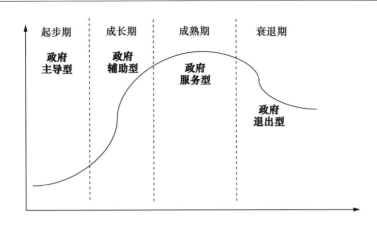

图4-1 北京市文化创意产业集聚区集聚模式分类

政府辅助型的集聚模式相对于政府主导型，投入资源相对较少，承担风险相对较低。由于北京市消费群体的教育水平较高，文化产品的消费市场较活跃。由市场引导的自发集聚区比较常见，但这些集聚区在成长阶段往往面临资源匮乏、定位不清、方向模糊的困境，政府在调研这类集聚区的发展状况下，进行产业园区的整合和再规划，纠偏集聚区发展的不利趋势，帮助集聚区内的资源升级，以便辅助集聚区更好更快地健康发展。

政府服务型的集聚模式相对于政府辅助型，不再是帮助集聚区找方向、引资源，因为成熟期的集聚区发展已经具备了这些要素。在市场的引导下，聚集着大量高端人才的北京，吸引着大批文化创意企业在此驻扎。集聚区内的高水平人力资本已经在不需要政府辅助的情况下，拓宽了自我发展的路径和企业间的合作。为了保证这种良性循环的持久性，政府需要提供法律政策咨询，更需要作为行政部门进行必要的监督和管理。

政府退出型的集聚模式其实是一种集聚区发展末期的产业样态，尽管在目前北京市文化创意集聚区的发展阶段还远未至衰退期。但有些集聚区已经开始初露危机的端倪。在集聚区集聚效应的发挥上，受到恶性竞争或行业普遍衰退的影响，政府应当做好集聚区解散、重组等退出方案的预备。

上述对文化创意集聚区的集聚模式划分是基于政府视角的，通过分析北京市文化创意产业的地理区位特性和产业异质特性，将其按政府介入时间点划分为了四类：政府主导型、政府辅助型、政府服务型、政府退出型。在阐释每种类型集聚模式时，分别列举了一个典型的集聚区进行说明。事实上，并不是所有的集聚区都能够十分清晰地按照这个标准归类，集聚模式的本质是一个集聚区形成过程中不断发展和变化的过程。截取某一个时间点做出的划分，虽然不能涵盖所有集聚区的特征，但却可以为审视集聚区的发展找到切入点。今后的研究，可以基于政府视角下考虑如何为不同集聚区，制定合理化的集聚政策。也可以结合实证调研，探索不同集聚模式下集聚区发展的竞争力现状，为今后不同行业、地区的集聚区选择最适合的集聚模式提供参考和借鉴。

第四节　北京文化创意产业特色集群化评价
——以石景山区为例

一、石景山区特色集群化基础

自从 2006 年北京数字娱乐产业示范基地获批首批北京市文化创意产业集聚区开始，石景山区文化创意产业步入产业集群化发展阶段。从总体上看，石景山区文化创意产业呈现良好的发展势头，产业体系不断完善，逐步形成了重点发展数字娱乐、旅游休闲和设计服务产业，统筹发展广告会展、文艺演出和新闻出版产业的产业发展格局。同时，产业规模不断壮大，截至 2016 年 8 月，石景山已拥有 2800 余家文化创意产业企业，规模以上企业 171 家。2016 年 1～5 月，石景山区 171 家规模以上文化创意产业实现收入 139.6 亿元，实现利润总额 16.5 亿元，同比增幅分别为 6.8% 和 1.6%；从业人员平均人数为 2.8 万人，同比下降 4%。

截至 2015 年 1～11 月，石景山区 165 家规模以上文化创意产业实现收入 275.3 亿元，实现利润总额 43.4 亿元，同比增幅分别为 -0.5% 和 98.2%；从业人员平均人数为 3 万人，同比下降 2.4%。

其中以网络游戏研发和运营为主要业务的软件、网络及计算机服务领域 1～2 月实现收入 32.6 亿元，同比增幅为 16.2%，在文化创意产业中所占比重达到 70%，对文化创意产业收入增长的贡献率达到 54.1%，对产业的发展起到了显著支撑作用。同时，该领域中凝聚了一批优势企业，如国内行业中的佼佼者"畅游公司"、"完美公司"，以及与小米公司合作的"瓦力网络公司"等。此外，数字媒体、影视制作业务领域 1～2 月实现收入 6.1 亿元，同比增幅为 118.9%，拉动文化创意产业总体收入增长 8.8%，成为新的增长点。截至 2016 年 8 月，石景山的 2800 余家文化创意产业企业中，以网络游戏为主的企业超过了 800 家。

目前，石景山区正进入深化全面转型、推动科学发展的新阶段，文化创意产业集群发展的雏形已经显现，尤其是以中关村石景山区为载体的北京数字娱乐产业示范基地，以首钢二通厂核心区为基础的中国动漫游戏城周边载体等，文化创意产业集群呈现加速发展的势头，已成为北京文化创意产业版图上重要的产业集聚发展板块。石景山区文化创意产业集群化发展呈现以下几个特点：

（一）以动漫、网游、新媒体等为特色的数字娱乐产业集聚优势突出

石景山区早在北京奥运会成功申办后，在面临首钢涉钢产业搬迁调整之前，就开始着手研究区域未来发展的问题。2003 年，石景山区借鉴日本、韩国等国家数字娱乐产业发展的成功经验和运营模式，开始研究在石景山发展数字娱乐产业。2004 年，北京数字娱乐产业示范基地成功在北京市立项。2005 年成为国家数字媒体技术产业化基地和国家网络游戏动漫产业发展基地组成部分。2006 年，北京市开始大力发展文化创意产业，北京数字娱乐产业示范基地获批首批北京市文化创意产业集聚区，石景山区文化创意产业步入产业快速集聚阶段。2010 年，中国动漫游戏城被认定为北京市文化创意产业集聚区。至此，北京市 30 个文化创意产业集聚区中，两个以动漫、网游等为特色的集聚区均落户石景山区。

在北京市文化创意产业分类中，石景山区一直致力于突出网络游戏、影视动漫、数字媒体特色产业，北京数字娱乐产业示范基地获批时，全区文化创意企业不足 300 家，短短几年已经扩大 10 多倍。目前，石景山区 3000 多家文化创意企业中，动漫、网游、新媒体等企业 1000 多家，比重超过 30%。几年来，石景山区凭借良好的产业环境和鲜明的产业特色，先后被命名为国家数字媒体技术产业化基地、国家网络游戏动漫产业化基地、中国电子竞技运动发展中心、国家动画产业基地和国家文化产业示范基地。据统计 2015 年国内动漫游戏企业收入超过1400 亿元，已成为全球第一大市场。北京市动漫游戏企业总产值约 455 亿元，占全国动漫游戏企业总产值 1/3，同比增长 22%，比"十二五"之初（2011 年）的 130 亿元增长 250%。出口额约 58.7 亿元，同比增长 38%。尤其是以移动游戏为代表的创新类游戏高速发展，2015 年北京市移动游戏企业产值 287.6 亿元，占全国移动游戏产值的 65%，高居榜首。石景山区动漫游戏企业总产值已占据北京市动漫游戏产业总产值的半壁江山，约占全国的 1/7，成为北京市乃至全国重要的动漫游戏产业基地。石景山区以数字娱乐为特色的文化创意产业品牌知名度不断扩大，在全国具有较强影响力，石景山区正在发展成为"中国数字娱乐第一区"。石景山区还被评为"2011 年十大最具影响力国家文化产业示范基地"。

（二）文化创意产业园区（街区）集聚功能初步显现

目前，石景山区有 2 个市级文化创意产业集聚区（北京数字娱乐产业示范基地、中国动漫游戏城），1 个市级特色文化商业街区（北京台湾街），以及多个文化创意产业集聚区域，包括西五环现代娱乐区、天泰旅游休闲区等。同时，形成了多个主题创意楼宇，比如华录文化产业园所在的鼎城，趣游、巨人网络、电玩

巴士等动漫游戏企业集聚的中国瑞达大厦,中国动漫集团、北京动漫游戏产业联盟、中国版协游戏工委、完美时空等企业和机构所在地中铁建设大厦等。集聚不仅为企业发展提供了物理空间,而且促进了企业与企业之间、企业与机构之间、企业与政府之间交流合作,同时在技术共享、产业链建设、知识产权保护、人才引进和培养等方面提供了服务,极大地促进了石景山区文化创意产业集聚化发展。

其中,北京数字娱乐产业示范基地以中关村石景山园为核心,从数字娱乐软课题研究起步,从无到有,从小到大,从弱做强,目前已形成以搜狐畅游、趣游科技、蓝港在线等为代表的网络游戏,以华录文化、神笔动画、银河长兴、三浦灵狐等为龙头的影视动漫和以暴风影音、千橡互动、通融通等为龙头的数字媒体三大产业格局,推出了包括网络游戏、动画漫画、手机游戏、3G新业务、数字音乐、数字出版、新媒体影视等多款具有自主知识产权的创意产品,从而引领和带动全区文化创意产业发展。中国动漫游戏城建设自启动以来,吸引了业内众多知名动漫游戏企业,目前意向入驻中国动漫游戏城的1000多家,其中400多家已先期入驻区域其他载体及动漫游戏城周边载体。北京台湾街,以台湾风情为主题的文化特色商业街,采用复合型业态,云集台湾本土高档餐饮、音乐餐厅、风味小吃城、原住民生活馆、时尚精品馆等,目前开业商户数十家百余个店铺,举办了北京台湾文化艺术节、北京台湾美食文化节。北京台湾街开街近两年来,已经成为北京市特色文化商业街区,被北京市台办称为"京台合作第一平台"。

(三)文化创意产业集聚效应和影响力不断扩大

石景山区几个文化产业集聚区的形成,较好地发挥了示范、辐射作用,带动了一批有较强实力、竞争力和自主创新能力的文化企业和企业集团迅速成长。完美时空、盛大无线、搜狐畅游、巨人网络等全国前十位网络游戏企业总部或北方总部先后落户。集聚了中国华录、暴风科技、蓝港在线、中国动漫集团等一批业内龙头企业。搜狐畅游、华谊嘉信、人人网、易华录、华录百纳先后在海内外上市,融资效果显著。

近年来,石景山区文化创意企业出品的网络游戏《天龙八部》、《七雄争霸》,影视剧《媳妇的美好时代》、《黎明之前》、《永不磨灭的番号》,3D高清动画《三国演义》等优秀作品相继上市,并出口到欧美、东南亚多个国家和地区。原创动画电影《麋鹿王》、《劳拉的星星在中国》等获得国际国内大奖,推动石景山区文化创意产业集聚效应和品牌影响力进一步提升。2011年,石景山区新增规模以上文化创意产业单位28家,其中网络游戏行业单位所占比重达到50%,在国内网络游戏行业占有优势地位的"趣游"、"漫游谷"等企业纷纷入驻,新增单位实现收入27.3亿元,对文化创意产业的贡献率达到68.6%。

几年来,区委区政府抓住文化创意产业这个龙头,积极争取国家、北京市各方政策资源,集聚产业要素,整合产、学、研、政等相关优势资源,推动文化创意产业集群化发展,从而带动高新技术、商务服务、现代金融、旅游休闲相关产业,形成五大产业相互促进、协同发展的良好局面。

(四)"石景山服务"成为文化创意产业集群发展的重要推手

石景山区文化创意产业集群化发展,是通过"自上而下"的人为培育而成的产业集群发展模式。随着北京市产业结构调整和首钢搬迁,石景山区进入了新的历史转型期。根据《北京城市总体规划(2004~2020年)》,石景山区被定位为"一区三中心",即"功能拓展区和城市职能中心、综合服务中心、文化娱乐中心"。区委区政府高瞻远瞩、审时度势,准确把握国际国内产业发展态势,以软课题研究的形式起步,提出发展数字娱乐产业的设想,制定发展规划并开始实施。通过几年的发展,北京数字娱乐产业示范基地成为带动石景山区域经济机构调整和经济发展方式转变的强大引擎。以政府战略规划为指引,石景山区成功实现了从一个传统工业区向文化创意产业发展集聚区的转型。

近年来,石景山区高度重视文化创意产业,强力促进产业集聚化发展,不断完善产业服务体系。成立了32个政府职能部门为成员单位的文化创意产业领导小组,领导小组下设办公室,后又成立区文化创意产业促进中心,从而形成区文化创意产业领导小组决策、文化创意产业领导小组办公室业务指导、多部门联动的高效推进体系。2006年以来,共出台近20项促进文化创意产业发展的政策措施,石景山区每年设立1亿元文化创意产业专项资金,通过奖励、贷款贴息、项目补贴等方式,扶持企业做大做强。同时,制定和完善了一系列政策和措施,推出了政府领导与重点企业联系制度,切实解决企业发展过程中遇到的困难和问题;在区法院设立知识产权庭、设立知识产权调解中心、推出知识产权代理制度,切实保护创意成果和为企业提供知识产权服务;推动常青藤高端人才集聚区建设,打造首都创意人才特区,以优惠的政策、优质的服务、优良的环境,吸引高端人才创新创意创业;推出"CRD绿卡"制度、"创业导师"服务等,在企业注册登记、日常管理、创业服务、高端人才引进及子女入学入托、房屋居住等多方面提供一站式服务,在北京市树立了"石景山服务"的品牌,极大地推动了文化创意产业集群化发展。

二、石景山区文化创意产业特色集群发展中的问题

(一)关于集聚区发展问题

北京数字娱乐产业示范基地的核心载体石景山园,在中关村"一区十园"

中是以文化创意产业为特色，而园区文化创意产业以网络游戏、影视动漫、新媒体等数字娱乐产业为支撑，应该说产业特色鲜明，推进特色集群化发展有一定基础。但目前的问题是，一方面，区内相关产业关联度相对较低，对文化创意产品缺乏有效运营和整合，使得一些文化创意产品难以产生直接的社会效益和经济效益，造成文化资源浪费；另一方面，虽然形成了一定特色，但在推动产业升级及产业链建设方面措施欠缺，导致特色产业的放大和辐射效应衰减，一定程度上削减了产业集聚效应。

截至目前，北京市先后四次批准了30家文化创意产业集聚区，北京的北京数字娱乐产业示范基地、中国动漫游戏城名列其中，占北京市集聚区比例为7%。北京数字娱乐产业示范基地，经过10年的建设和发展，数字娱乐产业集群初步形成，动漫网游特色初步显现。

表4-1 北京数字娱乐产业示范基地 SWOT 分析

内部能力	优势 S	劣势 W
外部能力	①获得一批品牌，品牌效应初步显现 ②数字娱乐企业空间集聚基本形成 ③集聚区政策体系占据优势	①内生集聚力不足，过度依赖政府扶持 ②区域内产业链不完整，企业间合作少、互通少，集聚功能未发挥 ③基础硬件设施和公共服务设施承载力不足，产业环境尚待提升 ④中介服务平台严重不足 ⑤企业和集聚区创新能力明显不足（技术、服务、产品、产业链条）
机会 O	SO	WO
①党的十七届六中全会和北京市十一次党代会，均大力支持产业发展 ②国家专项资金及政策的支持 ③CRD 主导产业 ④与中关村石景山园、中国动漫游戏城的协同效应	利用国家及北京市政策，进一步落实政策、资金和项目，做大、做强集聚区品牌，形成集聚效应，同时出台区内政策，扶持龙头企业发挥辐射效应	进一步优化环境和提高政策服务能力，引导完善区域内产业链，提高企业内生集聚水平
威胁 T	ST	WT
①入驻企业的趋利性 ②其他区县的恶性竞争	转政策导向为集聚能力导向，引导区内企业分工合作并发挥聚合效应	完善产业链、政策集聚转变为创新型或龙头企业辐射型集聚

首钢二通厂区建设的中国动漫游戏城，建设目标是成为国家级的动漫游戏产

业基地和示范园区，是文化部和北京市共同实施的国家级重点文化产业项目。中国动漫游戏城功能定位是形成服务、引导、促进中国动漫游戏产业发展的，集动漫创作、生产、交易于一体的动漫产业园区。规划建设主题公园区、流通贸易区、产学研孵化区、公共商务服务区、数字化办公区和酒店、住宅及生活配套服务区6个大区。目前，中国动漫游戏城项目还处于建设阶段，但形势不等人。动漫城动漫运营公司注册地为丰台区，动漫城产业发展区域为石景山区。由北京牵头研究制定动漫游戏产业发展规划。目前推进力度还不够大。

表4-2　中国动漫游戏城SWOT分析

内部能力 外部能力	优势 S	劣势 W
	①建设起点高，规模上超过了以往任何国家级动漫基地 ②有文化部和北京市直接支持 ③可以与已有集聚区资源共享	①与区内集聚区存在同质化竞争 ②丰台区、石景山区、首钢三方协调成本高，运营公司注册地在丰台，北京主导权缺失
机会 O	SW	WO
①国家专项资金及政策的支持 ②区政府政策支持 ③与中关村石景山园、北京数字娱乐产业示范基地的协同效应	利用已有成功经验及现有政策、资金支持，加快集聚区品牌打造并利用品牌集聚企业，尽快形成产业支撑	确立差异化发展战略，做到本区集聚区资源整合，尽快布局产业，抢占产业高地
威胁 T	ST	WT
①缺乏动漫产业发展所需的创新人才 ②京内外等地相关产业竞争激烈 ③动漫网游企业入驻更多关注产业环境而非政策支持	①利用政策空间吸引高端人才 ②优化产业环境，吸引全球动漫巨头企业 ③与区内企业资源整合	高起点规划、全球视野招商、健全公共服务平台、创设创新创业环境

从以上两个集聚区SWOT分析可以看出，中国动漫游戏城集聚区还处于建设之中，未来可能会成为集聚产业高地，关键是如何与另两个集聚区配合，并提高水平建设。已经有10年建设历史的中国数字娱乐示范区还不是真正的产业集聚区。

（1）集聚区需要的公共服务平台欠缺，企业难以在集聚区内获取发展需要的公共技术和公共服务，交易成本没有降低，集聚区对企业的吸引力不足。企业入驻还只是靠政策优惠入驻园区，属于低成本集聚，政策优势消失后，企业会用脚投票，选择他处。

（2）企业集聚的内生动力不足，集聚区内企业还没有形成互相依赖，获取生存和发展的生态链，集聚区企业大多还靠单打独斗在发展，对集聚区的依赖性不强。

（3）集聚区内产业链条不完善，大的龙头企业较少，且没有发挥出辐射效应，企业间分工合作不明显。

北京动漫网游特色产业已经形成，但集聚区建设还很欠缺，集聚区功能还远未发挥。应该尽快完善集聚区建设，使特色产业依托集聚区，尽快发展成为北京主导产业和支柱产业。

（二）关于地理空间问题

集聚区的发展离不开地理空间，土地和房屋是产业发展最基本的需求。石景山区地理位置较好的载体租用面积比较零散，目前区内可提供企业落地的产业载体25家，以商务楼宇为主，并基本涵盖了石景山区具备一定规模及地理位置与品质相对较好的商务楼宇。目前可利用载体总面积39.5余万平方米，其中，载体租用面积4.8万平方米，销售面积34.7万平方米（主要包括新媒体基地、融科创意中心及景山财富中心），尤其是1000平方米以上的办公面积缺乏，所以部分企业选择注册在石景山，但公司办公、运营等在外区。在本次随机调查的注册在石景山区的35家企业中，在石景山区办公的22家，在外区办公的13家。异地办公现象的存在，对产业集聚区发展造成了一定影响。

（三）关于企业联动机制问题

（1）企业间缺乏协作。文化创意产业集聚发展本意是让企业通过园区搭建公共平台、形成产业集群效应、实现资源共享，从而推动创意产业的快速发展。但目前尚未形成有效的集聚机制，企业存在严重的政策依赖，内生能力不足，表现为：一是园内企业仍停留在分享区内基础设施、优惠政策的基本层面上，只是简单的地理集中，运营上继续采用人而全、小而全的封闭生产体系，合作较少，面对的是共同的市场和用户，恶性竞争现象严重，持续发展的内生能力不强。二是产业链残缺，尤其是高端原创研发环节和低端的营销渠道网络还相对缺失，使得创意与资本、市场的对接不畅，影响了产业规模效应和聚集效应的形成。

调查显示，在集聚区内的部分企业仍处于孤立状态，集聚区内企业存在协作关系的占55.5%，企业合作多体现在合作营销等方面，没有公用设备、合作购买原材料方面的行为。此外有较多的企业选择了其他种类的协作方式。如图4-2所示。

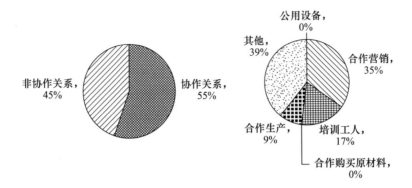

图 4 - 2　企业状态

（2）产学研之间缺乏沟通。集聚区内一些文化创意产业与高等院校的科研院所甚至没有联系，仅仅依靠企业的自行研制，加大了研发成本。大学或科研机构在产学研合作中并没有发挥其应有的功能，教师和科研人员闭门所研究的项目和课题，缺乏与市场的有效对接，科研成果未能成为创意产业集聚创新的重要来源和文化创意的重要供应源。

（四）关于行业中介组织问题

中介服务组织是保证市场经济运转的润滑剂，尤其在文化创意产业集群中，更成为其正常运转的重要支持系统。目前，区域内北京动漫游戏产业联盟、中国版协游戏工委、中关村网页游戏产业联盟等在促进石景山区文化创意产业发展中起到了积极作用，但还存在专业化分工不细，咨询、风险投资等服务产业发展较慢，企业与其联系比较松散等问题。现实的问题是，一些中介组织只有一部分企业申请加入，大部分文化创意企业与中介组织没有直接关系。偶尔与行业中介有关联的少数企业，又由于中介的服务功能不强，难以从中获得技术服务或从业人员培训等多方面的支持。

调查显示，从与中介机构的合作关系看，二者之间缺乏有效联系，只有8%的企业与中介机构保持着经常性的联系，75%的企业与中介机构之间偶尔联系，有17%的企业与中介机构从来没有联系，如图4-3所示。

（五）关于人才保障问题

（1）人力资源存在结构性矛盾。文化创意产业是"头脑产业"，没有创意人才，文化创意产业发展也就将成为无源之水。在美国、英国及日本等文化创意产业发达的国家，从事文化创意产业的从业人员在总就业人数中的比例都超过12个百分点。目前，石景山区文化创意产业人员近3万人，占到全区单位从业人数18.9万人的15.7%，虽然表面上超过了12%，但人力资源结构不合理，石景山

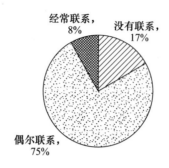

图 4 - 3　企业联系

区创意人才大多集中于价值链的低端，创意空间有限，尤其是高端复合型人才匮乏。在此次被调查企业中，共有职工总数 2478 人，其中本科学历 1423 人，占 57%，硕士学历 93 人，占 3%，博士学历 10 人，占 0.4%。同时，人才质量不稳定，创意从业者在年龄结构上偏向年轻（见图 4 - 4），在学历层次上偏向中低端，人才流动性大，难以整合形成一支优秀、成熟、稳定的创意人才队伍。

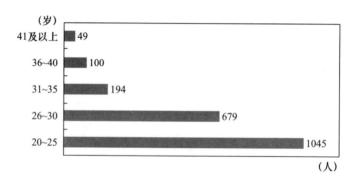

图 4 - 4　在职员工年龄分布

（2）产业资本相对短缺。在创意产业集群发展的过程中，企业资金来源主要依靠企业的自筹资金、银行贷款和各种财政扶持，但来自这三方面的财力比起巨大的产业需求，不能满足所有文化创意企业的要求，使得企业的有些项目不得不因资金不足而放弃。创意企业大都是一些中小型企业，融资难已成为普遍现象，尽管一些金融机构已经推出了知识产权抵押贷款业务，缓解文化创意产业的资金紧张状况，但仍显得杯水车薪，集聚区的一些企业特别是中小企业仍存在资金缺乏的问题，有待建立更为完善的文化创意产业风险投资机制。

（六）关于产业公共服务问题

近年来，石景山区区委区政府高度重视文化创意产业发展，为企业提供了优惠的政策、优良的环境和优质的服务，树立了"石景山服务"的品牌。但由于各种原因，在产业的发展数据采集、产业跟踪监测等方面还很欠缺，公共服务平台服务不足。同时，知识产权保护还需加强，对文化创意产业来说，知识产权是其生存和发展的生命线，对产品原创性的承认和保护，就是对个人创造力价值的尊重和承认。虽然我们采取了多种措施加强知识产权保护工作，但侵权问题依然存在，石景山区很多企业生产和运营的是网络游戏，但该行业存在私服、外挂等问题，从而使得企业蒙受大量损失。

三、北京文化创意企业生存状况评价

（1）北京的文创企业占绝对比例的是民营企业，占86%。民营企业本身具备的灵活性、决策快速、机制灵活等优点有利于文创企业发展，同时，融资问题、技术创新实力问题、市场开拓基础问题、吸引和留住人才难等民营企业自身弱点问题也必然存在。

（2）北京文创企业大都是近三年内成立，大都处于起步期和发展期，处于成熟期的企业并不多。大多数企业需要公共服务支撑才能发展，仅靠单打独斗很难实现可持续发展。约占86%的企业经营状况良好，说明文创行业整体向上，行业利润平均水平较高，市场前景向好。而经营状况一般的企业需要在企业自身管理方面进一步提高。

（3）文创企业员工属知识型人才，"80后"为主体。被调查企业共有职工总数2478人，其中本科学历1423人，占57%，硕士学历93人，占3%，博士学历10人，占0.4%。文创企业是知识创造企业，需要高素质人才支撑企业技术创新和经营。北京原有的人力资源存量不足以支撑文创这一新兴产业发展，大量企业所需人才需要外部引进，这对企业如何吸引人才、留住人才提出了挑战。在职员工年龄分布方面，占绝对比例的是20~30岁的年轻人，"80后"员工是主体，这一群体对生活质量要求较高，对群聚、社交、周边氛围要求很高，否则将很难将其吸引和留住。

（4）政府优惠政策是吸引企业入驻的主要原因。政策优惠排在首位，其次是相关行业集中，这一方面说明我们以政府主导，依靠政策优惠吸引企业进而形成行业集中的效果显著；另一方面也说明我们应该转型，在人才密集、信息、设施等方面下功夫，才能进一步吸引企业。

（5）企业目前急需资金、税收优惠、人才引进、市场开拓和项目引进支持。说明北京企业融资难、人才中介平台少、共享市场平台和项目信息平台短缺的矛

盾突出。从结果也验证了大量文创企业属于中小企业、处于起步期和成长期的结论。

（6）企业单打独斗在市场中发展，合作方式在北京较少。调查主营产品的生产方式，占绝对比例的企业还是孤军作战，合作方式少。这说明北京尽管企业集聚，但集聚功能并未发挥出来，尚未形成上下游产品链条，大量中小企业未接受规模企业的辐射效应。下一步工作应研究如何进一步在企业聚集基础上形成真正的集聚区，使集聚区内形成完整的产业链条，集聚区企业能共享集聚区效应。

（7）北京在中介服务组织建设上非常欠缺。90%的企业几乎没有接受过中介服务。企业生产经营环节不能借助于外部专业中介机构实现，大大增加了企业的交易成本和运营成本。

（8）政府和行业协会在信息发布和传播方面还需要下功夫。企业市场信息、产品信息主要来源依次为：私人社交网络、政府、行业协会。

（9）希望建立创意产业联盟。约占90%的企业希望建立创意产业联盟，并在促进资源共享、整合打造产业链、拓宽市场营销渠道、促进产学研合作、形成品牌效应等方面发挥作用。而这样的产业联盟在区内还没有，应该着手建立并在集聚区内发挥作用。

（10）政策解读、融资支持、对公共技术平台的期望。在企业对搭建文化创意产业公共服务平台，企业希望得到哪些方面的服务的调查结果显示，产业政策解读排在第一位，说明政府在政策出台后，政策的传播和解读并没有做到企业周知，在这方面需要进一步加大力度。第二位是融资支持，大量文创企业是中小微企业，融资困境困扰企业发展，需要政府在金融资本进入、融资渠道开拓上下功夫。第三位是公共技术，要发挥集聚区效应，政策在共性技术研发上应搭建平台，满足企业共性技术的需要。

四、北京文化创意产业特色集群发展中面临的难点

（1）动漫网游是特色产业，但远未形成主导产业，离支柱产业差距更大，不足以支撑区域经济发展。动漫网游在北京行业集中度高、产值占比高、龙头企业多，业已是北京的特色产业。但因为产业规模还小，尚未成为主导产业，更没有成为支柱产业，不足以支撑区域经济发展。同时，在一个区域范围内仅有一个特色产业也还远远不够，应该进一步遴选、培育，在文化、科技双轮驱动下，培育第二个或第三个特色产业。

（2）集聚区还远不是真正意义上的集聚区，集聚和辐射功能远未发挥出来。正如上文SWOT分析，数字娱乐示范区和中国动漫游戏城，都是靠政府政策集聚，企业集聚的内生动力不足。如果仅依靠政府政策推动集聚，企业就会出现

"用脚投票"的现象，即哪里的政策优惠就去哪里办公，优惠期一结束，企业就迁往他处，这种集聚的力量非常弱。而靠企业内生动力集聚，则可以使企业通过企业间的合作、地区的创新氛围、龙头企业辐射作用等形成稳固的产业集群。这类集聚不仅能够降低企业的交易成本，还能使企业获得更大的发展空间。因此，北京下一步应着力打造集聚区，把政策主导的低成本集聚转变为靠集聚区内生动力的创新集聚。

（3）现有集聚区产业重合度高，差异化战略难以落地。北京动漫网游已经形成特色，且大多数布局在园区的数字娱乐示范基地，中国动漫游戏城的定位仍为动漫游戏，两个集聚区产业高度重合，这必然带来区内竞争。因此，目前最重要的任务是中国动漫游戏城项目的产业布局怎样做到和原有的数字娱乐示范基地错位差异发展。

（4）集聚区布局分散、载体不足。北京文化创意企业集聚区功能没有发挥出来的一个重要原因是布局分散，企业集聚发展的载体不足。北京企业注册地、办公场所不一致的很多，即使都在园区注册，在区内办公也是非常分散，没有地理位置上的集聚，就不能形成集聚氛围，相应的集聚区也不能很好地提供服务。再者，北京的载体在提供服务上还存在非常大的差距，很多载体实际上做的就是物业出租和管理，相应的企业服务没有跟上，也是难以形成集聚区功能的一个重要原因。同时，企业进一步发展的载体不足，企业在发展壮大后很难在集聚区进行规模扩张，这些问题应该进一步解决。

（5）集聚区内公共服务平台欠缺，集聚区企业难以借力集聚区功能。公共服务平台可以让企业获得更好的服务与发展。比如，企业可以通过平台获得更多的信息，获得更好的咨询服务，获得更好的人才，这些对于企业的发展是至关重要的。相关调查显示，动漫网游企业在选择区位时最看重的并不是在房租等硬条件上获得多少优惠，80%的动漫企业更看重产业环境，50%的企业要求"扎堆"，为的是产业政策、环境、人才和信息的流通。从调查情况看，北京集聚区缺乏两类公共服务平台，一是共性技术和集成技术服务平台，二是中介服务平台。应该通过平台完善凝聚企业。

第五节　北京文化创意产业特色集群发展的路径
——以石景山区为例

毋庸置疑，一个产业要发展成主导产业必须先成为特色产业，这是差异化战略的必由之路；一个特色产业要发展为主导产业必须依托集聚区，才能把特色产业做专、做强、做大，才能真正成为一个区域的支柱产业。因此，北京要发展文化创意产业，提升区域经济实力，必须坚持走特色集群发展道路。

如图4-5所示，具体来说，要从以下几个方面进行突破：

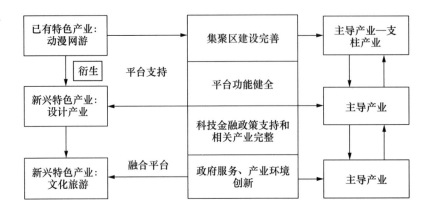

图4-5　石景山特色产业发展扩张逻辑脉络

1. 对已经形成的特色产业——动漫网游，下一步要做的重要工作是如何完善集聚区，依托集聚区发展，把动漫网游这一特色产业做大、做强，保持竞争优势，提高特色产业在北京和全国的市场占有率和知名度，把特色做大、靠集聚做强，形成主导产业和支柱产业

（1）通过集聚区扩大动漫网游特色产业的资本资源。集聚区能使融资渠道更加完善，不断吸引外部资本流入，使企业有充裕的资金开发新产品。在以短时性为特点的动漫网游产业中，产品的推新速度无疑是增强企业生命力的关键。有了雄厚的资金基础，就更有资本发展原有的竞争优势，将特色产业做强、做大，进而提高特色产业在北京和全国的市场占有率。

（2）通过集聚区获得相关产业的支撑。动漫网游产业可以发展成为一个巨大的产业群，其发展与数码、网络、电信、制造、中介、营销等行业相互渗透，产业关联度比较大。动漫网游产业的发展，必须得到这些辅助产业的支持，而这些产业通过支持动漫网游产业，自身也获得了发展。在这些文化相关辅助产业的强大支撑下，动漫网游产业很容易形成集群，这样集聚区内大量的文化企业组成了一条完整的生产链，动漫网游企业可以及时与上游的供应商以及下游的客户进行业务联系，同时还可以通过水平联系借助分包商的生产能力。企业可以调动更多的资源，从而实现资源更有效率的配置。

（3）通过集聚区环境激发良性竞争与创新。集聚区内大量企业集聚，能增强创意产业内部的竞争压力和发展动力，各企业会加大研发投入以获取竞争优势，保持持续的竞争力。这种竞争状况带来的是集聚区的创新活力和不断攀升的科技成果产出率，从而特色产业得以不断发展强化，逐步发展成为主导产业。同时，集聚区内许多创意者聚集在一起，能够给创意人才提供更多的交流机会，企业的知识创新很容易扩散到区域内其他企业，从而促进创新的发生。

2. 借助特色产业品牌，延长产业链、开发衍生产品，进一步形成新的特色产业

在一个区域范围内仅有一个特色产业远远不够，应该在文化、科技双轮驱动下，培育第二个或第三个特色产业，只有这样，才能支撑区域经济实力。随着产业集聚的进一步发展，集聚区内的企业会形成一系列具有内在关联性、构成完整产业链的各种综合要素的集群，这时的集群效应突出表现在围绕产业链条的专业化分工，产业分工的进一步细分和专业化发展，能够催生集聚区内各企业新的竞争优势，从而形成新的特色产业。新的特色产业又通过集聚区的集聚效应做大做强，发展成为主导产业。

（1）以动漫网游为基础，加强文创衍生品设计、开发，打造特色设计产业。动漫网游产业全产业链是文创产业可持续发展的关键。根据国际动漫产业发展的一般规律，产业利润的70%来自于衍生产品，包括图书、玩具、文具、音像制品、服装等。动漫画是动漫产业链条的前端，中间是影视产品，后端就是衍生产品开发。通过文化和科技融合，以科技为手段，解决动漫企业衍生品开发滞后问题，这不仅大大扩展了动漫游戏产业链，提升动漫企业的利润，促进动漫游戏企业可持续发展，而且通过动漫网游品牌优势，借力动漫网游品牌价值，做出北京设计特色产业。

（2）以创意产业为源头，带动内容创作、产品制作和营销等价值环节，打造新的产业形态。以创意带动后续产品开发，形成上下联动、左右衔接、一次投入、多次产出的产业价值链。也就是形成价值扩散导向，使企业创造的核心价值，通过合作开发、技术或者版权转让的形式，扩散到周边产业中，扩大价值产出量。这样，在集聚区中，通过企业之间的价值扩散，发展前项一体化、后项一体化、相关产业、关联产业。就有可能再发展新的特色产业，在集聚区的集聚效应下，新的特色产业同样有机会发展成为主导产业。

（3）以八大处西山文化景区为核心，做好文化旅游新特色产业。做好"文化＋旅游"的融合，这是北京站在世界城市高度，面向国际化高端旅游打造的新兴产业。把西山八大处文化景区升格为更高层面，使之包含更多内涵，更丰富立体。综合西山八大处、永定河、石景山游乐园等自然、人文景区，建设西山八大

处风景文化区。成立区级领导牵头，发改委、旅游局、商委、绿化委员会、金融办、民族宗教办等主要领导作为成员的风景文化区管理委员会，统一规划西山八大处风景文化景区的保护、开发、建设，成立由石景山区国有资本、集体资本参股，由区外大型优质企业主导并经营的运营公司，搭建平台，吸引各类企业参与，建设西山八大处文化区，进一步优化石景山区自然生态环境和风景人文环境，发展休闲、旅游、会议及相关产业，发展体验经济，把石景山打造成离城区最近的、具有现代便利设施和现代管理理念的、供居民旅游、休闲的自然人文景区。这是北京未来非常有潜力的特色产业。

3. 按照产业价值链尽快完善公共服务平台，打造真正意义上的集聚区，切实转变集聚模式

既有经验表明，集聚区要发挥聚集和辐射效应，必须有比较完善的公共服务平台，只有健全公共服务平台，集聚区内企业才可以方便、低成本获取企业发展所需要的资源，企业借力平台发展壮大。推进文化创意产业集群化发展是当代文化产业发展的必然趋势，也是做大做强石景山区文化创意产业的有效途径。根据产业集群发展理论、国内外产业集群发展实践以及石景山区文化创意产业发展现状，石景山区文化创意产业集群发展将有三种并存模式：

（1）政府主导型集聚模式。主要是指北京数字娱乐产业示范基地，它以政府战略规划为指引，在石景山区由传统工业区向文化创意产业集聚区发展中起到了积极作用，今后基地在发展过程中将根据产业发展需要，不断更新升级，为全区文化创意产业发展充当动力引擎。

（2）政企合作型集聚模式。主要指中国动漫游戏城，它是文化部和北京市合作的重点文化创意项目，目前主要由石景山、丰台两区政府以及首钢总公司、中国动漫集团公司四家单位组建联合运营公司，从而推动中国动漫游戏城的规划、建设、运行等系列工作，最终建成全产业链的国家级文化创意产业示范园区。

（3）企业自主型模式。主要指新首钢高端产业综合服务区文化创意产业发展区，按照相关规划，在首钢主厂区中文化创意产业园区，该区域的发展主要由首钢总公司组织规划建设，未来将成为石景山区文化创意产业重要增长极。

目前，北京需要急切做好两类平台：一是专业技术平台，针对动漫网游企业共需的关键技术和集成技术搭建专业技术平台，采取"政府＋市场"模式运作，由政府投入引导资金，吸引社会资本一起构建专业技术服务平台，把握社会效应和经济效应平衡；二是中介服务平台，针对产业需要的中介服务，依托"石景山服务"118工程，选择和出台一些政策，吸引中介公司实施市场化运作。做好石

景山服务和中介市场服务的对接，满足企业对中介服务的需求。从长期来看，要按照价值链，搭建完善公共服务平台，如图4-6所示。

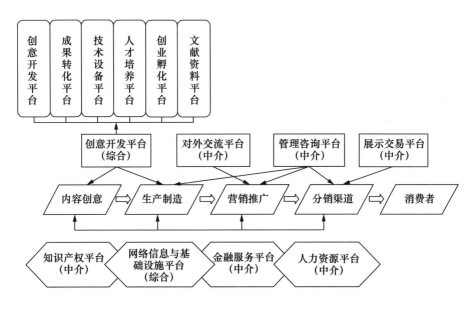

图4-6　基于产业价值链的公共服务平台系统

4. 充分发挥财政资金的杠杆作用，撬动民间资本

在文创特色集群发展中，资金支持是一个重要的因素，北京还要大胆创新文化和金融融合的思路，不仅为特色产业发展保驾护航，更能衍生出一个新的经济增长点。

（1）成立文化创意产业引导基金。整合各口对文化创意产业的支持资金，统一化为政府的融资平台。平台通过整合各级资金来源，以政府基金为杠杆，撬动民间资本，利用市场化手段，落实对文创产业的支持和引导。

（2）创新金融业务，支持企业融资。建议成立"文创企业上市服务团队"，积极为企业改制上市、发行集合票据以及非上市公司股权交易创造条件，满足企业对融资的需求。

（3）成立先导性的创业引导平台。平台作为政府先导性的创业引导平台，将发挥政府资金的种子资本作用，以国有资本先期投入引导战略投资者参与重大项目建设，更好地利用股权、基金等市场化手段与其他机构进行资金合作，通过资本经营服务、培育和辅导创业企业成长，发展特色产业。

5. 针对中国动漫游戏城集聚区，目前急需解决的问题是产业如何落地和集聚区功能完善两个问题

针对产业问题，在中国动漫游戏城这一载体布局哪些产业才能做到和区内特色产业错位发展又互相补充，亟待研究；再者是尽快找到产业对接的思路，这一集聚区应改变"坐等招商"模式，除了我们既有的政策招商模式外，还要靠集聚区功能完善的平台招商，更要走向国际市场，面向全球视野去招商，真正把动漫城这一集聚区做起来。这样，北京就具备两个经济增长点。针对集聚区功能完善问题，因为我们已有数字娱乐示范区经验，在中国动漫城建设中要产业、招商、平台齐头并进发展，先期打造平台，并和已有的数字娱乐示范基地平台相对接，整合区内资源，这样，中国动漫城项目就能发挥作用。建议成立三区合作的管理委员会，由石景山、首钢二通和丰台三区成立管委会，由运营公司具体执行管委会决定，这样北京布局产业才会有主动权。

6. 产业发展要凸显专业化和特色化

创意最大的特点是个性化，要真正形成特色产业集聚，园区的专业和特色的定位至关重要。因此，当下北京文化创意产业的发展必须切实实施科技、文化创新"双轮驱动"战略，营造信息共享、创意共生、互相反馈的园区文化氛围，优化创意产业集群网络的社会文化环境，坚持集聚区的专业化、特色化方向，促进文化创意产业高端发展和创新发展。

（1）加强软硬件建设。硬件方面，要整合资源，加强产业的空间集聚，减少异地办公现象。加强通信网络、市政实施、办公载体、环境改造等基础设施建设，提升投资环境，促进文化创意产业集群化发展，增强产业集聚活力，提高产业发展的正向能力。软件方面，既要为创意者提供舒适的创意环境，培育园区浓厚的创意氛围，以此为基础形成产业链形态的企业集聚，提高园区的文化软实力和核心竞争力，打造具有 CRD 特色的文化品牌；也要为企业提供一个良好的发展环境，培育创新精神、合作思维，促使其借助园区的人力、物力、财力，实现特色化创意。

（2）加强创意品牌建设。完善品牌建设体系，专门投资对区域文化创意品牌进行深度规划、设计和营销。在产业方面，继续发挥动漫、网游、数字媒体特色，盘活存量，推动产业升级。支持企业品牌创新，鼓励企业区域自主合作，尤其是全产业链的上中下游企业的畅通合作，形成研发、制作、销售、衍生品开发一体化的品牌体系。

（3）加强文化创意产业与其他产业的融合发展，以石景山区"一轴、一带、一核、一园、多支点"的空间布局为依托，实施差异化产业发展战略，紧抓优势细分行业，促进各产业协同发展，重点发展数字娱乐、旅游休闲和设计服务产

业，统筹发展会展广告、文艺演出和新闻出版产业。

（4）建立特色集聚区文化创意产业统计指标体系，完善园区文化创意产业数据库，园区文化创意产业统计信息定期发布制度，密切跟踪产业发展动态，为产业发展问题把脉。

7. 产业发展要强化凝聚力和联动功能

园区强有力的凝聚力和企业间联动合作动力加强，有利于集群的稳定和集群网络结构的健全、完善和有效运行。因此，要促进文化创意产业集群的进一步发展，就必须发挥有利于培育网络的积极因素，改善不利于培育网络的消极因素，从而优化集群网络结构，以提升创意产业集群的竞争力。

（1）整合盘活物理空间资源，充分利用首钢主厂区厂房、中国动漫游戏城、奥运场馆释放出来的空间资源，形成产业相对集中的载体群落，减少企业异地办公，增强企业对集聚发展的认同感，以便放大集聚区对资源的放大效应。同时可适当加大宣传推介力度，通过新闻报道、举办活动等形式，提升区域产业及品牌知名度，增强集聚效应。

（2）推动集群内产、学、研的交流，增强彼此间的信任，探索建立彼此间风险共担、利益共享的合作机制，形成自发、自觉行动，推动相互间人才交流，从而提高集聚区内生动力。

（3）促进产业内化融合。在以动漫游戏研发制作为核心，全产业链发展的模式下，需要进一步推动产业集群的内化融合，实现集群内部产业从无序到有序的发展，体现产业集群的内部经济性。为此，要强化集群管理的企业化功能，打造综合服务平台，通过市场化运作，打造一站式入园服务、人才、技术、资金、项目等符合产业链要求的大产业综合服务平台。要强化集群内部协调机制，促进集群内部企业和产业链之间的项目、资本、人才、技术、设备等市场化交易，增加企业的交换机会，降低企业成本，从而取得产业集群的规模效益、内生效益和范围经济效益。

（4）扩张产业链。突破产业边界模糊性，创新产业链，大力发展和扶持特色产业的相关产业和企业，鼓励其他入园企业开拓相关业务。此外，推动产业链条上的互补和合作，既能吸引更多关联和支持企业向园区集聚，又能取得动漫游戏产业技术的外溢效应，使得整个产业链条的技术水平上升到新的高度。

8. 进一步增强产业集群投融资能力

文化创意企业大多生产以知识产权为基础的新型文化产品，其企业特点是规模小、资金投资大、投资回报周期长、价值难于评估。所以，文化创意企业尤其是中小企业融资难是一个普遍存在的问题，也是中小文化创意企业存在的先天性制约因素。同时，文化创意产业的核心是知识产权的交易和运营，而知识产权的价值不易评定使得文化创意产业融资难更加突出，因此融资难成为了横亘在创意企业发展中的最大瓶颈。今后在推进文化创意产业发展的进程中，要不断加大政策支持和资金投入，逐步建立起财政资金带动社会资本跟进，包括风投、文化创意产业引导基金、文化创意产业投资基金、上市融资、企业债券、银行信贷、信托融资等多元投入并举的文化创意产业投融资服务格局，如图 4-7所示。

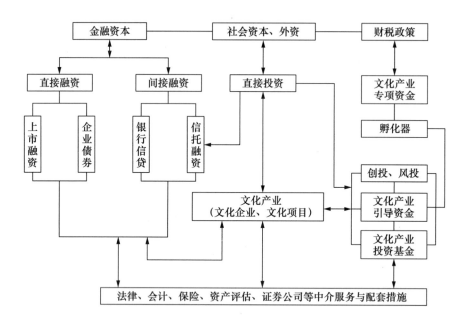

图4-7　金融与文化创意产业对接示意图

目前可做的工作包括：①建立或借力第三方知识产权评价机构，建立文化创意产业的知识产权评价制度，改善文化创意产业投融资环境，打通其投融资瓶颈。②完善文化创意产业发展政策，提高文化创意产业专项资金的使用效率，改变过去"撒芝麻盐式"的普惠扶持为重点支持具有带动性和示范性的重大项目，既要扶持具有高成长性的中小企业成长，又要支持重点企业做大做强，充分发挥其辐射作用。③建议设立文化创意产业引导基金，为文化创意企业提供直接融资。一种方式是引导基金可以与其他投资机构合作，共同成立子基金，引导资金通过向子基金投资，将资金向区域内文化与科技融合企业和项目进行投资，引导基金在子基金中的投资份额在约定期限内退出；另一种方式是跟进投资，即引导基金限定的合作投资方（包括其他基金）对文化与科技融合支持范围内的项目先行投资，引导基金在子基金中的投资份额在约定期限内退出。在基金管理上，先导基金招标聘请专业的机构进行运作，实施严格的财务和项目评审制度。④采取对贷款业务进行补助，继续组织发行文化创意中小企业集合票据，充分发挥小额贷对中小微企业的扶持作用，鼓励担保机构为文化创意企业担保提供融资服务。⑤整合相关社会资源，创建专门的创意交易平台，完善现有版权交易平台，降低文化创意产品交易成本，实现文化创意产品的价值转化。

第五章　北京文化创意产业公共服务平台研究

进入 21 世纪，以人的创造性和智慧为核心的文化创意产业蓬勃兴起，已经成为世界产业和城市发展的新趋势。各国纷纷出台相关政策促进本国文化创意产业的发展。公共服务平台作为产业发展最重要的助推器之一，在传统产业中发挥的作用十分巨大。而文化创意产业作为新兴战略产业更加需要符合其产业特点的公共服务平台。随着石景山区的经济结构调整和产业结构转型迈入关键时刻，加速区域特色文化创意产业的壮大必须合理构建和不断完善公共服务平台，为聚集区的创意企业提供其急需的公共服务。

第一节　文化创意产业构建公共服务平台的必要性

20 世纪 90 年代，英国最早将"创造性"引入文化政策文件，并在 1998 年出台的《英国创意产业路径文件》中明确提出"创意产业"的概念，将其定义为：起源于个体创意、技巧及才能，通过智慧财产的生成和利用，而有潜力创造财富和就业机会的产业。经过几年的发展，英国的创意产业已超过金融业成为其经济新的增长点，创意行业相关的就业人数占到其全国就业人数的一半。这样的成绩离不开政府支持及必要的公共服务体系。在我国，文化创意产业近几年在全国各大主要城市的发展势头非常迅猛，但普遍存在着硬环境和软环境都不能满足其快速发展的需要，严重制约了其进一步发展。因此，构建产业公共服务平台已经越来越成为决定文化创意产业进一步发展的要素之一，主要表现在：

第一，文化创意产业相比传统产业处在成长期，亟须政府投资公共服务平台，实现对整个产业的支持，推动产业发展。此外，文化创意产业的生产单位以小企业偏多，大企业偏少为特点。构建公共服务平台能够整合各种资源，给企业提供其自身无法实现的功能，大大降低其创新创业成本和风险，提升企业的可持续发展能力。

第二，创意孵化和知识产权保护是文化创意产业正常发展的两个最基本的条件。创意孵化过程一般包括形成点子、创作作品与开发产品3个阶段。其中，很多关键环节必须获得公共服务平台的支持。对于文化创意产业知识产权的保护不仅仅限于政府出台知识产权保护的相关法律法规，更重要的是能为创意企业提供富有成效的法律援助服务，切实维护创意企业的利益。

第三，创意产业价值链的关键盈利点在于内容创意和传播渠道。抓住这两点就等于掌握了创意产业企业盈利的根本。但由于文化创意企业普遍比较弱小，人才资源和市场资源十分匮乏。因此，构建公共服务平台会大大强化创意企业在这两方面的实力，从而提升创意产业聚集区的整体竞争力。

第四，构建文化创意产业公共服务平台促进了政府职能的转变和管理的进步。政府不仅能利用这个平台为大量的企业提供服务，提高财政资金使用效率和效果，也可从中获得关于行业和市场有效的资讯，用以完善政府下一步的宏观管理决策，有利于出台更加完善的产业政策。

第五，构建高效的公共服务平台是招商引资的重要手段。从可持续发展角度讲，文化创意产业聚集区的发展和壮大除了政府的扶持，更需要不断的资本投入和优秀企业的入驻。良好的基础设施和完善的公共服务无疑是最具吸引力的东西。

第二节　文化创意产业公共服务平台的构建理论分析

一、文化创意产业公共服务平台及其特点

2008年，北京科学技术委员会项目《文化创意产业公共服务平台研究》将"文化创意产业公共服务平台"定义为以资源共享和产业服务为核心，聚集和整合政府、企业、科研院所和高校的文化创意条件资源，运用信息、网络等现代科技形成的物质与信息服务平台，通过建立共享机制和运营管理组织，为文化创意产业发展提供公共便利、创造公共条件的开放、共享的服务网络、体系或设施。这个定义体现了共享性、服务性和开放性，这三点构成了公共服务平台的公益性。文化创意产业公共服务平台还具有战略性、综合性和特色性等一般公共服务平台的性质。这些一般性质还存在着一定的逻辑关系，如图5-1所示。

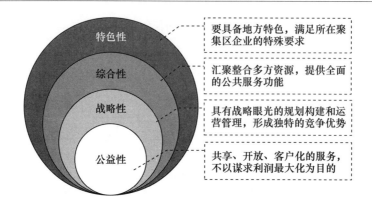

图 5-1　公共服务平台的一般性质

基于文化创意产业的特点，其公共服务平台的独特性主要表现在以下几个方面：

第一，创意孵化是最根本的竞争力。创新性是文化创意产业的根本属性，因此该产业公共服务平台必须擅长提供创意孵化方面的公共服务，并以此为平台最根本的竞争力。

第二，发挥与其他产业融合的中介作用。文化创意产业需要与传统产业相融合才能发挥出最大的潜力，因而该产业公共服务平台除了提供公共服务，还扮演着与其他产业相联系的中介角色，为促进产业融合而努力。

第三，知识产权保护要先行。文化创意产业公共服务平台一般会设立专门的知识产权保护平台，这一平台提供的保障服务要贯穿于创意开发、成果转化和产品行销等各个环节，从而预防利用公共服务平台的"公共性"侵犯他人知识产权的行为。

第四，创意推动平台创新。文化创意产业公共服务平台自身也要成为一个创意主体，不断利用创意推动平台各方面的创新。

第五，信息化和高科技化。文化创意产业与高科技关联紧密，互动共生。高技术与创意产业的融合是抢占21世纪创意产业制高点的一条捷径。其公共服务平台的信息化程度和高科技水平尤其重要。

二、文化创意产业公共服务平台的构建原则

为了更好地促进文化创意产业的发展，构建公共服务平台除去要考虑公共服务平台的总体性原则外，还必须有结合文化创意产业特点的具体原则。构建公共服务平台的总体性原则如表5-1所示：

表5－1　文化创意产业公共服务平台构建原则

构建原则	具体内容
政府引导和市场机制相结合	在平台构建中，政府要投入一定的引导资金并出台相应的激励政策，充分利用市场机制，吸引社会力量参与建设
区域需求和国家布局相结合	平台的构建既要充分满足地方特色产业发展的需求，又要融入国家整体平台建设当中，发挥国家和地方的资源优势互补作用，形成管理联动机制
经济效益和社会效益相结合	构建公共服务平台首先保障其公益性，其次考虑如何实现平台"自身造血"维持其运营，并给予参与方应得利益，从而提高其积极性
重点先行与全面构建相结合	先重点构建平台最核心的一些功能，形成基本的公共服务体系。然后依据创意企业需求总体变化，逐步完善公共服务平台的其他功能
软硬平台与虚实平台相结合	软硬平台是提供服务内容有别，虚实平台是提供服务方式有别。这四种平台的结合是有机的，不同的服务一定要采取最佳的服务传达方式
整合资源与交流互动相结合	在平台构建的前、中、后期与平台用户充分沟通并确定其需求，从而合理规划构建，筛选和优化加盟方，高效配置资源实现真正客户化服务
统筹规划和分步实施相结合	统筹规划是确保平台数量、布局、类型等是合理的，避免出现重复建设等资源浪费的现象。分步实施是稳步扎实推进平台建设的重要方式

除了一般原则，构建文化创意产业公共服务平台还需特别注意以下几个方面：

第一，在构建之前，要对文化创意产业的特点和发展规律及其公共服务平台的相关理论进行深入研究，把握构建文化创意产业公共服务平台的一般原理和特殊原则。

第二，公共服务平台的构建模式要与文化创意产业不同生命周期阶段的特点相结合，每一个阶段的构建重点都要突出、准确。政府在其中扮演的角色也要因产业发展阶段的不同而不同，经历一个从主导者到引导者再到协调者的变化过程。

第三，对于相对不成熟的文化创意产业，其公共服务平台的构建要与产业聚集区（基地、园区）的形成相互借力、相互促进。

第四，文化创意产业公共服务平台要特别重视不同子平台之间的沟通协作配合机制建设。应该站在推动整个产业发展的高度整合这些平台，使其发挥出应有的协同效应。

第五，公共服务平台服务模式的构建既要紧扣其文化创意产业价值链和盈利模式的需求，体现地方的发展规划和主打特色，又要能够与时俱进、科学发展。

三、文化创意产业公共服务平台的构建内容

（一）基于产业链的公共服务平台体系的基本架构

国内学者厉无畏在其《创意产业导论》一书中指出创意产业是具有原创性、具备知识经济特性和高度文化含量的一种产业。其产业价值链是将原创性的文化创意规模化、产业化，使之产生经济效益的一系列重要的环节组成。创意产业的基本价值链主要有内容创意、生产制造、营销推广、分销渠道和消费者五个主要环节。由于文化创意产业在我国仍处于起步阶段，产业链中的许多环节都需要通过公共服务平台的支持来逐步完善。因此，将不同类型的公共服务平台进行整合，形成基于产业价值链的公共服务平台系统是十分必要的。在这个系统当中，产业价值链的各个重要环节都有相应的平台提供公共服务，实现了全产业链的支持模式，从而加速产业的发展。

创意产业公共服务平台体系的构建参与主体应该多样化。政府在其中发挥的作用或者说是扮演的角色要灵活，这样才能提高平台构建和运行的效率。而且不同的公共服务平台应该依托特定的主体建设，从而充分发挥这些主体的资源和能力优势，另外也能够减轻政府的财政压力。这些主体主要有高校和创意机构、园区管理机构、政府相关部门、创意龙头企业、行业协会组织和国外相关机构六类主体。针对每一种类型平台，在政府引导和上述有关主体的参与下，适当地引入有经验的运营机构，以使得整个平台的建设能够发挥出各方的优势。平台体系构建主体及相互关系如图 5-2 所示。

基于图 5-2，平台构建的思路有四种：一是具有公共性和盈利性的平台往往倾向于通过政府资金引导，吸引社会资本参与建设。比如创意开发平台、网络信息与基础设施平台、成果转化平台、管理咨询平台、人才培养平台、文献资料平台等。二是对于投资巨大、风险高、专业性又很强的平台，一般由政府通过贷款贴息、项目补贴等方式，以龙头企业为引导，鼓励多家企业共同投资建设，以期减少风险。比如技术设备平台。二是由政府投资，公益性很强的平台，通常是由政府通过申报评审或招投标选择平台的设计单位、建设单位和运营机构，并对整个过程进行监管。比如知识产权平台、金融服务平台、人力资源平台等。四是由非营利组织如行业协会主导的平台，借助政府充分的资源支持委托给专业机构来建设。比如，展示交易平台、对外交流平台等。

（二）公共服务平台构建的组织实施方式

文化创意产业公共服务平台的构建一般通过项目立项组织实施，主要采取定向组织、申报评审和公开招标等方式。平台项目立项需要项目承建单位（主要指

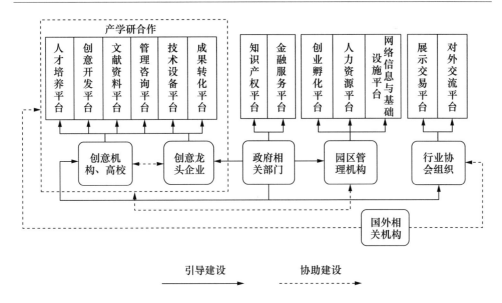

图 5 - 2　平台体系构建主体及相互关系

运营机构)、政府主管部门和建设主要参与者三方签订项目计划任务书和项目合同，它们为项目验收、中期检查和项目绩效评估提供依据。定向组织主要根据产业发展需求和平台总体规划，在充分调研的基础上，对不具备竞争条件的平台项目，组织相关单位制定具体实施方案，经考察及专家论证同意后，立项建设。申报评审是符合一定资质的申报单位，通过提交项目申请书由政府部门和相关专家进行评审和可行性论证，通过评审后编制项目任务计划书，再经科技和财政部门审批通过后签订项目合同，准予项目建设。公开招标一般需要组织专家咨询，确定具备招标条件的平台项目，制定平台项目招标书，向全社会公布，按照招投标程序确定中标对象，经现场考察及同行专家论证可行性研究方案后，立项建设。结合不同性质的公共服务平台，表 5 - 2 显示出了每种平台理论上的组织实施方式。

对于公共性兼营利性的公共服务平台，一般是通过政府资金引导，吸引社会资本参与建设。从鼓励社会资本参与的角度看，申报评审这一组织实施模式给予了主要参建方更大的自由度，从而提高其积极性。另外，推荐择优与招投标相比也会降低项目立项成本。对于投资大、风险高、专业性强的公共服务平台主要是依托于龙头企业或几个大型企业构建。由于这一平台项目不具备竞争条件，因此采用定向组织会提高效率。对于政府或非营利组织投资，公益性强的公共服务平台，需要提高资金的使用效率和效果。采用招投标的方式会保证公平地选择到合适的参建主体。

表 5 - 2   不同性质平台的组织实施方式

构建方式＼平台性质	公共性兼营利性	投资大、风险高、专业性强	公益性强、政府或非营利组织主导
定向组织		技术设备平台	
申报评审	创意开发平台、网络信息与基础设施平台、成果转化平台、管理咨询平台		展示交易平台、对外交流平台 创业孵化平台 人力资源平台
公开招标	文献资料平台 人才培养平台		知识产权平台、金融服务平台

（三）产业公共服务平台的外部管理和内部组织结构

创意产业公共服务平台的构建需要有一个完善的组织领导层，即外部管理组织，一般包括协调指挥小组、建设管理团队、专家咨询委员会和平台管理中心。协调指挥小组主要由政府相关部门领导组成，从宏观上统筹规划和指挥协调平台建设；建设管理团队是协调指挥小组的下设部门，成员由抽调的政府相关职能部门工作人员组成，负责平台的具体建设工作；专家咨询委员会由政府邀请相关领域的专家组成，主要为平台的构建出谋划策；平台管理中心是平台的一个常设机构，主要负责各类平台的协调管理监督工作，并承担建设团队交办的日常事宜。组织领导层的结构关系如图 5 - 3 所示。

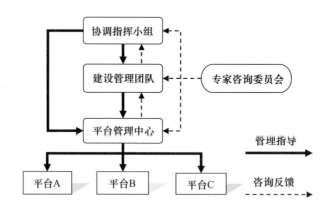

图 5 - 3   平台外部管理组织结构图

组织领导层各个组成部分需要职责清晰、分工合理，其具体职责如表 5 - 3 所示。

表5-3　平台外部管理组织各层级工作职责

主体	工作职责
协调指挥小组	确定平台建设指导方针，审定平台建设规划、计划和实施方案，协调资源建设和共享工作等
建设管理团队	平台建设调研，编制平台体系建设规划、计划和实施方案，组织落实平台建设实施方案，协调解决平台建设和运行中出现的问题，组织平台建设相关项目的立项、评估和验收，研究制定资源共享法律、法规和政策，组织第三方机构进行服务评估
平台管理中心	审批各类平台理事会提交的具体建设方案，审批各类平台的年度工作计划和年度工作报告，审批各类平台的年度财务预算和年度财务报告，审批各类平台制定的运行和服务规范，审批平台的管理办法、章程等，协调不同平台的服务资源和政府补贴资金的投入，监督各类平台服务质量和资金的使用情况，协助平台建设相关项目的立项、评估和验收以及收集各类平台的相关信息并反馈给建设管理团队等
专家咨询委员会	就平台建设的指导方针、规划和政策法规等提供咨询，协助审定、评估平台的中长期发展规划、重大措施、重要规章或重点项目等并提交评估报告，对平台的服务方向、服务领域、基础建设等提出建议，协助解决平台建设和运行管理中存在的问题以及评估平台建设和运营的实施效果等

　　合理的平台外部管理结构是决定平台构建效率与效果的重要基础，而完善的内部组织结构设计是平台运行的重要保障。公共服务平台的内部组织结构一般有三个重要组成部分：平台理事会、平台运营机构和服务机构系统，其结构关系如图5-4所示。

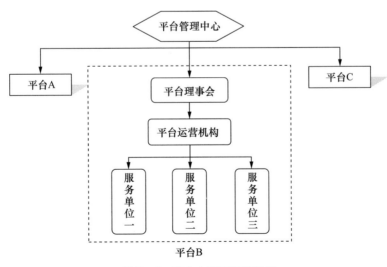

图5-4　平台内部组织结构图

平台理事会处于平台的决策指导层，是把握平台运行管理方向，做出有关平台运营的重大决策，实现平台持续发展的组织和智力保障。平台运营机构处于管理运作层，是实现平台日常运行管理和服务支持的核心机构。服务机构联盟处于协作服务层，由全面实现平台协同服务功能的各专业服务机构组成。它们的组建和具体职责如表5-4所示。

表5-4　平台内部组织各层级的组建方式和工作职责

平台机构	组建方式	主要职责
平台理事会	由政府相关部门代表、出资机构代表、运营机构代表、服务机构代表等组成	执行平台建设方案，制定平台的中长期发展规划、年度工作计划和年度工作报告。制定平台的年度财务预算和年度财务报告。制定平台运行管理办法、章程等并组织实施。组织对平台参与单位的绩效评估，提出调整议案。决定平台管理运行过程中的其他重大事项
平台运营机构	由核心服务机构或者委托专业机构运营管理	组织实施平台资源建设和服务功能开发，获取用户服务需求，协调各种服务的供给与收益分配、服务价格的制定。另外，还负责平台的资源加盟管理、服务推广和宣传工作等
服务机构系统	由各类服务机构和单位组成	提供各种具体服务，如创意开发、人才培训、投融资、管理咨询等

考虑到不同类型公共服务平台构建的具体情况，在设计平台内部组织结构时需要在上述一般形式的基础上进行必要的调整。

（四）公共服务平台的制度体系

文化创意产业公共服务平台的制度建设要坚持与国际惯例接轨，与国家有关法律法规衔接的原则，主要围绕平台建设、管理、运行三个方面形成制度保障体系。在平台建设方面，首先，应该出台有关规范不同政府部门和其他组织合作促进平台建设工作开展的制度安排。其次，针对平台项目立项、组织实施、项目验收、经费管理等环节制定相应的制度规范。再次，对公共资源共享进行规范，建立信息公开、采购评议、共享评估等制度，从源头上减少重复立项和重复建设，提高资源利用率。最后，由于产权的明确界定是创意资源市场配置的前提，因此要制定完善的产权制度来保障公共服务平台的正常运行。在平台管理方面，不断完善平台治理结构、重大事项报告、专家咨询、会员加盟、激励措施、服务绩效评价等方面的制度安排。在平台运行方面，要对平台的服务标准、产学研合作、服务协调统筹、服务补贴等方面做出制度规定。通过这一整套制度的制定，形成了文化创意产业公共服务平台的建设、管理、运行的良好秩序，有力保障了创意产业公共服务的提供。

（五）公共服务平台的运行机制

"机制"一词原指机器的构造和工作原理。后来被广泛运用到很多领域，指某个系统内部各要素之间相互作用的过程和方式。通过机制设计，系统能发挥出其应有的功能。文化创意产业公共服务平台运行机制是平台生存和发展的内在机能及其运行方式，是平台的经营系统、创新系统、财务系统、人力资源系统等运行过程中各个环节内部和各个环节之间本质的内在的相互关联、相互制约的工作方式总和。公共服务平台的运行机制可进一步划分为平台发展机制和平台控制机制。简单地说，前者是用来确保为用户提供公共服务；后者是确保这些服务的提供是高效的、稳定的、可持续的。平台发展机制主要包括服务创新、人力开发、服务整合协同、服务流程再造、产学研合作、利益协调、激励（收益分享、竞争淘汰）、积累投入、信息交流等机制。平台控制机制主要包括理事会决策与监督、绩效管理、风险预警、目标管理等机制。

公共服务平台运行机制的构建需要从平台的内外部环境两方面考虑，外部环境是影响因素，内部环境是决定因素。外部环境要素主要包括政策法规、经济环境、行业前景、社会文化等。从目前的情况看，文化创意产业公共服务平台具有良好的外部发展环境，无论是从政府出台的政策法规上还是行业发展前景上来看都非常有利。内部环境要素主要包括平台的产权、治理结构、管理体制、制度体系和不同层次相对分散的微观机制等。机制的构建要通过体制、结构和制度的建设实现。另外，统筹整合不同层次相对分散的微观机制也是平台运行机制形成的非常重要的条件。

四、北京文化创意产业公共服务平台构建的思路

对于文化创意产业公共服务平台构建思路的理论研究主要涉及两个方面，包括基于产业生命周期的平台构建方式和文化创意产业公共服务平台构建过程。

（一）基于文化创意产业生命周期阶段的平台构建方式

随着文化创意产业的发展，其不同阶段需要的公共服务的内容与数量是不同的。另外，市场上所能提供的公共服务也是随着产业的发展在不断变化和完善。因此，文化创意产业公共服务平台的构建方式、运行机制等要与产业的发展阶段相适应。

第一，产业处于初创期的平台构建。在初始阶段，产业急需产业化技术的开发和创意人才及其相关的各类人才的培养，为产业的发展奠定基础。为了满足这一时期的产业需求，构建创意研发平台是一个很好的选择。由于此时企业数量

少、规模小，对公共服务的需求总量不足，难以市场化运作，因此平台构建的经费来源要以政府财政投入为主。平台构建可以依靠政府引导本地的科研院所、高校负责，采用灵活的非盈利机构的组织形式，社会化运作。创意研发平台具体子平台的构建会循序渐进地进行，可先围绕创意开发、人才培养等建立平台。另外，政府要引导园区或聚集区管理机构负责筹建网络信息与基础设施平台、人力资源平台、创业孵化平台。这些平台对于招商引资、人才交流与引进和培育企业等都发挥着至关重要的作用。

第二，随着产业开始成长，创意企业的数量不断增多，但规模仍然以小企业为主，只有个别有潜力的企业开始崭露头角。此时企业的知识产权保护、融资问题日益突出，需要政府相关部门联合建立知识产权、金融服务等平台。在前一阶段的基础上，随着产学研合作机制的深入发展，创意研发平台要进一步完善，文献资料平台、管理咨询平台、成果转化平台和技术设备平台要逐步到位。另外，政府引导行业协会负责的展示交易平台和对外交流平台也要开始建设，为企业创造更多的市场资源以及提升区域文化创意产业品牌吸引更多的创意企业入驻。

第三，产业步入成熟期也是公共服务平台进入调整和完善的时期。调整和完善的对象主要包括平台的体系、管理和运行。任何平台的体系都不可能在初建以后就保持一成不变，它必须根据产业需求变化不断调整组成部分的类型、结构等。平台是个组织，需要管理方式不断地革新才能推动组织变革实现可持续发展。其中，尤其要完善平台的治理结构，要对运营机构进行有效的监管和绩效考核，在产业发展的不同时期对于同一平台可能需要调整建设主体和运营主体，例如技术设备平台在产业成长期时建设主体是政府，但随着产业中一些企业实力的增强和龙头企业的出现，这类公共服务平台依赖这些主体建设会更加有效；对平台的运行也要调整，不断完善平台的运营机制，对平台加盟服务机构及其服务的领域、规模和深度实行动态管理。

第四，衰退阶段对于总体文化创意产业来说也许是不可能的。不过，总体产业下的一些个别产业的衰退期还是可预见的。对于处在衰退期的产业，新的公共服务平台已没有构建的必要。对于还有价值的产业，需要现有的平台创新服务来延缓产业衰老；对于已经没有价值的产业，公共服务平台要及时终止相应的功能以节约资源。

不同产业生命周期阶段对应构建的平台类型和构建主体如表5-5所示：

（二）文化创意产业公共服务平台构建的过程矩阵

文化创意产业公共服务平台构建的过程矩阵包括横向和纵向两个维度。横向维度是平台构建的三个主要环节，包括创建、管理和运行。创建主要是指在平台

表5-5 基于产业生命周期的平台类型和构建主体

	初创期	成长期	成熟期	衰退期
平台类型	创意开发平台、人才培养平台、网络信息平台、人力资源平台、创业孵化平台	知识产权平台、金融服务平台、文献资料平台、管理咨询平台、成果转化平台、技术设备平台、展示交易平台、对外交流平台	两个时期所有平台的优化升级，包括平台的体系、管理和运行	平台的服务升级或者功能削减
建设主体	创意机构 高校 园区管理机构 政府有关机构	政府有关机构 高校 创意机构 龙头企业 行业协会	建设主体需要依据实际情况作出调整	建设主体需要依据实际情况作出调整

规划指导下的平台体系、相应保证措施和基础条件的构造过程。管理主要是平台内外部组织管理机制的形成过程。运行主要指平台进入角色发挥作用的过程。这三个环节在实践当中界限往往不是十分清晰，因此其构建需要统筹兼顾、协同推进。纵向维度是从时间和进度上讲平台构建的不同阶段，主要包括规划启动阶段、全面推进阶段和巩固提升阶段。在不同阶段上，平台要完成的任务是不同的，后一个阶段都是在前一个阶段的基础之上不断推进和完善平台的构建工作。那么将两个维度结合在一起，就形成了文化创意产业公共服务平台构建的过程矩阵，如表5-6所示。

表5-6 平台构建的过程矩阵

纵向 ＼ 横向	创建	管理	运行
规划启动阶段	制定和完善平台建设总体规划，出台平台构建的管理办法，物理基础设施的到位，基础核心资源的整合，立法工作开展等	试点平台外部管理和内部组织结构的搭建，岗位职责的确定，人才的到位，管理制度的制定，管理机制的形成等	服务机构的加盟，各种服务的协同，利益协调机制的确立，绩效评价机制的建立，运行机制初步形成等

纵向＼横向	创建	管理	运行
全面推进阶段	初步建成创意产业链全面支持模式的公共服务平台体系，比较完善的网上和网下服务系统，知识产权保护等法律法规不断完备等	提升和完善上一阶段管理环节中各项内容，不断完善平台的产权制度，引入优胜劣汰的平台考评机制，建立动态的人员流动和合作机制等	完善上一阶段运行环节中的内容，实行多样化的业务运作方式，建立明确的成果收益分享机制、经费投入机制和服务创新机制等
巩固提升阶段	根据社会经济环境、产业生命周期、企业需求的变化，建立平台体系的动态调整机制；形成完善的政府引导社会参与的构建模式等	注重平台组织变革提升管理效率，加大平台服务人才的开发激励，形成平台独特的服务文化，构建平台可持续发展的能力等	服务内容和质量的深度挖掘，服务流程再造提高服务效率，会员的人性化管理，不断运用信息化的最新成果提升服务运行的效果等

第三节 文化创意产业公共服务平台绩效评估

一、文化创意产业公共服务平台绩效评估的必要性

文化创意产业公共服务平台绩效评估的是公共服务平台终极目标的基本价值判断、价值确认和利益选择。不同类型公共服务平台，决定了不同的评价价值取向和具体的指标设计，而政府主导的公共服务平台是绩效评估的一个重点。公共服务平台的绩效考核主要集中体现在平台为企业提供公共服务的质量和水平。政府在公共服务平台的主要职责不仅在于投入资金，更大程度上在于通过有效的评估机制来促使平台增强服务意识、降低服务成本、改善服务方式、提高服务效率、增强服务能力。因此通过绩效评估的方式来促进和监管平台的有效运行显得尤为重要。

根据公共服务理论，提高公共服务平台经营水平的核心在于做好公共服务平台的管理工作，而绩效是对公共服务平台的成绩与效果的全面、系统的表征。绩效这一概念最早在工商企业中使用，用以综合代表企业的效率、财务指标、市场占有率、内部激励结构以及企业文化等各种指标，并且通过一定的有效途径整合

可以衡量或评价的企业行为的指标体系。通过这一指标体系，基本上可以反映出一个企业的整体表现和状况。绩效实质上就是基于一定的能力在履行职能中的投入和产出比率。而公共服务绩效评估是根据公共服务平台的效率、能力、质量、公共责任和社会公众满意度等方面的分析与判断，对平台公共服务过程中投入产出、中期成果以及最终成果所反映的绩效进行评定和划分等级的过程。通过对公共服务绩效进行评估，有利于评判文化创意产业公共服务平台在对文化创业产业服务过程中的3E（效率—效能—效用），而且有助于我国目前所进行的战略性新兴产业的培育和发展，真正能做到成为衡量公共服务平台的标准体系。

二、文化创意产业公共服务平台绩效评估体系的构建

公共服务平台一方面要通过政府引导、企业支持、区域合作汇集各种资源，加强文化创意产业公共服务平台的建设，完善公共服务体系，为我国文化创意企业提供开放、优质服务的平台；另一方面是加快专业性公共服务平台的建设，从技术转让、投融资、知识产权保护、交流等提供专业的公共服务，最终实现国际化、专业化的服务体系。为企业提供技术服务，降低企业创新成本和技术门槛。搭建信息服务平台，促进知识经济发展，主导并参与关键的重大项目。鉴于此，公共服务平台的具体考核评估设计如下：

（一）评估主体

公共服务平台的绩效评估可由政府购买的第三方实施绩效评估，也可以直接由政府评估。

（二）评估指标

总体目标是为促进文化创业产业升级，带动石景山区经济发展，从经济效益和社会效益两方面考察，具体如下。

考核文化创意产业公共服务平台的经济效益，主要基于平衡计分卡的角度衡量公共服务平台的运营状况，据此而设计出具体的指标。

1. 内部流程

（1）运行机制。考核平台管理制度、服务规则的制定与执行情况，判断平台是否制定了健全的管理制度，执行是否充分，平台的服务规则是否科学合理。

（2）运行质量。考核平台运行的稳定性和对平台的维护状况。

2. 财务指标

（1）融资能力。

（2）总收入与人均收入。

（3）利润率。

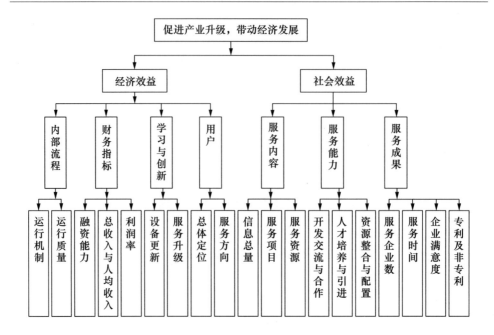

图 5 - 5   评估指标

3. 学习与创新

（1）设备更新。

（2）考核平台设备更新周期和更新率的情况。

（3）服务升级。考核平台是否根据文化创意企业的需要而不断改善并提升服务的情况。

4. 用户

用户角度正是从质量、性能、服务等方面，考核平台的表现。

（1）总体定位。考核平台总体定位的科学性、合理性、可行性，从总体上定性判断平台向文化创意企业提供资源共享服务和公共技术服务的能力。

（2）服务方向。考核平台服务方向的科学性、合理性、可行性以及平台向文化创意企业提供资源共享服务和公共技术服务的能力。

（3）服务绩效。为考核文化创意产业公共服务平台的社会效益，再考核社会效益，主要考核平台提供哪些服务以及提供服务的具体质量如何，据此可从服务内容、服务能力、服务成果三个方面来考核。

5. 服务内容

（1）信息总量。考核平台的信息总数目以及资源总量。

（2）服务项目。考核服务的项目，除包括测试评价、开发设计、信息咨询等服务项目外，还包括数据库及网站的浏览、点击、下载情况，企业的孵化情况，仪器设备的共享服务情况以及各项服务的收入情况等，注重考核平台的社会效益。

（3）服务资源。服务资源指公共平台所拥有的仪器、数据库（包括资源、数据、文献等的记录、登记和建库）、网站三类向企业提供共享服务的资源。

6. 服务能力

（1）人才培养与引进。考核平台专业人才的培养与引进人数，平台对现有固定人员进行培训及再教育情况。

（2）开放交流与合作程度。考核平台技术交流，与其他区县、省市的合作和交流情况，是否有稳定的合作渠道。

（3）资源整合与配置。考核平台整合与配置区域资源的数量与质量，如对周边高校、研究所以及其他公共服务平台的设备、人才等资源利用情况。

7. 服务成果

（1）服务企业数。考核平台服务过的企业数量，用以反映平台的影响度。

（2）服务时间。考核平台对文化创意企业累计服务的时间。

（3）企业满意度。考核被服务的文化创意产业对平台的认可及评价情况。

（4）专利数及非专利数。考核与文化创意产业合作过程中创造或开发的检测测试方法和设备维护使用方法等专利或非专利的被认定情况，包括：受理和授权专利及知识产权等。

（三）公共服务平台评估指标体系权重设计

为研究各个指标间重要性大小，我们采取层次分析法，层次分析法是将一个复杂的多目标决策问题作为一个系统，将目标分解为多个目标或准则，进而分解为多指标（或准则、约束）的若干层次，通过定性指标模糊量化方法算出层次单排序（权数）和总排序，以作为目标（多指标）、多方案优化决策的系统方法。

层次分析法中的判断矩阵采用两两比较法来比较判断两个同级评价指标相对重要程度，具体含义如表5-7所示。

表5-7 判断矩阵

量化值	指标比指标
1	同等重要
3	稍微重要
5	较强重要
7	强烈重要

量化值	指标比指标
9	极端重要
2, 4, 6, 8	两相邻判断的中间值

求出判断矩阵后进行一致性检验，即将其一致性指标 CI 与平均随机指标 RI 的比值 CR 与 0.1 比较，若 CR 不大于 0.1，则认为判断矩阵通过检验，否则就不具有满意一致性。

其中，$CI = \dfrac{\lambda_{max} - m}{m - 1}$，$CR = \dfrac{CI}{RI}$

平均一致性指标 RI 标准值如表 5-8 所示。

表 5-8　平均一致性指标 RI 标准值

矩阵阶数	1	2	3	4	5	6	7	8	9
RI	0	0	0.5149	0.8931	1.1185	1.2494	1.3450	1.4200	1.4616

设判断矩阵 $A = (a_{ij})_{m \times m}$，用方根法进行求解，具体过程如下：

（1）计算判断矩阵 A 的每一行元素之积：

$$M_i = \prod_{j=1}^{m} a_{ij} (i = 1, 2, \cdots, m)$$

（2）计算 M_i 的 m 次方根：

$$a_i = \sqrt[m]{M_i} (i = 1, 2, \cdots, m)$$

（3）对向量 $a = (a_1, a_2, \cdots, a_m)^T$ 作归一化处理：

$$w_i = \frac{x_i}{\sum\limits_{k=1}^{m} a_k} (i = 1, 2, \cdots, n)$$

得出最大特征值对应的特征向量：$W = (w_1, w_2, \cdots, w_m)^T$，此即为各指标的权重。

（4）求 A 的最大特征值 λ_{max}，$(AW)_i$ 为向量 AW 的第 i 个分量，则：

$$\lambda_{max} = \frac{(AW)_i}{w_i}, (i = 1, 2, \cdots, m)$$

取算术平方根：$\lambda_{max} = \dfrac{1}{m} \sum\limits_{i=1}^{m} \dfrac{(AW)_i}{w_i}$

根据上述算法，文化创意产业公共服务平台的权重分配如表5-9所示。

表5-9 文化创意产业公共服务平台绩效考核指标

一级指标		二级指标		三级指标	
指标名称	权重（w）	指标名称	权重（W）	指标名称	权重（W）
运营绩效	0.4	内部流程	0.3246	运行机制	0.6667
				运行质量	0.3333
		财务指标	0.2218	融资能力	0.2454
				总收入与人均收入	0.3284
				利润率	0.4262
		学习与创新	0.3328	设备更新	0.6003
				服务升级	0.3997
		客户角度	0.1208	总体定位	0.6
				服务方向	0.4
服务绩效	0.6	服务内容	0.3060	信息总量	0.3010
				服务项目	0.5325
				服务资源	0.1665
		服务能力	0.5286	开放交流与合作程度	0.2872
				人才培养与引进	0.1793
				资源整合与配置	0.5335
		服务成果	0.1754	服务企业数	0.2856
				服务时间	0.3082
				企业满意度	0.2012
				专利数及非专利数	0.2050

根据上述权重值，得出判断矩阵的一致性比率，具体如表5-10所示。

表5-10 判断矩阵的一致性比率

		λ_{max}	CI	CR
一级指标 判断矩阵		2	0	
二级指标 判断矩阵	运营绩效	4.0327	0.0109	0.0125≤0.1
	服务绩效	3.0535	0.0268	0.0515≤0.1

续表

		λ_{max}	CI	CR
三级指标 判断矩阵	内部流程	2	0	
	财务指标	3.1024	0.0512	0.0624≤0.1
	学习与创新	2	0	
	客户角度	2	0	
	服务内容	3.2102	0.1051	0.0464≤0.1
	服务能力	3.1534	0.0767	0.0525≤0.1
	服务成果	4.0327	0.0109	0.0125≤0.1

三、评估时间及评估结果的应用

通过第三方评估机构或由政府亲自评估，每年进行一次绩效考核评估，结果向社会公示。评估结果分为优秀、合格、不合格三个等级。依据评估结果来确定对公共服务平台的奖惩依据，对于对评估结果为优秀，具有发展前景的公共服务平台，给予适当的滚动支持；对于不合格要给予警告，减少投资甚至取消资格的惩罚。

四、北京市文化创意产业公共服务平台评估现状评价

通过调研，我们发现北京市文化创意产业公共服务平台评估还存在以下诸多问题：

（一）对公共服务平台绩效评估的认识还不全面

创意产业已经成为理论界研究的热点，但是学界对公共服务平台的研究却有所忽视。虽然在政策文件、媒体报道、行业论坛中，关于平台的提法很多，政府也明确表示，更多的资金投入应该放在产业公共服务体系建设上，但对于公共服务平台的绩效评估一直流于表面。北京市30个产业聚集区已经建成或在律的公共服务平台众多，政府投入了大量资金，然而由于缺乏明确的界定和考核标准，究竟有多少平台真正为中小文化创意类企业和创意项目提供服务，服务质量和水平如何；有多少平台实现了规划建设前的初衷，是否实现了预期的经济效益和社会效益，都没有判断的依据。

（二）公共服务平台的多头管理，导致对其评估也缺乏整体规划和统一标准

受行政管理体制制约，目前平台建设涉及教育、科技、文化、经贸广电、新闻出版等多个部门，各部门对平台均有权干涉，这不仅导致投资分散，使用效率不高，更重要的是对平台的评估也缺乏整体的规划和统一的标准。2006年，北

京市虽然成立了创意产业领导小组，在市委宣传部下设文化创意产业促进中心，但两者仅是协调机构，对平台绩效的评估仍然缺乏长远规划。从石景山区各产业聚集区公共服务平台的情况来看，此类情况同样存在。

（三）绩效评估落后，缺乏有效的绩效评估

目前平台的绩效评估，仅仅流于表面，对公共服务平台的评估仅限于建成后的验收工作，算不上真正意义上的绩效评估。这种验收式的评估没有真正从平台运行的规律出发，不能建立监督和监理机制，对平台的运行起不到评估的作用，更无法体现绩效评估的激励和推动效果。尽管在项目实施过程中运用了验收等评估方式，但由于这种方式仅针对投资建成后的平台，也就是说该类平台已审批并投资建成，其验收无异于是走过场。

（四）缺乏对平台评价工作本身的评价与监督

评估部门对平台评价本身的评价与监督往往是缺失的，往往仅仅是对评估报告进行审核。这不仅无法保证评估结论的客观性，同时也会造成评估人员对评估结论的影响权，使得评估的独立性受到影响。

五、完善北京文化创意产业公共服务平台绩效评估的政策建议

（一）加大宣传力度，正确认识公共服务平台的绩效评估

加大对平台的宣传力度，使文化创意企业了解石景山区公共服务平台的运行及管理情况，更重要的是对平台的绩效评估有更正确的认识，树立以文化创意企业为本的理念，具体来说包含以下内涵：政府在公共服务平台评估的导向；平台提供数量、类型以企业需求为基本依据更加注重对企业需求的回应性；注重调查和明晰服务质量以及对服务的满意度；将服务水平和评估结果告知文化创意企业；为文化创意企业提供选择公共服务平台的机会；建立便于文化创意企业参与和反馈意见的信息系统及服务系统等。公共服务平台以文化创意企业为本的核心理念体现为效益、质量、满意度、公平等。

（二）依据考核结果，相应的财政税收政策向平台倾斜，提供资金支持

几乎所有产业，从新兴产业到支柱产业或主导产业的演进过程中，都会获得政府的政策、土地、税收、金融等各方面的支援。公共服务平台在发展壮大的过程中也同样离不开政府的支持。第一，针对新成立的平台，在一定期限内免征所得税甚至提高增值税和营业税的起征点；第二，针对石景山区的示范平台和具有较大整合效力的平台实施奖励性返还所交部分税款或出口退税；第三，成立公共服务平台发展专项基金，为符合条件的平台提供资金支持。

（三）对平台的绩效评估进行明确规划和统筹安排

在北京市文化创意产业领导小组的指导下，协调组织各方面专家，研究制定

和发布石景山区文化创意产业公共服务平台评估规划。制定公共服务平台的评估标准，指导文化创意产业聚集区公共服务平台的评估；探索建立平台资源共享机制；明确北京文化创意产业促进中心在公共服务平台投资、建设和运营管理中的主要职能；界定石景山区各委办局在平台投资建设、运营管理中的职责分工；针对政府投资的公共服务平台，建立相应的评估和监督管理机制，包括定期检查制度、运行质量评价制度和绩效考核制度。在评估程序上，政府主管部门应委托独立的第三方对平台用户进行满意度调查，特别是聚集区文化创意企业的满意度调查。

（四）优化平台组织内部结构

合理的组织内结构和科学的运行机制是公共服务平台有序快速发展的基础。为此需要做到：第一，建立健全现代企业制度；第二，建立健全现代公司法人治理结构；第三，优化平台组织结构，建立扁平化、网络化的组织架构，降低成本，提高管理运营效率。同样，石景山区要实现文化创意产业发展目标，必须做好为文化创意产业的服务工作，也就是合理利用公共服务平台的优势，建立健全平台的现代企业制度、现代公司法人制度，优化平台组织结构以及培育示范平台和具有整合效力的文化创意产业公共服务平台。

（五）创新平台的绩效评估机制，促进绩效评估的不断完善

公共服务平台验收通过后，在运行中发生重大变化的，应当及时报科委备案。运行过程中，科委通过第三方评估机构，每年进行一次绩效考核评估，结果向社会公示。评估结果分为优秀、合格、不合格三个等级。对评估结果为不合格者给予警告；连续两次评估结果为不合格者，取消公共服务平台资格，并会同北京市科委及发改委进行资产清理，按情况调出或收回拨建设专项经费购置的有关设备及资金，同时规定该单位在3年内不得再次申报北京市文化创意产业公共服务平台建设项目，相应的推荐和主管部门在2年内也不得推荐北京市文化创意产业公共服务平台建设项目，并参照银行个人信用模式将平台信用列入相应信用记录。此外，根据绩效考核评估结果，对评估结果为优秀，具有发展前景的公共服务平台，给予适当的滚动支持。

第四节　北京文化创意产业公共服务平台运行机制

一、文化创意产业公共服务平台运行机制的界定及其重要性

运行机制是指在人类社会有规律的运动中，影响这种运动的各因素的结构、

功能及其相互关系以及这些因素产生影响、发挥功能的作用过程和作用原理及其运行方式。运行机制是引导和制约决策并与人、财、物相关的各项活动的基本准则及相应制度，是决定行为的内外因素及相互关系的总称。

概括讲，运行机制包括两方面的内容：一方面是静态的，也就是一个系统内各因素所具备的功能和它们之间的关系；另一方面是动态的，也就是这些因素间的相互作用方式和相互作用过程。

运行机制的实现需要靠系统内的体制和制度作为载体，通过体制和制度的制定及执行来实现运行机制。这里的体制是指系统内各要素的职能和权责的配置与调整，制度广义上讲，包括国家和地方的法律法规，狭义上指组织内部的规章制度。而且体制与制度不能完全分离，应相互交融。制度可以规范体制的运行，体制可以保证制度落实。

运行机制是一种调节资源的方式，它的目的是盘活系统内的资源，让系统内的各要素按照符合规律的方式相互作用，产生出最大的效益。而且一个系统内的运行机制是多重的，由不同的运行机制构成了系统内整体的机制体系，从而确保系统的有效运行。

（一）文化创意产业公共服务平台的运行机制

根据上述运行机制的定义，文化创意产业公共服务平台作为一个系统，它的运行机制应该也包括两部分：第一部分即平台内各个参与主体的功能及其相互关系；第二部分是各参与主体相互作用的方式及相互作用的过程。而且，这两个部分并非是相互独立的，而是相辅相成的，参与主体的功能及其相互关系决定了它们之间的相互作用方式和作用过程，而相互作用过程又将反过来影响它们的相互关系。

公共服务平台运行机制落实的载体是平台的体制和制度，体制确保了平台各参与主体的职能及其权责的配置，确保了它们之间有效的作用方式，而制度能够确保这些体制得到有效地落实。因此，公共服务平台的运行机制是指在确定平台各参与主体的功能及相互关系的基础上，确定各参与主体的职能和权责，从而确定它们之间的作用方式和作用过程，最终通过平台制度来确保相互作用的方式能够得到有效落实，图5-6是平台运行机制示意图。

如运行机制的目的是盘活系统资源一样，文化创意产业公共服务平台运行机制的目的也是盘活平台内的所有资源，为文化创意企业所用，降低它们在企业运行中的成本与风险，盘活资源需要确定平台各参与主体的职能及它们的权责，确保它们之间的作用方式能够使各主体都能调动自身积极性，为平台所服务的企业提供最大的价值。

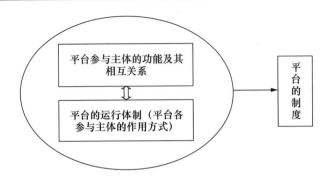

图 5 - 6　公共服务平台运行机制

（二）文化创意产业公共服务平台运行机制的重要性

1. 运行机制对于平台主体的意义

所谓平台主体是指平台的参与方。在文化创意产业公共服务平台中，平台主体包括政府、企业、科研院所和高校、非营利性组织和社会公众。运行机制对于平台主体的重要意义在于能够确定平台各主体的功能及其相互关系，从而也就确定了各主体之间的相互作用方式和作用过程，从而明确各主体之间的逻辑关系和运行流程，为服务平台的对象奠定坚实的基础。当然，并非所有的平台都完全具备上述这些主体，有些平台的构建和运营过程中可能仅与企业和政府有关，而与其他主体无关。

2. 运行机制对于平台客体的意义

所谓平台的客体，是指平台的运营对象，也就是平台所能提供的服务。在文化创意产业公共服务平台中，以数字娱乐制作公共服务平台为例，其平台客体有 CG 设计制作系统、平面 VI 系统、培训与人才服务系统等。平台客体在平台构建成立之后便已存在，但这时平台客体作为一种静态的资源，并没有发挥其应有的价值，而文化创意产业公共服务平台的主要功能就是集聚和整合政府、企业、科研院所、高校和非营利组织的文化创意条件资源，为文化创意产业发展提供公共便利、创造公共条件的开放、共享的服务网络、体系或设施，从而降低文化创意企业的成本与风险。因此运行机制对于平台客体的重要意义在于能够盘活平台客体这种资源，让它们顺畅流动起来，真正达到为企业提供切实有效的服务的目的，并且在制度的框架下确保平台客体能够稳健有序地运转。

3. 运行机制对于平台服务对象的意义

平台的服务对象就是文化创意企业和个人，运行机制对于平台对象的重要意义在于它能够确定平台主体关系，确保它们有效运行，盘活平台资源，真正达到为平台服务对象提供切实有效服务的目的，因此运行机制在无形中是搭建了平台和平台服务对象中的一种桥梁，正是这座桥梁使得文化创意企业和个人得到真正有效的服务，降低在创业和运行过程中的成本和风险。

（三）文化创意产业公共服务平台各参与主体利益关系及协调机制分析

1. 公共服务平台各参与主体的功能分析

根据平台运行机制的定义，设计运行机制的前提是明确平台各主体的功能及其相互关系。根据上面的分析，我们知道平台的参与主体主要包括：政府、企业、科研院所和高校、非营利性组织和社会公众。所以，先分析各参与主体在平台建设和运行过程中的功能，然后分析它们之间的相互关系。

由于文化创意产业是一个新兴产业，因此在产业发展初期，政府是公共服务平台的主导力量，它的主要功能包括：审批与决策平台构建、提供全部或部分平台构建资金、监督平台的运行状况，对平台运行状况进行评估和奖惩。企业根据情况不同，对平台的作用也不同，对于一般的文化创意企业，它们的功能是作为平台的服务对象，接受平台的服务。对于有些实力较强，或者在某一方面有核心能力的企业，一般是产业内的龙头企业，它们可以作为服务的提供者，将它们的部分资源共享出来，为其他企业提供服务。还有一类企业就是平台的运营商，它们的功能是确保平台有效运营，为平台服务对象提供切实的服务，并且自身获得一定的发展。科研院所和高校一般在专业技术领域有较深的研究，而且它们一般拥有较为先进的科研设备和科研数据，因此它们在平台中的功能主要是共享先进设备和数据，提供技术咨询和人才培训。非营利性组织主要是指一些产业协会，如文化创意产业领域有动漫协会、工业设计协会和网游协会等，它们一般是产业内自发产生的协会，它们建立的目的是为了促进产业内某一行业的发展，因此它们在平台中的作用是协助平台的构建和运营。社会公众对于平台的作用是接受平台的服务并且监督平台的运行效果。

2. 公共服务平台各参与主体的利益关系及协调机制分析

所谓平台各参与主体的关系，主要是从它们各自利益的角度加以分析，看它们之间是存在利益共赢、利益相悖还是利益无关。需要分析平台各参与主体期望通过平台能获得什么利益，政府期望通过平台能够达到招商入驻、服务企业、发展产业，最终促进地区经济发展的目的。平台运营商期望通过平台运营能够一方面服务企业，另一方面获得利润，将平台作为企业来经营。一般的文化创意企业期望能够从平台获得低价高质的服务，包括从技术到资金到人才服务等，从而降低企业发展的成本和风险。科研院所和高校期望借助平台一方面将研究成果在实践中加以应用，真正实现产、学、研的结合；另一方面希望通过在平台运营中提供设备与服务，获得一定的经济收入。非营利性组织的目的是促进某一行业的发展，因此它们期望通过平台能够集聚更多的资源，更好地促进某一行业的发展。

3. 政府和平台运营商之间的利益关系与协调机制分析

政府和平台运营商之间存在着利益相悖，因为政府追求的是社会效益，它要确保平台的服务对象获得低价高质的服务，从而降低成本，快速发展以带动当地经济的发展；平台运营商作为企业机构，它的目的是追求自身的利润，因此它希望尽可能获得高额利润，这就与政府的利益相违背。当然，这里的平台是由政府全部或部分投资的，若是由运营商自己投资的平台，则不存在利益相悖的关系。

如何协调两者之间的矛盾，成为平台运行的首要问题。调解这两者的利益相悖，要通过一定的机制来确保它们都能够实现各自的目标，达到双赢的效果。因此，为了确保政府的公益性追求，政府需要对平台的运行进行一定的监督，确立良好的监督机制，包括对平台服务定价的监督和对平台运行过程的监督，确保平台的服务对象能够获得高质低价的服务。此外，政府还需要确立绩效考核机制，定期对平台运营商的运营效果进行评估，并做出相应的奖惩措施，从而保证平台的服务效果，切实为文化创意企业的发展做出贡献。为了满足运营商的竞争性，满足它们对利益的追求，政府需要与其确立价格协商机制和及时补偿机制。对于服务定价要协商制定，并且给予平台运营商一定的利润空间。在平台的运行过程中，政府应从各方面给予平台运营商支持，包括政策、资金及技术方面。

4. 平台运营商和文化创意企业之间的利益关系与协调机制分析

平台运营商和文化创意企业之间存在着利益共赢的关系，因为平台运营商的服务对象就是文化创意企业，只有文化企业顺利发展，平台才能够得到充分的应用，才能够实现其应有的价值，平台运营商才能获得应有的利润。相应地，文化创意企业的发展也离不开公共服务平台的支持，只有平台运营商发展顺利，才能够保证平台提供切实有效的服务，支持文化创意企业的健康发展。

为了强化运营商和文化创意企业之间这种利益共赢的关系，就要加强它们之间的合作，合作路径有两条：第一是建立会员机制，让文化创意企业成为平台的会员，定期缴纳会员费，同时享有平台的基本服务，若是要享受额外服务，再额外支付费用。第二是建立专门的中介机构，该机构专门负责平台和文化创意企业间的联系，为平台寻找企业，为企业挑选平台，并收取相应的费用。其中，非营利性组织可以作为这类中介结构，与平台运营商建立合作机制，以发挥平台运营商和文化创意企业之间的桥梁作用，促进平台与企业的共同发展。

5. 科研院所和高校与企业之间的利益关系与协调机制分析

科研院所和高校与企业之间存在着利益共赢和利益相悖，所谓利益共赢是指科研院所和高校的研究成果越丰富，则能为企业提供的技术支持越多，而企业发展得越好，其为科研院所和高校提供的实践机会也越多，这样能切实促进产、学、研的同步发展。所谓利益相悖是指企业在接受科研院所及高校的设备及人才培训时，希望能够以最低的成本来获取，而科研院所及高校也希望通过提供设备和培训获得足够的资金，这样两者之间就存在着利益相悖。而政府的目的是要使得企业获得长足的发展，因此，当企业与科研院所和高校存在共赢和相悖时，政府同样也与它们存在共赢和相悖。

企业与科研院所和高校之间的利益共赢，只需要加强企业与科研院所及高校之间的合作，定期进行交流，促进生产、学习、研究共同发展。对于它们之间的利益相悖，需要政府加以协调，政府可以在资金和政策两方面来协调它们之间的利益相悖。一方面，可以通过政府出资的方式购买科研院所及高校的技术咨询及服务培训，使得文化创意企业可以在一定期限内免费获得这些支持和服务；另一方面，对于科研院所及高校的先进设备，政府提出建议或是明文规定，要求这些先进设备与平台共享，从而能够有效地为企业发展服务。

6. 科研院所和高校与非营利性组织的利益关系

一般来说，科研院所和高校与非营利性组织之间在公共服务平台上并不存在明显的利益关系，所以它们之间是利益无关的。而剩下其他的所有参与主体之间都是利益共赢的关系。

文化创意产业公共服务平台各参与主体间的利益关系及协调机制概括如表 5-11 所示。

表 5-11 平台各参与主体间的利益关系及协调机制

平台主体	政府	平台运营商	企业	科研院所与高校	非营利性组织
政府		利益相悖 ①监督管理机制 ②绩效考核机制	利益共赢	利益共赢 利益相悖	利益共赢
平台运营商	利益相悖 ①定价协商机制 ②及时补偿机制		利益共赢 ①会员制 ②中介承接制	利益共赢 交流合作机制	利益共赢 固定合作制
企业	利益共赢	利益共赢 ①会员制 ②中介承接制		利益共赢 利益相悖 政府协商机制	利益共赢
科研院所与高校	利益共赢 利益相悖	利益共赢 交流合作机制	利益共赢 利益相悖 政府协商机制		利益无关
非营利性组织	利益共赢	利益共赢 固定合作制	利益共赢	利益无关	

（四）完善北京文化创意产业公共服务平台运营机制建议

第一，建立常规的监督管理机制和绩效考核机制。为确保平台的运行效率和服务质量，政府需要建立常规的监督机制，由相关部门对平台运行情况进行监督或者实行平台运行情况的中期报告制度。并且要建立规范的绩效考核机制，从平台的服务内容和服务质量两方面对平台的运行效果进行评估，并且委托第三方对平台运营商进行周期性评估，根据评估结果对运营商进行奖惩。

第二，试行价格协商机制和及时补偿机制。关于平台服务定价，前十年由政府和企业共同定价，所协定的价格要低于市场价，十年之后由运营商自由定价，根据市场情况自行定价。及时补偿机制是指在平台的运营过程中，政府要给予一定的政策支持，包括帮助平台运营商扩大影响力，对于平台运营商的创新模式给予支持。此外，在必要的时候政府要采购一定的平台服务来支持平台的发展。

第三，加强平台运营商和文化创意企业间的合作。一方面可以通过会员制的形式加强合作，将平台和它所服务的企业绑定在一起，让文化创意企业成为平台的会员，接受一些免费的基本服务，只针对额外服务付费；另一方面要加快引入或建立专门的中介机构以作为平台和文化创意企业的桥梁，专门负责这两者之间的合作与联系。

第四，加强平台运营商和科研院所及高校之间的合作，建立固定合作机制。针对平台硬件充足而人才不足的现状，通过加强与科研院所及高校的合作，由它们对平台运营商的服务人员进行技术培训和技术指导，从而确保平台的服务人员能够达到企业的要求，切实为企业提供服务。

第五，政府协商科研院所及高校的资源共享政策。针对科研院所及高校所拥有的先进设备，可参考上海研发公共服务平台的经验，由政府号召，要求各科研院所及高校将先进设备共享到平台中为企业所服务，或者政府也可出部分资金支持企业享用科研院所及高校的先进设备和人才培训服务。

第六，调整非营利性组织的定位和作用。针对非营利性组织的角色错位现象，应该调整这些组织的职能，由原来的政府附属机构转变成专门的中介机构，搭建平台和企业间的联系，让企业能够真正从组织中获得便利，也使平台的资源和作用得到充分的发挥。

（五）北京文化创意产业公共服务平台建设总体评价和建议

根据《北京市文化创意产业提升规划（2014～2020年）》将产业主要梳理为传统行业、优势行业、融合业态三大领域，进一步明确发展重点和扶持方向。突出强化产业融合和协作的发展理念，顺应文创产业结构化变革趋势及融合发展走向，提出重点推动文化与科技、金融及其他领域融合。强调提升文创产业创意水平，推动创新发展。规划着眼提升全市文创产业发展质量和竞争力，强调鼓励原创作品创作、开发、制作与传播，支持行业关键技术研发活动。如在文化科技融合领域，着力推动产业结构创新、链条创新、形态创新。在艺术品交易领域，加快推动交易电商化和金融化等的思路，公共服务平台建设将越来越重要。但从目前情况看，公共服务平台还存在以下主要问题：

第一，平台构建的类型比较单一。现在的公共服务平台基本上是以专业性平台为主，并且以硬件投入为主，而中介类平台、融资类平台比较欠缺，致使文化创意产业发展缺乏足够的市场资源、资金来源和人才资源，尤其是优秀原创能力的高级人才和技术过硬的专业中高级人才。

第二，平台构建依赖政府投入多、社会资金少。从构建的模式看，大部分是政府出资企业参与的共建模式，即政府主导型，缺乏企业组织和社会团体主导的平台建设模式，致使一些运营企业积极性不高，管理效率低下。同时，单一的平台构建模式也使平台间缺乏竞争意识，导致平台建设热情高，服务水平低。

第三，平台服务的企业数量少、范围小。一些平台构建初期的服务对象和服务范围比较明确，但平台建成后由于服务功能和服务体系的欠缺，导致平台服务企业的范围和数量均较少，政策目标设定的社会效益远远没有发挥出来。

第四，平台的可持续发展仍存在问题。从调研的情况看，许多平台虽然采取企业化运作，但平台的公益性和营利性仍然没有有效地调和，要么致使一些平台"入不敷出"，要么致使一些平台收费过高出现设备资源闲置浪费的情况。

第五，平台的"软件"实力有待加强。一些平台构建非常重视硬件，但对软件的重视却不够。主要表现在两个方面：一是平台工作人员素质不够高，服务能力不强；二是平台对用户的版权保护力度不够。这两方面使得企业使用这些平台的积极性很差。

第六，平台缺乏有效的服务效益评估机制。公共服务平台最重要的是发挥社会效益、支撑产业的发展。但从目前的情况看，对平台评价的只是建成时的结题验收和资金审计以及运营期间的财务状况跟踪调查，而对平台服务绩效和发挥社会效益方面的评估仍是空白。

文化创意产业公共服务平台的构建是一个大的工程，需要将构建的宏观层面与微观层面相结合、时间维度与空间维度相结合、国内经验与国外经验相结合。在前文理论研究的基础上，结合实际调研，提出以下建议：

第一，制定和完善公共服务平台构建规划来规范平台建设。平台的构建规划需要组织相关专家对区域、领域文化创意产业发展状况、企业需求等进行深入的调查，在此基础之上结合北京"十三五"产业规划的要求，确定平台建设总体框架的构建、布局、重点及目标。其中规划方案的核心就是构建什么类型的公共服务平台以及如何构建这些平台两部分内容。针对公共服务平台数量少、类型单一的问题，建议从时间和空间两个维度考虑。一是基于产业不同生命周期阶段来确定构建的平台类型；二是基于产业价值链各环节来确定构建的平台类型。

第二，打破平台建设政府主导的单一模式，探索不同平台由特定主体建设的模式。不同平台应该由掌握最佳资源的主体指导构建，政府应该正确引导和协助这些主体。这些主体包括创意机构和高校、园区管理机构、龙头企业、行业协会或生产力促进中心以及国外相关机构等。采用特定主体来构建特定平台的好处是能够发挥这一主体在这一资源领域的优势，构建的平台相对来说会更有竞争力。另外，要针对不同性质的平台灵活采用定向组织、申报评审和公开招标的平台组织方式，以充分提高平台建设的效率。

第三，完善平台的外部管理和内部组织结构，形成平台高效的运行机制。首先，平台的外部管理组织是规划和协调平台建设的非常重要的系统，它直接决定着平台类型和建设主体的选定。其中，形成平台建设的组织协调机制，增强综合协调能力非常关键。其次，平台内部组织结构是平台管理运行的基础。一方面，一些公共性兼营利性的平台没有很好形成理事会决策机制，致使运营机构的绩效监管不力，造成了平台可持续发展存在问题。管理者要厘清结构和各个层级的职责，从而有利于完善平台的治理结构；另一方面，完全公益性的由政府投资主导的平台由于在运营监管方面仍不完善，造成了平台服务企业少、范围小等问题，这可以通过完善平台的绩效考核机制解决。再次，积极探索股份制和会员制等平台体制，保障投资者或会员能分享并优先使用平台取得的成果和提供的服务。最后，要强化公共服务平台的绩效管理。平台的绩效管理可考虑利用平衡计分卡的思想，设置具体的指标对平台进行管理和考评，从而实现平台社会效益的最大化。

第四，建立健全公共服务平台的政策法规体系。首先，建议政府在明确平台总体框架的构建、布局、重点及目标的基础之上，针对每一大类平台出台详细的、独特的符合这类平台构建规律的管理办法，对平台的主要任务、参与主体的责权利、平台的建设和运行、融资渠道、资金的使用及平台考核等方面做出明确规定，指导规范平台的建设和管理。其次，根据产业发展的阶段和企业实际需求不断完善平台的人才引进和培养政策、金融服务政策、税收优惠政策和知识产权保护法律及法规等。最后，通过出台具体详尽的平台经费管理制度，科学合理规划财政资金的使用来不断强化可持续的财政投入机制以支持平台的可持续发展。

第六章　北京文化创意产业
发展路径和对策

　　文化创意产业具有高附加值、可复制及强融合①等特点。这使得文化创意产业不仅成为发达国家后工业经济时代经济发展的主要驱动力量，更是各国提升世界影响力、彰显国家软实力的重要手段。综观世界，文化创意产业的发展壮大无一不是在各国政府有目的、有意识的制度安排与构建下实现的。如英国最早提出创业产业概念，并出台了《创意产业发展路径文件》，报告积极采取措施推动创意产业的发展，这些措施主要包括：在组织管理、人才培养、资金支持等有关方面逐步加强机制建设；对文化产品的研发、制作、经销、出口等实施系统性扶持；逐步建立完整的创意产业财务支持系统，包括以奖励投资、成立风险基金、提供贷款及区域财务论坛等作为对创意产业的财务支持。日本1995年确立了"文化立国"战略后，积极颁布各类法律法规、出台相关政策，并设置了由首相负责的文化产业超部门协调机构。韩国政府则在1999年颁布《文化产业振兴基本法》以助推文化产业发展，化解1998年亚洲金融危机的不利影响最终实现韩国文化产品在国际文化市场上的占有率的大幅提升②。我国台湾地区则明确提出"文化产业化、产业文化化"的文化创意产业发展路径。澳大利亚早在20世纪90年代就确立了"创意国家"政策，以实现文化艺术推动国家经济增长的目的；进入21世纪后，澳大利亚又出台了一系列政策推动"文化"向"创意"转变。由此可见，宏观战略与产业政策是各国文化创意产业发展的共同经验。但是，各国战略重点、政策指向也存在明显不同，由此导致各国文化创意产业发展路径也存在较大差异。2009年，我国出台《文化产业振兴规划》，标志着文化创意产业发展被正式列为国家战略。北京是享誉世界的历史文化名城，在3000多年建城发展史和850多年建都史中，中华民族优秀传统文化得到了积淀和升华，并具体表现为文源深、文脉广、文气足、文运盛四个方面。北京作为全国政治中心、文

---

① 见第二章——北京文化创意产业竞争力评价。
② 刘瑾. 韩国文化国际贸易的发展路径、特征及启示 [J]. 青年记者，2013.

化中心，极大地推动了文化资源的聚集和文化事业的繁荣发展。当前阶段，传统经济及产业发展模式在北京难以为继，文化创意产业快速健康发展，建设"人文北京、科技北京、绿色北京"成为北京发展战略转型、疏解非首都功能后北京文化中心、科创中心及国际交往中心建设的重要支柱，更是作为首善之区的北京自觉地承担起推动社会主义先进文化发展、传承中华民族优秀文化、提升国家文化软实力重任的必要之选。因此，在国家文化创意产业发展战略引导下，充分利用国家推动文化创意产业发展政策，选择适宜的发展路径与恰当的政策不仅是北京未来发展战略的内在要求，更是建设有中国特色世界城市的必要之举。

第一节　文化创意产业发展路径理论与框架

一、文化创意产业发展路径选择的理论分析

产业发展路径涉及因素众多。首先，发展路径是产业自身发展规律的结果，即路径选择是一个自然的过程，正如自由市场经济所推崇的自然演化发展过程。其次，路径选择是人的主观能动性的表现与发挥，即产业发展路径的选择是人的主观能动性构建的结果，如当代各国产业政策的实施。最后，文化创意产业发展有别于农业和制造业，文化创意产业以无形产品生产为主、以智力资源为生产要素、以创新为目标，而农业和制造业以有形产品为主、以物质资源为生产要素、以标准化为目标。人们对物质产品的需求，是基础性的，而对文化创意产品的需求则是高层次的。此外，文化创意产品具有较强的渗透性，对物质产品品质的提升具有极高的提升效果。由此可见，产业发展路径的选择至少涉及三个方面：产业客体、产业主体及消费者。这要求产业发展路径选择既要遵循产业发展的内在规律，更要实现产业政策所涉及相关主体激励相容约束的构建。同时，产业的发展是产品供给与需求相互作用的过程，因此，消费群体及消费政策无疑是产业发展路径中不能回避的领域。这要求产业发展路径的选择必须建构在相应理论基础上，以保证所选择路径的系统与完整。

（一）产业发展规律相关理论

产业为什么发展、产业如何发展成为当代经济理论研究的热点领域，并且呈现出一大批异彩纷呈的理论成果，涌现出诸多理论集大成者。其中，产业成长论、产业链、产业集群及创新成为这个领域的典型代表。

1. 产业成长理论

产业成长最直观的外在表现为规模从小到大的变化，内在则表现为产业技

术水平的提升、产业组织结构的优化。由此也出现了基于不同研究视角的成长理论，如以产业外宏观因素为研究重点的新古典经济学、新制度经济学的产业成长理论及波特的产业成长理论，即外生因素成长理论；此外还有以产业内组织、核心能力及技术等为基点的成长理论，可以统称为内生因素成长理论。

（1）基于外生因素的产业发展理论。在这一视角下，产业成长的基本因素是外生的，产业成长是相关因素综合作用的结果。如新古典经济理论将产业看作一个生产函数，输入的要素及组合的变化将影响产业成长的速度、方向。产业成长就是在要素输入约束下产出达到最优的调整过程。新制度经济学则认为，产业内相关企业本身及其生存环境由一系列契约构成，契约质量及其完整性直接影响了产业内相关主体行为、交易成本等。由此，国家或政府有目的、有意识地进行制度构建与机制设计可以优化产业发展环境，促进产业健康快速发展。迈克尔·波特则以国家竞争力提升为目标，构建了产业发展的钻石结构模型。该理论的基本观点就是一个国家在某个行业取得国际成功的可能性程度是该国资源与才能要素、需求条件、关联和辅助性行业以及战略、结构和竞争企业四个方面综合作用的结果；此外，政府对上述四个要素都可以产生积极或消极的影响。因此，技术、资源、需求、相关及支持产业、机会（政府）等因素构成了产业发展的基本环境。

（2）基于内生因素的产业发展理论。从产业内部要素出发，探讨产业发展与成长问题成为此类理论的共同特征。主要包括：产业核心能力论、产业成长技术论、产业生态论及产业自组织理论等。

产业核心能力被普拉哈德与哈默定义为：组织中的包括一系列互补知识和技能的积累性学识。在这一定义的基础上，产业应该看作是能力的集合体而不是资源的集合体。但实际上，产业能力是自身资源与外界资源交互作用的结果，忽视产业内外资源的交互，过分专注产业内能力提升，很有可能导致产业核心能力不适应环境的"核心刚性"问题。钱德勒进一步将能力具体化为"技术"，认为技术发展和市场拓展是产业成长的根本，是引发产业生产和分配领域的根本性原因，从而导致产业组织形式上发生变化。汉南和弗里德曼认为，产业是一个生态系统，这个系统由产业个体、产业种群及产业群落构成，产业成长与发展是产业生态群落相互作用适应性演进的结果。哈肯进一步提出产业自组织理论，认为产业成长应具备自组织演化的条件，即引致需求、人力资本、自然资源与产品或服务的流动。

2. 产业链理论

价值链理论存在两个研究视角，一是以分工为切入点，典型案例为亚当·斯密有关制造业行业分工的论述。在这一视角下，产业链是产业内不同环节的纵向分工结构，文化创意产业在产业不同环节都有渗透，产品研发与市场拓展两个环节最为集中。二是以价值链分解为切入点，并成为目前价值链分析的主流。美国哈佛大学的迈克尔·波特教授（Michael E. Porter，1985）最早提出价值链概念：企业通过与价值相关的基本活动及辅助活动相互作用，形成了价值创造的较为稳定的流程，即基本价值链。此后，1995年哈佛大学商学院的杰弗里·雷鲍特教授（Jeffrey F. Rayport）和约翰·斯维奥克拉教授（John Sviokla）又提出了虚拟价值链概念，即在原有的实体价值链之外，很多企业正在形成由信息和技术构成的虚拟价值链。价值链分析是指核心企业对价值创造过程进行分解，通过对企业在产业价值链中的位置分析，得出自身在价值链中所处位置，帮助企业了解竞争优势该从何种渠道建立，为进行产业价值链整合提供参考。价值链整合的主要模式有：延伸价值链、拓展价值链、收缩价值链，具体表现为企业对所从事的业务进行分解、整合、共享、外包等。

3. 产业集群论

产业集群是一群产业在一定区域内的聚集，这种集聚给产业带来积极的外部经济性效果，同时这种产业集聚也形成了产业链。产业集聚的巨大外部性经济效应为产业即产业内企业成长创造了竞争力提升的途径，因此产业集群被竞争力专家波特认为是全球化背景下国家竞争力优势的源泉。从现实看，现代文化产业的主要部分集中在像洛杉矶、纽约、巴黎、米兰或者东京的国际化城市（Scott）。发达国家全球文化产业的核心领域，如影视业、出版业、印刷业、网络业等主要集中在大城市群。比如美国以洛杉矶为代表的西部城市群，集中了全国电影业生产能力的70%；日本的东京城市群，集中了全国电业的60%、出版产业的35%、印刷产业的40%。

4. 产业创新论

关于创新，最为经典的是熊彼特在《经济发展理论》中提出的概念：创新是建立一种新的生产函数，即将一种从来没有过的关于生产要素和生产条件的"新组合"引入生产体系，并最终实现市场价值的过程。创新包括五种形式：①采用一种新产品或发掘出已有产品的新特征；②采用以中心为主的生产方法、新工艺或新技术；③开辟一个新市场；④获得并控制一种原材料或半成品的新的供应来源；⑤实现新的企业组织方式，如形成一种垄断地位或打破一种垄断地位。熊彼特认为，创新是推动经济增长的根本动力。创新起源于创意，并以深厚的文化积淀、宽松的文化氛围、丰富的文化资源为基础。

（二）产业主体与政策相关理论

主体是产业发展的能动力量，产业内相关主体间拥有良性竞合关系是产业发展的前提条件。此外，产业内主体受到相关产业政策激励与规制，只有当政策机制设计符合相容性激励约束条件时，产业内主体努力程度与方向才能符合政策预期目标，实现社会最优化。因此，机制设计与演化博弈构成了产业发展路径选择的理论基础。

1. 机制设计理论

机制设计理论日益受到人们的关注，其原因不仅是诺贝尔经济学奖颁给该领域的研究人员，如 Leonid Hurwicz、Eric S. Maskin、Roger B. Myerson 等，更是因为其在对现实问题的完美解决，如对众多领域存在的委托—代理问题的解决。实际上，机制设计是博弈论在经济学上的新运用，因此委托人与代理人构成一个博弈，且他们之间存在着信息不对称与行动的先后顺序。由于委托人观察不到代理人的支付函数，代理人从自身利益出发不会告诉委托人自己的类型，并且产生一系列的策略行为。委托人为了使代理人真实表达自己的类型，需要给代理人提供激励，这对委托人来说是一项成本。此时，委托人的任务是在收益和成本之间进行权衡，通过提供适当的激励使得代理人的行为符合委托人利益最大化的需要。可见，机制设计理论的核心问题就是委托人如何选择适当的激励机制。

机制设计理论认为，委托人在设计机制的过程中最关键的是考虑两个约束条件，参与约束（Participation Constraint）和激励相容约束（Incentive – comparability Constraint）。前者指委托人提供的激励必须让参与人进入这个博弈，即"参与比不参与更好"。后者则指当代理人进入这个博弈后，委托人提供的激励机制必须使得代理人自觉地从委托人的利益角度选择行为，即"努力比偷懒更好"。值得注意的是，在有些时候参与约束并不是必需的，这是因为代理人的参与有时可能通过某种强制力得以实现。如对外贸易发展方式转变中，代理人只要进行对外贸易，实际上也参与了对外贸易发展方式转变相关政策的执行。

2. 演化博弈

经典博弈类型及相关模型假设博弈结构与理性是所有参与人的共同知识，即理性人可以理解和计算出所有参与人的策略互动。因此，在这一框架下，只要对博弈结构有足够的信息，理性人就可以通过计算得到均衡战略。但经济与社会发展现实并不支持这一假设，博弈结构的复杂性与理性的有限性导致均衡难以通过精确的计算得到，并做出恰当的选择。此种情况下，"社会规范"成为人们行动的指南。但是，研究表明：规范的形成在很大程度上是一个自发演进的过程，而不是一个精心设计的结果。1973 年，莫纳·史密斯与普瑞斯提出了经典的"演化稳定战略"，为博弈研究提供了新的视角。特别是 20 世纪 90 年代之后，博弈论专家开始用演化博弈研究制度变迁、社会习俗与规范等问题。该类研究从演化视角出发，放松了理性假设，为纳什均衡以及均衡的选择提供了新的基础。

（三）消费者相关理论

文化创意产业以创新为产品，因此对新产品进行消费的客户将决定创新成功与否。20世纪60年代，美国学者Everett Rogers和F. Shoemaker在其著作《创新的沟通》中对于新产品的客户群体对新产品的态度进行了划分。后来的美国学者杰弗里·摩尔在其《跨越中断期》中也采用了这种划分方法（见图6–1），这五类消费者在市场上的占比分布分别为2.5%、13.5%、34%、34%、16%。

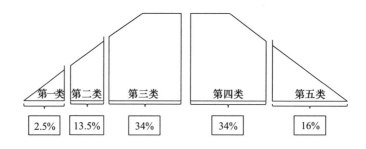

图6–1　技术创新产品客户分配

资料来源：吴霁虹，桑德森. 下一步：中国企业的全球化路径［M］. 北京：中信出版社，2009.

创新创意产品很容易被第一、第二类消费者所接受，他们分别是"狂人"和赶潮流者。但是，这两类消费者只占到全部市场的16%，不是主流，也难以支撑起产业的发展。市场主体由第三、第四类消费者构成，第三类是冷静分子，在产品性质、价值等方面具有全面冷静的判断能力；第四类是跟风者，但他们对价格相对敏感。第五类为"落伍者"，通常不会是创新创意产品的目标顾客。如何将产品从第二类顾客向第三类顾客覆盖成为创新创意产品能否成功的关键。因此文化创意产业发展的关键一环就是扩大第三类消费者份额及其与第二类消费者的融合程度。

二、文化创意产业发展路径相关研究

目前，有关产业发展路径的研究论述颇多。在中国知网数据库中，以"精确"条件搜索"题目"中含有"产业发展路径"的文章，共有501篇；以"产业发展路径"为"主题"的文章则高达1060篇①。但是，多数研究均未对"产业发展路径"做出规范性描述，而是以实证的形式提出发展路径是什么，或者提出发展路径的策略性选择。也有少数研究基于相关理论提出了产业发展路径的分

---

① 截至2017年8月4日。

析方法，其至构建了相关模型，如宋昱、胡晓鹏（2011）基于产业机构的 CSCP 模型，即产业内结构、行为及绩效角度讨论产业发展路径。罗雨泽等① （2011）基于扩散理论构建模型对产业发展路径进行了实证研究，结果表明：行业从出现向社会经济不断渗透的过程中，投资在初始阶段发挥主要作用，收入及城市发展水平决定新产业发展最终水平。李红霞（2015）在研究电子商务产业的发展路径时提出，产业生态系统的内在规律是产业发展路径选择的依据，并以投入产出模型为基础构建模型分析了约束和拓展产业发展的两类路径。

从动力角度看，产业发展路径可以分为市场培育下的内生式/自发、政府培育下外推式、市场选择与政府扶持共同作用三种发展路径（孙洪波，2007；辽宁人民政府发展研究中心课题组，2011）②。根据产生方式不同，新产业发展路径又可归纳为跟随、跳跃以及创造三种路径（黄永春等，2012），原创培育发展路径，产品创新发展路径，产品引进与工艺创新发展路径，完全引进发展路径（龚惠群，2013）③。此外，还有研究从战略角度对产业发展路径进行了探讨，即产业发展路径在战略上反映的是一种全民族对产业发展方向的共识（李毅，2013）④。

很显然，在不同的外部环境影响及不同视角下，对产业发展路径的认识存在较大的差异，因此也有研究从具体对策角度提出产业发展路径，如构建不同层次孵化器来促进新产业发展（Grimaldi，2005）；从加快技术创新、重视商业模式创新以及产学研合作等方面研究了新兴产业的发展路径（王新新，2012）；利用产业园区在要素集中、创业和创新的孵化及产业链和产业网络的形成方面的作用，形成产业发展路径（刘新艳等，2011）。李学军（2015）则基于价值链理论对文化产业发展路径进行了研究⑤。

文化创意产业在我国发展较晚，但目前已成为国家级各地发展的重要领域。有关文化创意发展路径的讨论相对较少，目前在中国知网（CNKI）数据库中，文章题目中含有"文化创意产业发展路径"的研究成果较少，仅为24篇，但题目中含有"以文化产业发展路径"论文则多达161篇⑥。从目前对文化创意产业发展路径的研究看，多数研究本质上属于对策研究，如利用互联网促进服务升

---

①　罗雨泽等. 我国移动通信产业发展路径区域差异及扩散机制研究［J］. 移动通信，2011（1）.

②　辽宁人民政府发展研究中心课题组. 辽宁战略性新兴产业发展路径与关键环节［R］. 2011.

③　龚惠群. 全球化背景下新兴产业发展路径研究及对我国的启示［J］. 科技进步与对策，2013（3）.

④　李毅. 经济转型中的产业发展路径选择——对日本经济长期低迷的一种新解释［J］. 日本学刊，2013（5）.

⑤　李学军. 基于价值链理论的文化产业发展路径研究［J］. 商业经济研究，2015（32）.

⑥　截至 2017 年 8 月 4 日.

级、消除壁垒、促进结构性改革并加速走出去是我国文化产业发展的未来路径（杨睿等，2017）。"一带一路"战略下西部文化产业发展应以加强政策引导、保护与利用并举、建设产业园区等为路径（藤晶，2016）。李秀金、吴学丽（2011）则认为，调整国家投入机制、推动文化体制创新、产业均衡发展及投融资机制创新是我国文化产业发展的基本路径。针对文化资源丰富的江西地区，卢杰（2015）认为，充分利用特色资源、深入挖掘民族文化、重视文化遗产传承等是其发展文化产业集群的路径选择。此外针对相关区域文化产业发展路径的研究，如景德镇（黄勇，2010）、苏南（孔羽，2013）、天津（王克婴，2013）、西安（朱吉亮，2014）也分别从文化创意产业发展方式、集群、环境、品牌、人才等方面提出了文化创意产业发展的可能路径。此外，也有研究从金融支持角度分析了文化创意产业发展路径（方虹，2017），保险对文化产业发展的支持等。

第二节　北京文化创意产业发展路径选择

党的十八大、十八届三中全会就全面深化文化体制改革、推动文化大发展大繁荣、建设社会主义文化强国作出重要部署。北京市正围绕"政治中心、文化中心、国际交往中心、科技创新中心"定位，深入实施人文北京、科技北京、绿色北京战略，迈上建设国际一流的和谐宜居之都新征程。面临新的历史机遇，北京市文化创意产业发展翻开了新篇章。

一、进一步明确产业发展方向

（一）北京文化创意产业发展指导目录

根据统计部门对文化创意领域的指标解释，文化创意产业指以创作、创造、创新为基本手段，以文化内容和创意成果为核心价值，以知识产权实现或消费为交易特征，为社会公众提供文化体验的具有内在联系的行业集群。北京市文化创意产业标准是在《国民经济行业分类》（GB/T 4754 – 2002）的基础上，根据文化创意活动的特点将行业分类中相关的类别重新进行组合，适用于统计及政策管理中对文化创意相关活动的分类。在内容上主要包括9个行业大类、27个中类、88个小类。9个大类分别是文化艺术，新闻出版，广播、电视、电影，软件、网络及计算机服务，广告会展，艺术品交易，设计服务，旅游、休闲娱乐，以及其他辅助服务。2016年，以《文化创意及相关产业分类》（DB11/T 763 – 2015）为基础和依据，北京市制定了《北京文化创意产业发展指导目录

（2016）》，该目录将文化创意产业分为鼓励、限制和禁止三大类。其中，鼓励类 44 个行业，为鼓励发展的业态，优先享受文化创意产业相关优惠政策；限制类 58 个行业，该类业态在限定区域内或限定条件下不享受文化创意产业相关优惠政策，在限定区域和限定条件之外且符合首都功能定位的，可享受文化创意产业相关优惠政策；禁止类 20 个行业，此类业态不享受文化创意产业相关优惠政策。

　　投资指导目录的确定为鼓励引导社会各类资本进入文化创意产业，加快北京文化创意产业提供了制度框架。但是，上述投资指导目录的制定基本以生态以及首都功能疏解为目标，而对于文化创意产业的意识形态属性区分并不明显。如广播及新闻出版等行业虽然位列鼓励类目录之中，但此类行业涉及国家文化安全等，因此仍应以政府引导为主，并不适宜引入市场竞争。因此，当前的投资指导目录在产业发展方面的作用有限。

　　（二）北京市文化创意产业提升规划分类与选择

　　针对这一问题，《北京市文化创意产业提升规划（2014～2020 年）》在其发展目标中明确提出了首都特色的"3 + 3 + X"文化创意产业体系（见图 6 - 2）。这一分类体系的设定为北京未来文化产业提升即分类政策出台奠定了基础。

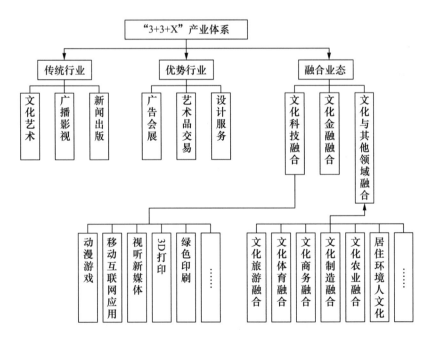

图 6 - 2　北京文化创意产业"3 + 3 + X"产业分类体系

第一类的三个行业都属于传统的文化创意产业，具有较强的公共产品属性，对于人民文化水平及艺术素养提升具有推动作用。而广播影视及新闻出版具有较强的意识形态特征。相比其他行业，这一类别与政府关系最为紧密。这一类别产业发展的关键是如何通过改革创新，促进文化艺术、广播影视、新闻出版三大传统行业优化升级，巩固提升发展实力。

第二类的三大行业具有天然的市场属性，同时更是北京的优势产业。对于这一类产业而言，如何集成政策，聚焦创新要素，壮大行业规模，提升行业的影响力与辐射范围，进一步发挥对文化创意产业发展的支撑作用是目前亟待解决的问题。

第三类是融合业态，是提升传统行业效率、效益，改变传统行业形象，增强国际竞争力的重要抓手。因此，发展重点应是把握文化与其他领域融合化发展趋势，推动文化与科技、文化与金融、文化与其他产业多元融合发展。

此外，在国家安全观指导下，以"3 + 3 + X"产业体系为基础，详细梳理北京具备产业优势和资源优势，符合北京发展定位的，放开不涉及国家安全的产业门类或产业环节，系统提升市场机制作用，激发各类产业主体积极性将是未来北京文化创意产业发展的重点。

二、进一步确立发展战略与目标

北京是中华民族优秀传统文化和现代文明的窗口，也是我国文化人才、文化设施、文化企业总部和文化产业资本最集中的地区，具有发展文化创意产业的基础和条件。近年来，北京市文化创意产业发展势头迅猛，并形成了以30个市级集聚区为载体，带动区县集聚区发展的文化创意产业空间发展模式。但北京文化创意产业依然存在着产业质量有待提升、区县定位有待优化、政策空间载体有待夯实、产业融合发展有待加强等问题。文化创意产业发展与北京建设成为中国特色社会主义先进文化之都与世界城市的要求还有一定距离。

为实现北京成功"打造中国特色社会主义先进文化之都，建设具有世界影响力的文化中心城市"，实现"人文北京、科技北京、绿色北京"和"政治中心、文化中心、国际交往中心、科技创新中心"的战略定位，北京文化创意产业发展应遵循如下原则：

（一）支撑城市发展战略

"人文北京、科技北京、绿色北京"是北京的城市特色，"政治中心、文化中心、国际交往中心、科技创新中心"是北京在中国区域空间及世界经济中的功能与作用，"世界城市"是北京在世界经济及城市体系中的目标定位。

世界城市这一概念最早是由苏格兰的城市规划师葛迪思（Patrick、Geddes，

1915）提出的，指那些在世界商业活动中占有一定比例数量的城市。霍尔（Pe-ter、Hall，1966）在《世界城市》一书中对世界城市进一步进行了诠释：世界城市是全球政治权利中心、国际贸易中心、金融中心及人才中心。弗里德曼（Friedman，1986）提出了"世界城市假说"，奠定了世界城市量化研究的基础，该理论认为，世界城市的衡量指标包括 7 项，分别为金融、跨国总部、国际机构、商业、制造、交通及城市人口。沙森（Sassen，1991）则通过生产服务型公司发展情况描述世界城市。卡斯蒂尔斯（Castells，1996）则认为，世界性城市继续积累其财富和权利的过程是与全球市场网络相联系的。世界城市是一个过程，通过生产和消费高级、先进的服务促进城市与全球网络发生联系①。因此，"世界城市"的竞争正从原来以争夺经济流量枢纽功能为取向，转向将创新创意作为重要的高端功能予以重视，并开展新一轮竞争②。从对世界城市内涵的认识上，创新创意已经成为其发展的重要内容和经济基础。因此，文化产业化与产业创意化成为世界城市建设的重要途径。

此外，随着对世界城市内涵认识到深化与发展，世界城市判别指标体系也在发生相应变化，从以贸易为主的指标体系开始，世界城市指标体系日益丰富和完善，并从个体判别指标发展为个体判别与城际联系判别相结合的双层指标体系③。因此，世界城市不仅在横向比较中具有较强的产业发展能力，更要在世界主要城市的联系中发挥重要的影响力，甚至主导作用。

综合世界城市内涵及其判别指标体系的发展变化可知，文化产业竞争力及在世界经济社会发展中的影响力成为世界城市建设的重要支撑。

（二）树立产业品牌形象

良好的品牌形象不仅能够统领产业发展能力，提升产业高附加值，更是提高产业渗透性进而提升国家软实力与国际影响力的重要抓手。如法国在 20 世纪 90 年代积极倡导"文化多样性"以应对美国文化入侵与霸权，21 世纪针对数字化程度提升又提出"生态法国"的理念，为法国创意理念生发提供良好的社会环境。日本在 2007 年出台的《文化产业战略》明确提出："促进创新环境的形成并传播其魅力"、"创造向海外传播日本魅力的基础"、"以海外展开为视野强化文化产业的竞争力"等六大政策措施。2009 年，日本提出了"日本品牌战略"，将"酷日本"国家品牌推广和植入到日本文化产业的各个领域，强化产业高依存度和产品形式多样化，向海外受众宣传日本文化，扩大日本软实力影响；日本政府提倡上至总理大臣，下至平民百姓，都不断地再认识和再评价

① 刘玉芳. 国际城市评价指标体系研究与探讨 ［J］. 城市规划，2007（4）.
② 屠启宇. "世界城市"：现实考验与未来取向 ［J］. 学术月刊，2013（1）.
③ 陆军，王栋. 世界城市的综合判别方法及指标体系研究 ［J］. 经济社会体制比较，2011（1）.

"日本魅力"，进而形成展示"日本魅力"文化的自觉性，开拓文化产业的发展空间。

目前，北京文化产业发展的目标是建设"中国特色社会主义先进文化之都"。但是，目前对北京文化的认知却缺乏整体性、系统性，皇城文化、胡同文化、四合院及首都形象等都被用来解释北京文化。因此，应该在中国特色与世界价值、传统文化与现代理念之间构建起统一的理念，并赋予明确的形象，以统领作为中国文化首善之区的产业发展。政府制定相应战略对品牌形象在世界范围内宣传推广，提升北京文化的世界认可程度。

（三）确立分类发展目标

以《北京市文化创意产业提升规划》确定的"3＋3＋X"产业体系为基础，建立文化安全审查分类标准与发布机制，并实行否定列表制度，对于没有列入文化安全敏感列表的行业或环节全部放开。

1. 传统产业以夯实基础、激发活力为重点，以生产精品为目标

传统文化创意产业中的文化艺术、广播影视、新闻传播，由于公共产品与文化安全属性高，应区分不同产业环节。对于公共属性的行业，建立政府资助制度，推动多元化发展格局（如文化艺术领域），应夯实北京文化艺术发展的传统文化基础，培育文化产业发展的深层土壤（如传统民居建筑的维护），对各地节庆祭祀等传统文化活动的继承以及对各地文化遗产、民间艺术、传统工艺的扶持与振兴等；对于文化安全属性强的环节，应以政府为主导，如新闻传播等，确保文化安全。此外，由于传统行业体制原因，此类行业发展重点应是激发活力，目标是多出符合党、人民需求的精品。

2. 优势行业以提升质量为重点，以扩大辐射范围为目标

广告会展、艺术品交易、设计服务是目前北京的三大优势行业。但是，从世界范围看，具有国际影响力，体现"北京服务"、"北京创造"的文化产品不够丰富。这既是北京文化创业产业进一步发展的障碍，更不符合北京建设世界城市的目标要求。英国学者 Landry 指出：世界最有影响力的城市都是文化产业最集中最发达的地区①，如洛杉矶、纽约、巴黎、米兰或者东京等世界著名城市无一不是集聚了具有世界影响力的文化产业集群。因此，此类行业发展应以世界市场为目标，政策重心应聚焦于要素资源汇聚与质量提升，发展环境进一步优化，产业主体能力进一步提升。

3. 融合产业以渗透能力提升为重点，加速产业渗透和产业链延伸

文化产业融合是指文化产业依靠文化创意要素渗透进入相关产业的生产过程

---

① 王克婴. 天津文化产业发展路径研究——基于创意城市建设视角［J］. 观察，2013（1）.

中，经过业务、组织管理和市场等资源的整合，改变原有产业价值创造的过程，并使得市场需求和产业之间的竞争与合作关系发生改变，导致发生融合的产业之间产业边界的模糊化并产生融合，最终使发生融合的两个产业得到升级的一种产业发展过程①。提升文化产业渗透能力不仅可以提升文化创意产业竞争力，更是传统产业产品质量、形象及竞争力提升的重要条件。因此，充分发挥文化引领作用，加快文化元素与产业的研发、设计、营销等环节的融合融入，不仅可以改变传统生产与消费模式，转变传统增长机制，推动向产业链两端延伸、价值链高端攀升，加快产业结构创新、链条创新与形态创新，提高产业链整体发展水平和创新创意能力，而且是北京非首都核心功能疏解背景下北京经济持续发展的重要支撑，更是京津冀区域协同发展的实现路径。

三、重点强化市场体系建设与完善

产业健康发展需要完整的市场体系，这不仅包括资源市场、产品市场、产权市场等交易场所或空间，还应包括市场价格机制、市场竞争机制等的顺畅运行。文化创意产品与物质产品具有较大的差异：一是产品的竞争性和排他性都较弱，因此需要相应的产权界定与保护机制；二是产品的价格难于标准化，因此需要科学、合理、公正的定价或评估机制；三是文化创意产品的生产对自然资源依赖度低，而对人才素质要求较高。上述特性的存在使得文化创业产业发展以来的市场体系具有一定的特殊性，并主要表现在产业界定与价格评估两个方面，因此文化创业产业市场体系完善与调整应包括以下几个方面。

（一）优化产权确定与保护体系

知识产品的无形性、消费的非排他性使得产权界定是创新产品出现、交易的必要前提。完善的知识产权确立程序与保护体系能够为权利人带来良好的收益，从而在全社会形成创新的物质激励及示范效应。因此，首先，应建立便捷的创意作品及形象的专利申请、商标注册、软件著作权登记等知识产权确立的程序、办法。建立、完善并逐步优化创意作品著作权登记资助制度，研究制定鼓励版权输出等方面的扶持政策。其次，在数字技术自身快速发展，并加快向传统产业渗透背景下，应提升对数字版权保护力度，同时提升知识产权数字保护途径与能力。再次，充分调动文化创意产业社会组织的积极性，建立企业、社会组织、政府三方协调的知识产权保护新机制。最后，在全社会范围内进一步提升知识产权宣传保护力度，加大侵权整治力度，保障创意主体的合法权益。

（二）构建产权评估体系

清晰的产权与明确的价格是交易的前提，确权与保护使得知识产权的产权边

---

① 金雯. 新常态背景下江苏文化产业融合发展的时间演进与路径优化［J］. 社会经济，2013（1）.

界得到明确，但并不能解决文化创意产品的价格问题。在传统产业中，市场基于同质产品的多次交易履行价格发现职能。但是，差异与创新是文化创意产品本质与灵魂，因此，无法通过传统供求交易均衡等市场价格机制发现价格，基于过去经历的信任机制将在这里发挥较大作用。如果不注重产权确立，对于缺乏产品及交易历史的新设企业而言，创意创新产品将面临低值成交，甚至无法完成交易的困境；大型成熟企业将垄断创新创意产品价格及交易，影响市场创新活力。因此，应深入研究文化创意产业产品的价格评估方法，针对不同类别文化创意产品制定知识产权评估标准，建立公益性评估平台等。

（三）完善产权交易体系

以文化产权交易平台搭建为抓手，推动北京市文化产权交易中心，创新运营模式、交易制度和交易品种，开辟文化企业与社会资本对接渠道，引导文化要素有序流动，促进产业核心资源有效配置。加强文化产权管理和运营，推动文化产权投融资服务和资产证券化业务的开展。推动文化产权质押融资业务的推广，加大对中小企业融资需求的支持力度。积极引导各类风险投资机构参与科技创新型文化创意产业领域的产业化投资，活跃知识产权交易，促进文化产权流通和产业化运作。完善知识产权入股、分红等形式的激励机制和管理制度，提升企业知识产权综合能力，培育一批知识产权优势企业。

（四）优化资源交易体系

资源是任何产业发展的基础，相比农业及工业制造业，文化创意产业对传统资源的依赖性大大降低的同时，对高素质人才资源的依赖性却大大上升。相比传统资源，人才资源恰是我国改革最为滞后的领域。从整体看，截至 2014 年，北京文化创意产业从业人员达到 191.6 万人，占当年北京市总人口的 8.9%。而美国 2002 年文化创意产业从业人数占美国全国总就业人数的比例仅为 6%（占总人口比例小于 6%），同样历史悠久且最早提出"文化创意"概念的英国，当年的文化创意产业总雇佣人数占全国总人口的比例仅为 3.2%。由此可见，同发达国家相比，北京文化创意产业的人力资源丰富度较高。此外，由于北京市教育教学资源丰富，知名大学及科研院所能够进一步为人力资源储备提供保障。值得一提的是，北京文化创意产业从业人员较 2013 年的增长率为 18.5%，总人口增长率则为 1.75%，文化创意产业人才聚集程度仍在不断提高，人力资源的丰富度在未来有望进一步提升。但是，由于我国人才资源流动性较差，特别是高校、科研院所与产业结合性差，人才流通渠道不畅通。此外，人才评价体机制及传播渠道缺乏，严重影响优秀人才的遴选与培养。因此，北京应以现有人才资源为基础，构建包括评价及传播机制在内的人才资源交易体系。

四、进一步对政策进行梳理与优化

无论在典型西方市场经济国家还是东方文化创意产业大国如日本，文化创意产业的发展都是各国政府积极作为的结果。国家为了促进文化创意产业发展、营造优良的产业发展环境，颁布实施了大量文化创意产业促进政策。这为北京文化创意产业发展及政策制定创造了优良的政策环境。为贯彻落实中央及国务院关于文化创意产业相关政策，实现北京功能疏解与发展战略目标，国家和北京市发布了一系列政策支持文化创意产业发展。北京市文化创意产业"1＋X"政策体系更加完备。近年来，以2011年《关于发挥文化中心作用加快建设中国特色社会主义先进文化之都的意见》为统领，北京市出台了《关于金融促进首都文化创意产业发展的意见》、《北京市工商行政管理局关于支持文化产业创新发展的工作意见》等一系列促进文化创意产业发展的政策文件。特别是2014年出台了《北京市文化创意产业功能区建设发展规划（2014～2020年）》、《北京市文化创意产业提升规划（2014～2020年）》和《北京市人民政府关于促进文化消费的意见》，2015年出台了《北京市推进文化创意和设计服务与相关产业融合发展行动计划（2015～2020年）》，"1＋X"政策体系更加完备，北京文化创意产业发展的总体政策框架基本形成，这些产业政策主要体现在以下几个方面。

（一）产业开放政策——市场准入与投融资

仅靠政府的财政投入无法实现产业健康、快速可持续发展，因此完善的准入机制和充足资金成为北京文化创意产业发展的必要前提。

首先，北京放宽了文化创意产业市场准入条件，完善准入机制。《北京市文化创意产业投资指导目录》的制定和发布，实现了鼓励、允许、限制和禁止投资类项目目录管理，进一步放宽市场准入条件和领域，鼓励非公有资本及海外资本进入文化创意产业。此外，完善和全面执行《北京市在文化体制改革试点中支持文化产业发展的实施办法》、《北京市在文化体制改革试点中经营性文化事业单位转制为企业的实施办法》和《关于深化北京市文化体制改革的实施方案》，推进经营性文化事业单位转制为文化创意企业，推进政企分开、政资分开、政事分开、政府与市场中介组织分开，转变政府职能，强化市场主体地位，积极营造有利于文化创意产业发展的公开、公平、公正的市场环境。特别是鼓励企事业单位及个体创意人员，利用一切符合文化创意产业生产规律的经营方式和组织形式，发展文化创意产业。文化创意产业各类经营主体，凡符合条件的，均可加大资金支持，拓宽融资渠道。

其次，市政府设立文化创意产业发展专项资金和设立文化创意产业集聚区基础设施专项资金，对符合政府重点支持方向的文化创意产品、服务和项目予以扶持。此外，完善中小企业融资担保机制，鼓励金融机构开展文化创意企业知识产权权利质押业务试点。

（二）激励创新政策——鼓励创新与强化保护

针对文化创意企业、单位及个人的创意收入等制定了相应的税收减免政策，如在中关村科技园区内新办文化创意企业，被认定为高新技术企业后便可以享受企业所得税自获利年度起 2 年内免征，此后减按 15% 税率征收的优惠待遇，并以免征所得税为手段促进高等学校、科研机构服务与文化创意产业合作。此外，强化对文化创意企业创新的激励，加大对企业自主创新投入的所得税前抵扣力度，并允许企业加速研究开发仪器设备的折旧。

此外，为加强知识产权制度建设，为文化创意企业产品创新营造良好环境。如《北京市文化创意产业知识产权保护与促进意见》，明确了文化创意产业知识产权保护和促进办法，鼓励知识产权评价机构发展，建立健全知识产权信用保证机制。特别是建立版权资源信息中心和版权国际交易中心，构建版权授权体系。此外，制定了文化创意产业商标管理办法，定期编制和发布全市文化创意产业著名商标名录。

（三）竞争力提升政策——产业升级与贸易发展

首先，空间优化与资源集聚相结合。借鉴国际文化创意产业发展经验，北京市委推动产业升级，认定了一批文化创意产业集聚区（见图 6-3），并设立文化创意产业集聚区基础设施专项基金，对集聚区内环境整治、基础设施和公共服务平台建设等公共设施工程给予资金支持。在此基础上，北京市认定一批重点文化创意企业，积极支持重点文化创意企业承担本行业共性技术研发、市场推广等公共服务平台的建设，以实现重点企业引领带动的效果。

其次，产业影响力与国际竞争力相互促进。制定了《北京市促进文化创意产业发展的若干政策》，明确鼓励国际著名文化创意、制作、经纪、营销机构，利用其人才、技术、资金和营销渠道，与本市有条件的文化创意企业合作，开展文化创意活动，生产制作科技含量高、资金密集型的出口文化产品和服务，开展国际营销。通过提高本市文化创意产业的竞争力，扩大优秀民族文化的国际影响力。此外，对内扩大对文化创意产品和服务的政府采购范围，对外免征在境外提供文化劳务取得的境外收入营业税、所得税；鼓励和支持文化创意产品和服务出口业务。对具有自主知识产权和自主品牌文化创意产品和服务的出口，按照国家税法规定享受出口退（免）税政策优惠。另外，政府除对文化创意产品和服务出口业绩突出的企业予以奖励外，还对企业在文化创意产品和服务出口市场拓展活动予以资金支持。

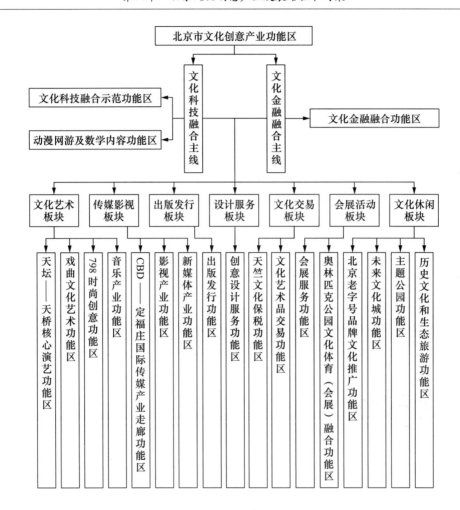

图 6-3　北京文化创意产业功能区规划

（四）统筹协调政策——空间与资源优化

为统筹协调推进北京文化创意产业发展，相关政策规定建立健全文化创意发展推进机制。同时，为此成立了专门的统筹推进机构——北京市文化创意产业促进中心。政策统筹协调主要体现在实施机制和实施效果两个方面：

1. 统筹协调的实施机制

《北京市促进文化创意产业发展的若干政策》明确规定：北京市对文化创意产业集聚区、重点文化创意企业、文化创意产业人才培养基地实行认定制度，经认定后，享受规定的优惠政策。同时规定：市政府各有关部门应及时清理现有有关文件，对与本文件规定不一致条款进行修订或废止，要依据本文件要求制定必要的实施细则。同时各区县人民政府可结合本地实际，制定相应的配套政策。另外，对于本文件与政策的关系也进行了安排：引用的《实施〈国家中长期科学和技术发展规划纲要（2006～2020年）〉的若干配套政策》中的有关财税政策，待国务院有关部门出台实施细则后执行。

2. 空间统筹协调优化

统筹协调区域功能定位和产业空间布局，优化北京文化创意产业政策的政策空间载体。特别是在非首都核心功能疏解背景下，更要积极发挥文化创意产业的作用，引导区县特色发展、错位发展，使功能区成为带动产业转型的示范、服务首都居民的窗口、展示人文北京的舞台、建设宜居城市的样板。为此，明确各区县文化创意产业发展的重点产业及协同发展产业，如表6-1所示。

表6-1 北京功能区建设与区县重点发展产业统筹优化状况

	重点支持产业	协同创新产业
东城区	艺术品展示交易、数字内容、文化产权交易、演艺演出及老字号品牌开发	特色剧场、时尚创意、版权交易、音乐制作
西城区	文化金融服务、创意设计服务、数字出版、演艺演出	会议展览、艺术品展示交易、老字号品牌开发
朝阳区	新闻服务、广播电视传输服务、广告服务、影视动画设计制作、影视节目制作发行、录音制作、艺术品展示交易	文化休闲娱乐、体育赛事与演艺、会议展览、数字内容创作生产、服装设计及展示
海淀区	数字内容研发生产、文化软件开发、互联网信息服务、影视节目制作与生产、影视动画设计制作、建筑及专业设计服务	文艺创作、演艺演出、文化生态休闲旅游
丰台区	戏曲文艺创作与表演、培训、数字出版	服装设计、演艺演出、文化生态休闲旅游
石景山区	动漫游戏设计制作、文化软件服务、数字内容生产传播	创意设计服务、文化生态休闲旅游
门头沟区	艺术品展示交易、文化生态休闲旅游	
房山区	历史文化及生态旅游、特色会展、文化休闲娱乐	演艺演出、设计服务
通州区	艺术品创作展示交易、出版展示物流发行	音乐培训创作、文化休闲娱乐
顺义区	会议展览服务、艺术品和版权产品交易服务	高端印刷及精品印刷

续表

	重点支持产业	协同创新产业
昌平区	文化休闲娱乐、影视节目制作、试听设备制造、创意设计服务	
大兴区	新媒体、影视节目制作、试听设备制造、创意设计服务	高端印刷及精品印刷、数字出版、乐器研发制作
平谷区	乐器研发制造、演艺演出、音乐创作、教育与培训、音乐版权保护与交易	
怀柔区	影视制作及版权交易、数字内容生产、影视体验娱乐、会议会展	文化生态休闲旅游
密云区	历史文化及生态旅游、文化休闲娱乐	
延庆区	历史文化及生态旅游、文化休闲娱乐	

3. 人才资源优化统筹

相比美国与英国，北京文化创意人才资源在规模上具有一定优势，但在高质量人才资源及人才资源配置上却存在显著不足。因此，《北京文化创意产业提升》、《北京文化创意产业功能区发展规划》及《北京市促进文化创意产业发展的若干政策》都对人才资源优化做出了相关规定，如支持高等院校、职业院校与文化创意企业联合建设文化创意产业人才培养基地，加强文化创意研发设计、经营管理、营销经纪人才快培养。鼓励高等院校、研究机构和企业开展文化创意人才的国际交流等，并且规定教育部门应对文化创意人才海外培训、海外专家和大学生来京研习予以资助。人事部门对文化创意企业引进外国专家、留学人员或建立博士后科研工作站给予立项、经费资助等方面的支持。特别是针对北京文化创意产业急需的高端人才，建立了文化创意产业与《北京市吸引高级人才奖励管理规定》、调京及办理《北京市工作居住证》等相关政策协调机制，如表6-2所示。

五、落实好评价反馈机制

政策效果评价是科学认识北京文化创意政策及其实施效果的基础。因此，应建立完整的文化创意产业政策评价制度。《北京市促进文化创意产业发展的若干政策》明确规定：建立健全文化创意产业统计制度及统计指标体系，及时准确地跟踪监测和分析研究本市文化创意产业发展状况。这为北京文化创意产业及其政策评价奠定了政策基础。

表 6 - 2　国际和北京市关于文化创意产业相关政策（如果需要再补充其他信息）

序号	政策名称		发布机构	发布时间
1	《关于进一步推动知识产权金融服务工作的意见》	国家政策		
2	《关于新形势下加快知识产权强国建设的若干意见》			
3	《关于推动传统出版和新兴出版融合发展的指导意见》			
4	《关于支持戏曲传承发展的若干政策》			
5	《中华人民共和国电影产业促进法（草案）》			
6	《国务院关于大力推进大众创业万众创新若干政策措施的意见》			
7	《国务院办公厅关于发展众创空间推进大众创新创业的指导意见》			

序号	政策名称		发布机构	发布时间
1	中共北京市委关于发挥文化中心作用加快建设中国特色社会主义先进文化之都的意见	北京政策		
2	北京市促进文化创意产业发展的若干政策			
3	关于金融支持首都文化创意产业发展的指导意见			
4	关于金融促进首都文化创意产业发展的意见			
5	北京市文化创意产业发展专项资金管理办法（试行）			
6	北京市文化创意产业贷款贴息管理办法（试行）			
7	北京市文化创意产业创业投资引导基金管理暂行办法			
8	北京市文化创意产业集聚区基础设施专项资金管理办法（试行）			
9	北京市文化创意产业集聚区认定和管理办法（试行）			
10	北京市文化创意产业知识产权保护与促进意见			
11	关于进一步鼓励和引导民间资本投资文化创意产业的若干政策			
12	北京市保护利用工业资源发展文化创意产业指导意见			
13	关于大力推动首都功能核心区文化发展的意见			
14	中共北京市委、北京市人民政府关于进一步促进服务业发展的意见			
15	北京市文化创新发展专项资金管理办法（试行）			
16	北京市文化创意产业分类标准			
17	支持北京市文化创意产业发展的若干措施			
18	北京市工商行政管理局关于支持文化产业创新发展的工作意见			
19	北京市文化创意产业功能区建设发展规划（2014～2020年）			

续表

序号	政策名称	发布机构	发布时间
20	北京市文化创意产业提升规划（2014～2020 年）	北京政策	
21	北京市人民政府关于促进文化消费的意见		
22	北京市推进文化创意和设计服务与相关产业融合发展行动计划（2015～2020 年）		
23	《北京市在文化体制改革试点中支持文化产业发展的实施办法》		
24	《北京市在文化体制改革试点中经营性文化事业单位转制为企业的实施办法》		
25	《关于深化北京市文化体制改革的实施方案》		

但是，当前对政策效果评价也存在着不足，应进一步改进完善。首先，在上述指标体系基础上，选择科学合理的评估方法，建立第三方评估制度。其次，建立评价结果反馈与使用制度，建立政策制定、执行、评估常态化联系机制。最后，提升政策评价与反馈在北京文化创意产业促进政策制定过程中的法律地位。

第三节　北京文化创意产业发展需要重点突破的方面

北京市已经发布《北京市文化创意产业功能区建设发展规划（2014～2020年)》和《北京市文化创意产业提升规划（2014～2020年)》，在产业发展层面，政策导向可以按此方向进行引导，但要提升产业竞争力，还需要在路径把握基础上，找准突破口，我们认为以下几个方面应该是北京目前迫切需要解决的。

一、加大人才队伍建设力度

创新是文化创意产业的灵魂，而人才是创新的主体，一批优秀的人才是文化创意产业发展和持续繁荣的关键。北京要贯彻中央的"千人计划"和"万人计划"，根据《首都中长期人才发展规划纲要（2010～2020 年)》制定首都文创人才发展规划，对接落实北京市各项人才扶持政策，研究制定促进文创人才队伍建设的意见，主要从人才的引进、培养和留用三方面入手。

首先，在人才引进方面，要健全海外高层次文创人才引进体系，构建引进文创人才动态监督管理机制，促进文创人才有序流动和健康发展。积极举办各种大型创意设计展览，打造文创人才互相交流、碰撞的平台，激发创意人才创造原创文化产品的激情和动力。可采取技术、资本、才能、成果等多种要素参与收益分配的方法，以成果入股、税后利润提成、一次性奖励等多种形式，创造良好的环境来吸引文化领军人物、文化资本运营人才、文化科技创新人才等在京创新创业，特别是那些既有深厚传统文化底蕴，同时又具备宽阔国际视野的海外留学归国人才。应树立新型人才观，既承认高学历的常规人才，对缺乏高学历和高资历的优秀人才，也应给予非常规的宽容和鼓励。

其次，在人才培养方面，以产业发展为导向，整合资源，发挥优势，分层次培养文化领军人物、青年文创人才，拓宽文创人才培养渠道。从小学、中学等早期教育开始，将创新思维和创新能力的培养贯穿于各级教育体系。进一步办好高等院校艺术、设计、传媒、广告、营销等专业，加大文化科技融合型人才培养，支持高等院校开设文化科技领域的跨界学科，强化数字媒体艺术特色领域的专业学科建设。同时，要促进与文化产业相关的职业学校和培训机构的产生与发展，培育一批既有实践经验又有理论知识的创意人才。鼓励并扶持高等院校、科研院所和文化企业，联合共建人才实训基地，加强人才的专业技能培训，提升其专业技能和综合素质。推进其与海外高校和培训机构的交流与合作，培养具有国际视野的创意设计、营销和管理人才。

最后，在人才留用方面，政府要完善文创人才职业发展激励措施，调整职称评定机制，研究制定文创人才评定标准，拓宽职称报考资质范围。通过对高端文化人才的认定和登记后，给予住房、交通、医疗、子女入学等方面福利政策留住人才。同时，要特别重视搭建文化创意人才资源库和平台，支持具有国际影响力的文化艺术人才积极"走出去"，比如可在影视、动漫、音乐等行业，通过与具有全球影响力的文化机构进行海外交流与合作，拓宽文化创意人才视野，增强文化创新能力，创造出更具特色的文化产品，提高北京文化人才在世界范围内的知名度和影响力，为优秀人才提供多元化、开放化的环境。

二、做好保护知识产权工作

文化创意产业是典型的知识密集型产业，其产品形态和知识形态往往同专利权、著作权、商标权、商业秘密权和反不正当竞争等知识产权具有密切的联系。加大对知识产权保护的力度是促进文化创意产业发展的基础和前提，也是其发展的重要保障。

首先，完善知识产权法律体系。从 20 世纪 80 年代起，我国就开始着手建立知识产权保护制度，目前已形成了初具规模的知识产权保护法律体系，但随着社会的不断发展，一些法律制度逐渐暴露出自身的缺陷与不足，甚至出现相互矛盾或冲突的情况。因此，需要积极修正与完善知识产权法律体系的纰漏与缺失，建立健全文化产业与科技融合的知识产权法律体系。与此同时，北京市应加快完善对知识产权现有的规章制度，并依据国家的法律法规制定相应的地方规章条例，为北京知识产权的保护提供强有力的法律保障。

其次，建立和完善知识产权服务平台。目前北京市知识产权局已经成立了知识产权公共信息服务平台，但该平台在内容和功能上仍存在着一些不足之处，有待改进。市知识产权局应根据社会的发展以及人们的需要不断完善该平台内容和功能等，更好地为企业和个人提供包括现有专利、已登记著作权等各类信息检索服务，使创作者能够全面了解与其相关的技术发明和已有作品的知识产权情况，避免重复创作或侵权。与此同时，市政府应联合市知识产权局建立完善的知识产权推介平台和商品交易平台，促进知识产权作品和技术发明的广泛与快速传播，推动创意作品的商品化，降低文化科技企业知识产权保护成本。

再次，加大执法力度。虽然目前我国知识产权保护的相关法律体系已经初步建立，但是执法不严的现象仍然大量存在，知识产权侵权行为频繁发生。要想促进北京市文化创意产业的发展，切实保护知识产权，必须在建立健全相关法律体系的同时，加大执法力度。因此，北京市应加强行政部门、公安部门、法院检察院等相关部门的合作，形成强有力的执法体系，按照"执法必严、违法必究"的原则，严厉打击各种侵权、盗版行为，对于违法企业应按照法律法规的规定予以警告、罚款、责令停产停业或吊销许可证等处罚，彻底肃清阻碍文化产业与科技融合的障碍，为北京文化产业与科技融合创造一个安定有序的制度环境。

最后，强化维权意识。法律法规的不健全和人们维权意识淡薄是知识产权侵权行为频发的重要原因。应从青少年抓起，在基础教育、中高等教育等各类教育体系中增设知识产权保护相关课程，使青少年从小就意识到知识产权保护的重要性。同时，通过广播、报纸、电视等各类社会媒体，加强对知识产权相关法律法规的宣传与普及，让更多人了解知识产权的内容及法律的规定，增强全社会的维权意识，是保护知识产权的有效措施。只有在全社会形成一种良好的维权氛围与风气，使每个社会成员都具有维权的自觉性，使侵犯知识产权行为为全社会所谴责，才能有效地保护知识产权。

三、提供财政税收保障

参照中关村国家自主创新示范区做法，积极争取出台功能区税收优惠试点政策。在规定期限内，对由经营性文化事业单位转制为企业的，免征企业所得税。

对功能区内从事文化产业支撑技术等领域的文化企业，按国家规定认定为高新技术企业的，减按15%的税率征收企业所得税。对文化创意和设计服务企业发生的职工教育经费支出，不超过工资薪金总额的8%，准予在计算应纳税所得额时扣除。企业发生的符合条件的创意和设计费用，执行税前加计扣除政策。由财政部门拨付事业经费的经营性文化事业单位转制为企业，对其自用房产在规定期限内免征房产税。积极研究制定功能区内符合国家相关政策的文化创意企业行政事业性收费减免措施，进一步降低企业水、电、气等运营成本。深入研究利用免征图书批发和零售环节增值税，重点鼓励文化产品和服务出口实行营业税或增值税免税等税收政策，促进产业发展。

四、进一步优化产业规划

要建立完善的产业政策保障体系，在文化产业政策保障体系构建过程中要立足于历史、现实和未来三个层面，从而构建一个符合北京文化创意产业发展规律以及市场特征的全民的政策体系。主要包括以下4个方面的工作：

（1）要合理调整文化产业结构政策。政府职能部门在文化创意产业政策制定过程中要充分把握文化产业结构，考虑其区位条件、资源条件等，明确政策的针对性，提供相应的产业配套条件，保证产业结构政策的整体协调性。

（2）要强化文化产业组织技术政策。该政策的主要作用是对文化市场中文化企业的行为进行约束，进一步规范文化市场，提升市场运转效率，建立健康有序的促进有效竞争的文化产业政策系统，为文化产业的产品创新，技术推广服务开发等工作提供政策保障和支持。

（3）要优化文化产业布局政策。文化产业布局政策主要解决两方面的问题，首先是要利用地区优势形成区域集聚，逐步完善区域内文化产业链，不断降低文化产品的生产成本；其次是通过区域优势带动周边区域文化产业发展，逐步缩小区域间文化产业发展的差距，促进社会经济均衡发展。

（4）要构建产业链。产业化发展需要一个完整的产业链支撑。北京文化产业必须打造产业链，才能产生规模效应和互动效应。与传统产业链不同，文化创意产业链是以创意为龙头、以内容为核心，驱动产品的创造，创新产品的营销，并通过后续衍生产品的开发，形成上下联动、左右衔接、一次投入、多次产出的链条。在这个链条中，创意是核心价值，产业链通过创意的"价值扩散"来实现。原创企业通过合作开发、专利技术或者版权转让形式，把创意的核心价值扩散到周边关联产业中，形成长线生产能力，扩大产业链的规模。

五、加快文化投融资服务体系建设

在北京的文化产业发展中，政府应该在财政预算中设立专项的资金用于文化产业的投入，适当地提高文化产业发展的财政支出比重。通过减免税收、增加文化补贴的方式支持文化产业的发展。同时也要勇于打破市场垄断，充分调动民间资本，激发社会公众对参与文化产业建设的积极性，鼓励和支持非从事文化产业的企业和个人、社会团体设立文化发展基金，对文化事业进行投资。鼓励一些经营好、效益高的文化企业直接上市融资，以获得更多的资金来发展。目前我国创意产业投资主体相对单一，政府需要转变投融资观念，降低市场进入门槛，进一步改善投融资环境，实现投资主体的多元化。

一要放宽市场准入条件，出台各项优惠政策，利用财政、税收、信贷等经济杠杆，积极鼓励并引导民间资金和国外资金向政策允许的文化创意产业领域流动。利用外国直接投资，吸收外资进入我国文化创意产业领域的方式很多，可以吸引其直接投资建厂，也可以将资金引入大型项目，抑或对我国文化创意企业进行购并或股权互换。

二要加快建立以政府为主体的政策性信用担保机构，按市场规则运行的商业性担保机构和以企业合作为特征的互助性信用担保机构，主动为优质的创意企业融资提供信用保障。拓展关系型贷款，在我国现有经济环境下，传统银行体系中的关系型贷款应该是绝大多数文化创意企业尤其是中小型文化创意企业最具可行性的融资渠道。对于文化创意产业企业而言，要想疏通关系型贷款并进而获得稳定的融资渠道，需要多方面的共同努力，特别是应得到政府的积极支持。

三要积极构建多层次的资本市场，完善创业板块和产权交易市场，推动优秀的文化创意企业通过直接上市和知识产权的市场化运作获取直接融资。同时，引入风险投资。国家通过制定相关政策，把发展风险投资纳入经济和社会发展总体规划之中，鼓励风险投资基金的发展并给予其优于其他基金的税收政策。

四要拓展风险投资基金与私募股权基金的资金来源，充分发挥风险投资和私募股权投资的要素集成和资金放大功能，解决创意企业的资金短缺问题。尽快采取措施，设立创意产业基金，支持创意产业发展。

六、搭建并充分发挥产业服务平台功能

要促进文化产业更好更快发展，政府必须以健全和完善文化产业促进体系为抓手，通过服务平台的搭建，为文化产业发展营造良好的信息平台、技术平台、人才培养与交流平台、市场交易平台、投融资平台、知识产权保护平台环境。

（1）搭建信息平台。文化创意产业信息平台面向科研人员或特定行业，提供相关文献、成果转化、专家咨询等专业性的文化信息服务。例如，数字内容产业信息平台、影视产业信息平台、出版信息平台、旅游信息平台等，都属于专业文化产业信息平台的范畴。

（2）搭建技术平台。文化创意产业整合企业、高校及设计机构的设计研究与技术设备，为设计师和企业提供科学的设计技术支撑。以动漫产业为例，我国动漫产业几乎全是民营的，其共同特点是规模小、技术力量弱、资金人才缺乏。而动漫产业是个高投入的产业，只有建立文化产业公共技术性服务平台，才能迅速改变动漫民营企业"少资金—技术水平低—缺好作品—效益不高—人才流失"的恶性循环。

（3）搭建人才培养与交流平台。依托专业院校、教育培训机构和企业多方力量搭建人才培养平台；实施"走出去，引进来"战略，积极引导文化创意企业加强对周边地市的业务拓展、设立分支机构；同时，加强引进国内外知名文化创意企业（机构）进驻、积极举办各种类型的交流会，努力搭建知识界、文化界和经济界的合作交流平台。

（4）搭建市场交易平台。从文化资源到文化产品再到文化产业，都是在市场交易的基础上发展的。通过举办高水平的文化类会展（如文博会、休博会、动漫节等）、产业园区建设（将园区打造成有较高知名度、相当规模的艺术品交易场所）及数字化交易平台等措施搭建文化产品交易平台。

（5）搭建知识产权保护平台。成立知识产权保护协会，举办企业知识产权战略及专利信息运用培训班，普及知识产权保护认知；加强知识产权保护信息监测平台建设，利用行业协会、代理机构的专业优势和市场信息优势来完备的监控档案；建立知识产权保护服务协作平台，利用行政指导，帮助企业建立完善知识产权管理组织机构及相关规章制度，同时发挥行业协会的作用，把行业协会作为知识产权保护的重要力量，实现更深层次上的知识产权资源共享和协同模式。

附录1 石景山区文化创意产业发展的路径和对策研究

党的十七届六中全会围绕建设社会主义文化强国和实现到 2020 年文化改革发展奋斗目标，对文化改革发展进行了战略部署，这是当前和今后一个时期指导我国文化改革发展的纲领性文件。这一重要文件对石景山区来说意义尤为重大，CRD 的核心内涵是首都文化娱乐休闲区，中共十七届六中全会精神和 CRD 内涵契合度非常高。我们应抢抓机遇，充分发挥文化引领作用、重点发展文化创意产业、开拓文化产业视野，延长文化产业链条，打造文化创意产业集聚区，使文化创意产业成为石景山区的战略性支柱产业。

第一节 石景山区文创产业发展轨迹及规律分析

一、石景山区文创产业的发展轨迹

（一）第一阶段：产业空白期（2003 年前）

在北京市文化创意产业发展的萌芽阶段，北京要建设国际化大都市，同时奥运会也成功申办，由此产生的城市功能定位及城市环境改造等需求极大地影响了石景山区的产业结构和产业发展。最为突出的是首钢搬迁调整趋势日渐明显，石景山区的产业重点势必面临着调整和重新定位。这对以工业为主导产业的石景山区提出了很大的挑战。

2003 年前，石景山区国有、集体小企业产权制度改革不断推进，在地区生产总值比重中占据主导地位的第二产业迅猛发展，区域经济实力逐步提升。2002年地区生产总值为 126 亿元，全社会固定资产投资额为 29.9 亿元，社会消费品零售额为 66.6 亿元，财政收入为 9 亿元，财政支出为 10.8 亿元，职工平均工资为 19506 元,居民人均可支配收入为 11018.1 元,居民人均消费性支出为 9123.7 元。

在此阶段,石景山区的主导产业仍为第二产业,包含文化创意产业在内的第三产业发展缓慢。同时,文化创意产业概念不明朗,大多数归属于文化创意产业范围的领域没有产业基础和足够的支持。

(二)第二阶段:产业摸索期(2003~2005年)

随着 2003 年北京市被确定为国家首批文化体制改革综合试点地区之一,北京文化创意产业进入起步阶段。同时,首钢搬迁调整战略初步确定,石景山区委、区政府未雨绸缪,及时调整区域发展思路,并启动了一个名为数字娱乐产业发展的研究课题,正是当年这个颇为前沿的软课题,揭开了石景山区打造首都休闲娱乐中心区的发展序幕,才有了后来石景山区作为北京市首批文化创意产业集聚区之一的北京数字娱乐产业示范基地的建设和崛起。

2003 年数字娱乐产业软课题研究起步,2004 年"北京数字娱乐产业示范基地"成功在北京市科委立项,2005 年成为"国家数字媒体技术产业化基地"和"国家网络游戏动漫产业发展基地"重要组成部分。在这三年间,包含文化创意产业在内的第三产业发展较快,在地区生产总值比重中已稳定在 30% 左右。同时,城市建设步伐加快,道路、桥梁及绿化覆盖率进一步提高,地区服务功能进一步完善。

在这个阶段,石景山区政府积极发展总部经济。2004 年,整合原科委办公楼资源,引进数字娱乐企业 26 家,吸引投资 8000 万元,启动北京数字娱乐产业示范基地建设。同年,北京信息安全产业基地一期建设目标基本实现,入驻企业 19 家,年产值预计实现 2 亿元。成功引进世界三大娱乐品牌之一的环球嘉年华活动,累计接待游客 100 多万人次,实现营业总收入 1.38 亿元,税费 1200 多万元,为 1500 多人提供了就业机会。

2005 年 2 月经国务院批准,国家发展改革委批复了《关于首钢实施搬迁、结构调整和环境治理的方案》,同意首钢实施压产、搬迁、结构调整和环境治理。随着首钢涉钢产业调整搬迁,石景山区开始面临产业空心化的危险。在此背景下,借 2005 年北京城市总体规划修编为契机,组织实施发展定位研究,根据北京市赋予石景山区新的功能定位,在深入调研、充分论证的基础上,确定了"打造北京 CRD,建设首都新城区"的发展定位,努力打造集文化娱乐、商务办公、科技服务、旅游观光等功能于一体的首都休闲娱乐中心区。同年,北京数字娱乐产业示范基地获得国家科技部 863 计划支持,成功举办全国电子竞技运动会和电子竞技世界杯中国区总决赛。成立北京数字娱乐发展有限公司,全年入驻数字娱乐企业 50 家,注册资金 1.3 亿元,实现收入 5000 万元。数字娱乐产业链正在形成，产业聚集效应日渐体现。同时，石景山区还成功举办"打造北京 CRD，建设首都新城区"主题及项目推介会，参加京港合作洽谈会，着力推介石景山区发展战略和重点项目。赴日本、韩国开展推介活动，与韩国首尔市签署了推进数字娱乐产业发展协议并和 4 家韩国公司达成合作意向，其中两家公司已入驻数字娱乐产业基地。北京数字娱乐产业示范基地电子竞技大厅、时空隧道、信息综合楼和数字科技馆建设全面展开。

在这三年中，石景山区围绕 CRD 建设快速铺垫并发展数字娱乐产业，在实践中摸索并形成了一定的产业基础。总结三年成果，石景山区政府在 2006 年初的政府工作报告中明确指出要在下一步工作中紧紧围绕 CRD 发展定位，通过重点项目带动、环境优化推动，培育新的经济增长点，促进区域经济在调整中实现新的发展。

（三）第三阶段：产业形成期（2006～2010 年）

2006～2010 年正对应"十一五"发展期。在首钢涉钢产业搬迁和产业结构调整启动后，石景山区进入了经济社会全面战略转型期。为了解决产业空心化问题，拓展发展空间，区委区政府积极利用全市大力发展文化创意产业的大好形势，将文化创意产业作为石景山区发展的新兴产业，并在 2008 年区委区政府编制的《首都文化娱乐休闲区（CRD）建设行动规划》中明确指出要把文化创意产业作为 CRD 建设的先导产业。同年，区文化创意产业领导小组制定了《北京市石景山区文化创意产业发展规划（2008～2010 年）》。截至 2010 年底，文化创意产业品牌影响力和集聚效应进一步凸显，已由先导产业发展成为支柱产业和战略转型重点产业，石景山区已成为北京市文化创意产业的重要功能区。

2006 年北京数字娱乐产业示范基地获得国家科技部 863 计划支持，并被纳入首批北京市文化创意产业集聚区，产业发展步入快速集聚阶段。基地入驻企业 90 余家，研发生产数字娱乐产品 200 余项，在建和筹建项目达 100 余项，完成技工贸收入 2.3 亿元，数字娱乐产业集群初步形成，成为北京市文化创意产业重要集聚区。2007 年北京国际文化创意产业博览会在石景山召开。2008 年 1～11 月，石景山区 62 家规模以上文化创意产业单位实现营业收入 118 亿元，同比增长 35.7%；利润总额由 2007 年的 1.6 亿元增加到 10 亿元，增长 5 倍；应交税金 2.4 亿元，同比增长 45.7%。此外还通过招商引资等一系列优惠政策吸引了注册资金在 1000 万元以上的 11 家文化创意企业入驻。2009 年，全区规模以上文化创意产业单位由 2008 年的 62 家发展到 100 家，实现营业收入 97.5 亿元；利润总额完成 15.8 亿元；应交税金 4.4 亿元，同比增长 83.3%。同年，新增注册资金 1000 万元以上的文化创意企业 21 家。截至 2010 年底，全区文化创意企业 2700 多家，比 2005 年增长 10 倍；规模以上文化创意企业实现收入 164 亿元，比 2005

年增长 2.6 倍，年均增长 29.8%；各项应交税金为 11.9 亿元，是 2005 年的 17 倍，实现利润总额 25.5 亿元，是 2005 年的 51 倍，应交税金和利润总额年均分别增长 76.2% 和 119.5%。2007～2010 年，在各类政策刺激及已有产业基础的促进下，石景山区文化创意产业增加值平均增速高于北京市文化创意产业增加值平均增速。截至 2010 年底，全区文化创意企业逐步形成网络游戏、影视动漫和数字媒体三大产业格局；成功引进一批文化创意龙头企业和单位；北京数字娱乐产业示范基地、中国动漫游戏城先后被认定为北京市文化创意产业集聚区。同时，产业内的自主创新能力逐步提升、一批重大项目纷纷立项建设、人才进一步会集、地区环境及其他服务设施也在逐步完善。2010 年文化创意产业增加值占地区 GDP 的比重超过 12%，带动石景山区第三产业占 GDP 比重从 2006 年的 32.7% 上升到 2010 年的 56%，为推动地区经济社会发展做出了积极贡献，地区文化创意的品牌影响力也得到很大的提升。

在这五年中，石景山区坚持建设 CRD，并依据新形势下的已有产业基础来加快建设文化创意产业，对文化创意产业的地位给予了充分的肯定。同时，伴随北京市文化创意产业集聚区的发展，石景山区也在文化创意产业集聚区建设上取得了较好成绩，形成具有自身特色和定位的文化创意产业发展方向。

（四）第四阶段：产业升级期（2011 年至今）

步入"十二五"阶段，各项产业政策及规划明朗化。全区区域经济结构调整进一步深化，对主导产业扶持力度不断加大，文化创意产业得到了高速发展，集聚了一批优势企业，以网络游戏为特色的数字娱乐产业主导地位进一步巩固，产业优势效应进一步彰显，逐渐成为文化创意产业发展的有力支撑行业。2011 年石景山区被评为"2011 年度十大最具影响力国家文化产业示范基地"。截至 2011 年底，全区文化创意企业超过 3000 家，比 2005 年增长 10 余倍。

（1）经初步统计测算显示：2011 年，规模以上（纳入日常统计范围）文化创意单位共有 135 家，同比增长 17.4%；实现收入 205.8 亿元，各项应交税金为 10.7 亿元，实现利润总额 31.1 亿元，同比分别增长 24%、29.5% 和 21.4%；吸纳从业人员 2.4 万人，同比增长 29%。

（2）在文化创意产业九大领域中，以网络游戏行业为主要构成的软件、网络及计算机服务领域占据了主导地位，比重进一步加大。

经初步统计测算显示：2011 年，软件、网络及计算机服务领域，实现收入 106 亿元，各项应交税金为 8.2 亿元，实现利润总额 27.1 亿元，吸纳从业人员 1.2 万人，同比分别增长了 37.3%、25.7%、19.3% 和 46.4%；在文化创意产业中所占比重分别为 51.5%、76.6%、87.1% 和 50%，其中收入所占比重比同期提高了 5 个百分点。逐渐成为文化创意产业发展的主要支撑力量。

（3）产业集聚效应显现，文化创意产业发展进一步提速。2011年，新增规模以上文化创意产业单位28家，其中网络游戏行业单位所占比重达到50%，在国内网络游戏行业占有优势地位的"趣游"、"漫游谷"等企业纷纷入驻。新增单位实现收入27.3亿元，对文化创意产业的贡献率达到68.6%。

二、石景山区文创产业发展的规律

通过对石景山区文化创意产业发展历程的梳理可以看出，该产业的现有态势是政策推动、技术进步、产业发展、市场需求、环境配套等一系列因素促成的。同时，各个关键节点上进行的理论研究，出台的扶持政策，提供的发展空间等也对当前整个产业结构和发展规模的形成起到了至关重要的作用。以下按年度汇总2003年至今的文化创意产业发展程度及其背景（见附表1-1和附表1-2），并在此基础上总结其发展规律。

附表1-1　2003~2011年石景山区文化创意产业发展相关数据

产业发展考察项　　　　　年份	2003	2004	2005	2006	2007	2008	2009	2010	2011
文化创意产业发展阶段	I	I	I	II	II	II	II	II	III
地区生产总值（亿元）	138.5	149.7	197.3	203.5	226.3	208	248.6	295.5	320
第三产业增加值（亿元）	39.8	43.6	57.6	62.5	73.9	93.6	136.3	168.4	192
第三产业增加值所占比例（%）	28.7	29.1	29.2	30.7	32.7	45	54.8	57	60
文创企业数目（家）				888	1469	1395	1832	2389	2895
规模以上文创企业数目（家）					41	94	119	124	135
规模以上文创企业收入（亿元）					52.9	83.6	96.7	164	205.8
规模以上企业增加值占 GDP比值（%）					3.8	8.7	10.1	>12	
规模以上企业应交税金（亿元）					1.1	2.3	4.4	11.9	10.7
规模以上企业利润总额（亿元）					0.7	9.1	15.6	25.5	31.1
从业人数（人）									24000

附表 1 - 2　2003～2012 年石景山区文化创意产业发展背景汇总表

年份	所属阶段	北京市及石景山区出台的政策及相关发展意见
2003	I	略
2004	I	文化创意产业进入《国民经济行业分类》目录
2005	I	《北京市商业流通发展资金使用管理办法》（京财经一〔2005〕448 号） 《北京市支持中小企业发展专项资金管理暂行办法》（京财经一〔2005〕412 号） 北京市财政局、北京市国家税务局、北京市地方税务局转发《财政部、海关总署、国家税务总局关于文化体制改革试点中支持文化产业发展若干税收政策问题》的通知（京财税〔2005〕825 号） 北京市财政局、北京市地方税务局转发《财政部、海关总署、国家税务总局关于文化体制改革中经营性文化事业单位转制为企业的若干税收政策问题》的通知（京财税〔2005〕828 号）
2006	II	北京市数字娱乐产业基地优惠政策 北京市文化创意产业投资指导目录（2006 年） 北京市文化创意产业分类标准 北京市文化创意产业集聚区认定和管理办法（试行） 北京市文化创意产业发展专项资金管理办法（试行） 北京市促进文化创意产业发展的若干政策 促进北京市商业服务业老字号发展专项资金使用管理办法 支持北京市文化创意产业发展的若干措施（京关办〔2006〕467 号） 北京市文化创意产业集聚区基础设施专项资金管理办法（试行） 《财政部、国家税务总局关于宣传文化增值税和营业税优惠政策的通知》（财税〔2006〕153 号） 北京市财政局、北京市国家税务局、北京市地方税务局转发财政部、国家税务总局关于企业技术创新有关企业所得税优惠政策的通知（京财税〔2006〕2421 号）
2007	II	北京市国家税务局转发财政部、国家税务总局《关于宣传文化增值税和营业税优惠政策的通知》（京国税发〔2007〕4 号） 北京市展会知识产权保护办法 北京市保护利用工业资源、发展文化创意产业指导意见

续表

年份	所属阶段	北京市及石景山区出台的政策及相关发展意见
2008	II	北京市文化创意产业贷款贴息管理办法（试行）（京文创办发〔2008〕5 号） 北京市人民政府关于全面推进北京市旅游产业发展的意见（京政发〔2008〕45 号） 《动漫企业认定管理办法（试行）》（文市发〔2008〕51 号） 石景山区编制《首都文化娱乐休闲区（CRD）建设行动规划》 《北京市石景山区文化创意产业发展规划（2008～2010 年）》
2009	II	《北京市文化创意产业担保资金管理办法（试行）》（京文创办发〔2009〕3 号） 北京市关于支持影视动画产业发展的实施办法（试行）（京文创办发〔2009〕4 号） 北京市关于支持网络游戏产业发展的实施办法（试行）（京文创办发〔2009〕5 号） 《关于实施〈动漫企业认定管理办法（试行）〉有关问题的通知》（文产发〔2009〕18 号） 北京市动漫企业认定管理工作实施方案 《国务院关于进一步促进中小企业发展的若干意见》（国发〔2009〕36 号） 关于金融支持首都文化创意产业发展的指导意见 北京市文化创意产业创业投资引导基金管理暂行办法 石景山区人民政府关于印发《石景山区科学技术奖励办法》的通知 石景山区人民政府关于印发《关于帮扶中小企业应对国际金融危机工作方案》的通知
2010	II	关于大力推动首都功能核心区文化发展的意见 《中国人民银行银监会　证监会　保监会关于进一步做好中小企业金融服务工作的若干意见》（银发〔2010〕193 号） 《关于加强辖内银行业金融机构小企业信贷工作的指导意见》
2011	III	石景山区人民政府关于印发《石景山区科学技术奖励办法》的通知 石景山区人民政府关于印发《石景山区鼓励企业上市暂行办法》的通知 石景山区人民政府关于印发《石景山区促进现代金融产业发展的意见》的通知 石景山区人民政府关于印发《石景山区促进现代金融产业发展暂行办法》的通知 石景山区人民政府关于印发《石景山区鼓励股权投资业发展暂行办法》的通知 石景山区人民政府关于印发《石景山区常青藤高端人才集聚区管理办法》的通知 石景山区人民政府关于印发《石景山区服务重点企业办法》的通知 石景山区人民政府关于印发《石景山区重点实验室与创意工作室认定与管理暂行办法》的通知 石景山区人民政府关于印发《关于加快石景山区电子商务发展的若干意见》的通知
2012	III	石景山区人民政府关于印发《石景山区全民健身实施计划（2011～2015 年）》的通知 ……

　　根据上述发展历程，以及附表1-1、附表1-2的数据及内容显示，可以总结出以下几点规律：

　　（1）从跟进速度上看，石景山区文化创意产业的发展在2003年之前滞后于北京市的文化创意产业发展。在地区产业结构调整趋势较为明显之后，石景山区迅速行动，大胆尝试，从数字娱乐产业入手逐步发展起来。尤其是2006年之后，更能紧跟北京市对文化创意产业的相关规划和发展意见，并形成特色鲜明、重点突出的产业发展模式。因此，加大对前沿产业发展理论和模式的研究，以及利用优势资源快速发展壮大文化创意产业内的各个行业是非常有必要的。

　　（2）从政策层面，全区于2006年以来出台多项促进文化创意产业发展的政策措施，制定了《北京市石景山区文化创意产业发展规划（2008~2010年）》，设立了每年1亿元的文化创意产业专项资金，通过奖励、贷款贴息、项目补贴等方式，扶持企业做大做强。同时，推出了区领导与重点企业联系制度，切实解决企业发展过程中遇到的困难和问题；推出"创业导师"服务，重点加大企业高管在产业开发、投融资心理辅导等领域的支持力度等；推出"CRD绿卡"制度，持卡企业享受行政事项快捷办理和人才配套服务保障；推出在进京落户、子女入学、住房补贴、医疗保障等方面畅通"绿色通道"，解决引进人才的后顾之忧。这一系列涉及产业引导、财税优惠、人才建设等方面的政策在企业落户、发展、成长的过程中起到了关键作用。因此，坚持政策先导，灵活、及时、合理、准确地制定并完善企业发展所需的各项政策，用好用足中关村、北京市等相关政策，加强落地实施，可以坚定文化创意企业和人才扎根石景山的信心。

　　（3）在政府服务层面，石景山区不仅给予企业各方面的优惠政策，还实施积极的引导策略，通过搭建产业发展集聚区、培育公共服务平台等为企业的发展提供充足的市场环境、办公环境及其他配套设施支持。具体来看，成立了以区委书记、区长为组长，32个职能部门为成员单位的文化创意产业领导小组，领导小组办公室设在宣传部，后又成立区文化创意产业促进中心，从而形成区文化创意产业领导小组决策、文化创意产业领导小组办公室业务指导、多部门联动的高效推进体系；建立区法院知识产权庭和中国互联网调解中心石景山分中心，实施知识产权托管工程，切实保护创意成果等。这些政府层面提供的公共服务平台为文化创意产业的发展提供了引导、支持和保障，为本区文创产业的繁荣发挥了重要作用。由此来看，建立和完善更多在信息、技术、人才、交易、创业孵化等方面的公共服务平台，不仅可以促进本区文创企业的发展壮大，还有利于其对外交流的层次和范围，有利于最终形成市场开放、重点突出、协同创新的发展格局，促进产业链和优势要素集聚。

　　（4）从品牌塑造上，目前石景山区已获得"国家数字媒体技术产业化基

地"、"国家网络游戏动漫产业化基地"、"中国电子竞技运动发展中心"、"国家
动画产业基地"和"国家文化产业示范基地"5块国家级牌子，中关村科技园区
石景山园荣获中国最具投资价值园区、中国最佳创意产业园区和中国最具影响力
园区等称号。全区现已组织各种文化创意活动60余次，如动漫游戏产业发展国
际论坛、中国数字娱乐高层论坛、新媒体节、ECL电子竞技全国联赛等活动。原
有的游乐园洋庙会、重阳登高节等传统品牌活动地位进一步巩固，CRD冰雪节、
北京台湾美食文化节等新活动品牌效应逐步显现，展示了石景山的文化魅力。同
时，全区规模以上文化创意产业企业的数目、企业收入、税收和利润数目在近些
年都是呈上升趋势的。这些规模以上企业发展及其品牌效用可以带动一批同类企
业或相关配套企业的发展，并能在很大程度上提高石景山区文化创意产业的品牌
知名度。而且，通过多年的品牌塑造、推广和发展，现已有多项影视、动漫、网
游作品及多个企业荣获国际国内大奖。因此，非常有必要加强产业、园区、企业
和文创产品等方面的品牌知名度，加大品牌的塑造、推广和发展力度，有力地促
进全区文创产业的升级和壮大。

从上述规律可以得出石景山区文化创意产业发展基本上是以政府导向为主，
由政府导向集聚政策导向，进而形成的企业集聚。下一阶段应该在企业集聚基础
上，由政府导向向市场导向转变、由政策导向向集聚辐射作用发挥导向发展。

三、石景山区文化创意产业特色化评价及企业调查分析

（一）动漫网游是石景山文创产业的鲜明特色

石景山区文化创意产业类型中，动漫网游产业已形成鲜明特色。2010年，
石景山区动漫网游所属的软件、网络及计算机服务领域实现收入77.4亿元，在
文化创意产业中所占比重为48%，比2005年提高了46.6%，成为了文化创意产
业中占比最大的产业类型①。

调查显示（见附图1-1），石景山区文化创意产业中，企业数量最多的行业
是文化艺术，软件、网络及计算机服务仅排在第四名。但是，在规模以上企业中
（见附图1-2），软件、网络及计算机服务在2009年之后便遥遥领先于其他行
业。这说明，动漫网游所属的软件、网络及计算机服务业虽然企业总数不多，但
是实力强大。

从全国看，石景山的动漫游戏产业总值达65亿元以上，占全国产值的1/7。
截至2011年底，石景山区文化创意企业超过3000家；规模以上文化创意企业实
现收入近200亿元，年均增长30%左右。完美时空、盛大无线、搜狐畅游、巨人

---

① 石景山区影视动画、网络游戏发展状况［EB/OL］. http：//www. sjs. bjstats. gov. cn/nicms/nicms/
sjstjj/tjfx/ztfx/modules/news/news_ 0092. html？ uri＝/sjstjj/tjfx/ztfx/index. html，2011－06－02.

网络等全国前十位网络游戏企业总部或分支机构先后落户石景山①。可见，在京范围内动漫网游产业确实已发展成为石景山区文创特色产业。

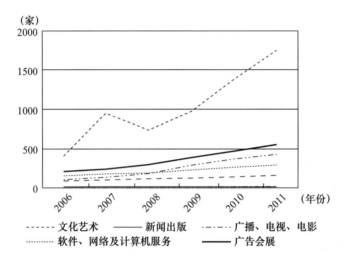

附图1-1　石景山区分行业企业数量（总户数）

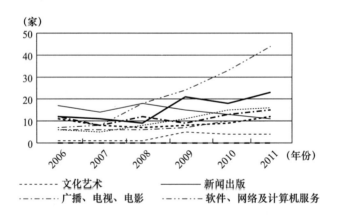

附图1-2　石景山区规模以上企业数量

（二）北京数字娱乐产业示范基地概况及 SWOT 分析

北京数字娱乐产业示范基地于 2003 年在石景山区正式启动。2006 年北京数字娱乐产业示范基地获得国家科技部 863 计划支持，成为国家级"数字媒体技术

---

① 石景山：数字娱乐第一区［EB/OL］. http：//www. sjs. bjstats. gov. cn，2012 –01 –01.

产业化基地"和"网络游戏动漫产业发展基地"的重要组成部分。基地入驻企业 90 余家，研发生产数字娱乐产品 200 余项，在建和筹建项目达 100 余项，完成技工贸收入 2.3 亿元，数字娱乐产业集群初步形成，成为北京市文化创意产业重要集聚区①。

目前，数字娱乐示范基地拥有一定优势和发展机会，但是也存在着一些劣势和外部威胁。利用 SWOT 分析矩阵可以清晰地看到下列问题，如附表 1 -3 所示。

附表 1 - 3　北京数字娱乐产业示范基地 SWOT 分析

	优势 S	劣势 W
内部能力　　　　　　　　　　　外部能力	①品牌集聚效应初步显现 ②网游龙头企业的辐射效应初步显现	①内生集聚力不足，过度依赖政府政策扶持 ②区域内产业链尚待完善，产业环境尚待提升 ③基础硬件设施和公共服务设施不足、企业载体承载力不足 ④公共服务平台品质单一、缺少中介类组织 ⑤企业创新能力不足（技术、服务、产品、产业链条）
机会 O	SO	WO
①国家专项资金及政策的支持 ②区政府主导产业 ③区政府政策扶持 ④与中关村石景山园、中国动漫游戏城的协同效应	利用国家及区政府政策及资金支持最大程度发挥品牌集聚效应及龙头企业辐射效应	政府引导完善区域内产业链及产业环境，为完善基础设施及公共服务设施提供资金及政策支持，发扬政策优势做好创新人才的吸引及保留工作
威胁 T	ST	WT
①入驻企业的趋利性 ②其他区县的同质化竞争	最大程度发挥品牌集聚效应及龙头企业辐射效应，转变政策吸引集聚为产业环境吸引	完善产业链、政策集聚转变为创新型或龙头企业辐射型集聚

（三）中国动漫游戏城概况及 SWOT 分析（见附表 1 -4）

为推动首都文化创意产业大发展、大繁荣，2009 年 4 月 16 日，北京市和文

---

① 2006 年石景山区经济和社会发展公报［EB/OL］. http：//www. sjs. bjstats. gov. cn/nicms/nicms/ sjstjj/tjgb/modules/news/news_ 0008. html？uri＝/sjstjj/tjgb/tjgb/index. html，2008 - 02 - 01.

化部签署"首都文化建设战略合作框架协议",明确在首钢二通厂区建设中国动漫游戏城,并将其打造成为国家级的动漫游戏产业基地和示范园区。中国动漫游戏城项目是文化部和北京市共同实施的国家级重点文化产业项目,在全国具有示范性、引导性,2010年3月中国动漫游戏城正式被认定为市级文化创意产业集聚区。

附表1-4 中国动漫游戏城SWOT分析

内部能力 外部能力	优势 S	劣势 W
	①建设起点高,规模上超过了以往任何国家级动漫基地②可借鉴本区数字娱乐示范基地的成功经验	内生集聚力不足,过度依赖政府扶持
机会 O	SO	WO
①国家专项资金及政策的支持②区政府政策支持③与中关村石景山园、北京数字娱乐产业示范基地的协同效应	利用已有成功经验及现有政策资金支持,加快品牌集聚效应及龙头企业辐射效应的形成	利用已有成功经验及现有政策资金支持,加快品牌集聚效应及龙头企业辐射效应形成的速度;提高产业链水平
威胁 T	ST	WT
①缺乏动漫产业发展所需的创新人才②京内外等地相关产业竞争激烈③动漫网游企业入驻更多关注产业环境而非政策支持	利用已有成功经验及现有政策资金支持,加快品牌集聚效应及龙头企业辐射效应的形成,做好创新人才的吸引及保留工作	转变政府主导集聚为引导集聚,促使集聚区依靠内生集聚力做大、做强

中国动漫游戏城功能定位于形成服务、引导、促进中国动漫游戏产业发展的,集动漫创作、生产、交易于一体的动漫产业园区。规划建设主题公园区、流通贸易区、产学研孵化区、公共商务服务区、数字化办公区和酒店、住宅及生活配套服务区6个大区。规划用地共82.79公顷,其中工业资源保护与再利用集中的区域面积约为36公顷,总建筑规模约120万平米①。虽然中国动漫游戏城刚开

---

① 中国动漫游戏城[EB/OL].http://www.ce.cn/culture/zt/bjcycyjjq/jjq/201102/15/t20110215_22216495.shtml,2011-02-15.

工建设，但是相关招商工作已经如期展开。根据石景山区相关工作人员介绍，中国动漫游戏城已经吸引了超过 500 家全国各类文化企业报名①。

（四）石景山区文化创意产业特色化集群化过程中面临的难点

由以上 SWOT 分析可以看出，目前石景山区面临的特色化、集群化发展的难点问题有两个：①集聚的内生动力不足，主要依靠政府政策集聚；②公共服务平台缺乏，尤其是中介公共服务平台缺失，企业发展的载体不足。

面对集聚内生动力不足，主要依靠政府政策集聚的问题，区政府应该转变集聚的类型，由政府政策主导的低成本集聚转变为靠集聚区内生动力集聚。如果仅依靠政府政策推动集聚，企业就会出现"用脚投票"的现象，即哪里的政策优惠就去哪里办公，优惠期一结束，企业就迁往他处，这种集聚的力量非常弱。而靠企业内生动力集聚，则可以使企业通过企业间的合作、地区的创新氛围、龙头企业辐射作用等形成稳固的产业集群。这类创新型集聚不仅能够降低企业的交易成本，还能使企业获得更大的发展空间，这是政策主导型集聚所不能比拟的。要想转变为靠集聚区内生动力集聚，政府应该引导企业加强创新，靠创新来创造企业内生的动力。具体来说有以下两点：①企业大力发展共性技术和集成技术，让区域内企业共享一些技术；②完善区域内产业链水平，使企业可以不断降低交易成本等。

公共服务平台可以让企业获得更好的服务与发展。比如，企业可以通过平台获得更多的信息，获得更好的咨询服务，获得更好的人才，这些对于企业的发展是至关重要的。根据相关调查显示，动漫网游企业在选择区位时最看重的并不是在房租等硬条件上能有多少优惠，80% 的动漫企业更看重产业环境，50% 的企业要求"扎堆"，为的是产业政策、环境、人才和信息的流通。北京纳斯卡酷联盟文化传媒有限公司副总经理綦磊告诉记者，中国动漫游戏城的建立对企业来说更多的是提供了一个交流的平台，这是一个共享资源的平台，创意产业的从业者需要凝聚起来，相互帮扶，激发创意。加上项目又有专项政策的扶持，对企业的吸引力是很大的②。

（五）石景山区部分企业调查统计分析

为了解决石景山区文创企业在发展中遇到的问题，我们对 35 家文创企业抽样调查，通过调查，验证我们对石景山区文创企业面临问题及发展障碍的判断。

（1）企业办公地址分布：可以看出 63% 的企业办公都集中在石景山区，外

---

① 丰台首钢二通厂中国动漫游戏城动工 500 多家企业欲入驻［EB/OL］. http：//news. winshang. com/news－90465. html，2011－06－20.

② 中国动漫游戏城鸣枪起跑［EB/OL］. http：//www. zgc. gov. cn/dt/gydt/yqsy/59641. htm，2009－10－12.

区分布占 37%，如附图 1 – 3 所示。

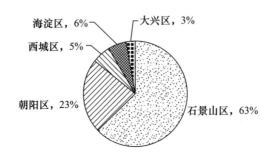

附图 1 – 3　企业办公地址分布

（2）企业性质：占绝对比例的是民营企业，占 86%，这表明民营企业本身具备的灵活性、决策快速、机制灵活等优点有利于文创企业发展，同时，融资问题、技术创新实力问题、市场开拓基础问题、吸引和留住人才难等民营企业自身弱点问题也必然地存在，如附图 1 – 4 所示。

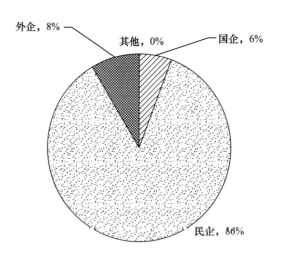

附图 1 – 4　企业性质

（3）企业成立时间分布：企业成立年限可以判定企业生命周期，从调查看，石景山区文创企业大都是近三年内成立的，应该处于起步期和发展期，处于成熟期的企业并不多（见附图 1 – 5）。这表明，大多数企业需要公共服务支撑才能发展，仅靠单打独斗很难实现可持续发展。

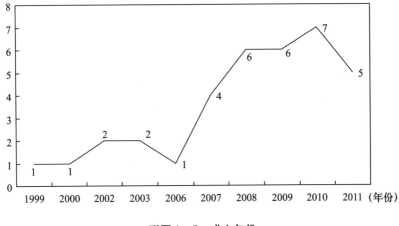

附图1-5 成立年份

（4）企业经营状况：从调查结果可以看出，约占74%的企业经营状况良好，说明文创行业整体向上，行业利润平均水平较高，市场前景向好（见附图1-6）。而经营状况一般的企业需要在企业管理自身方面进一步提高。

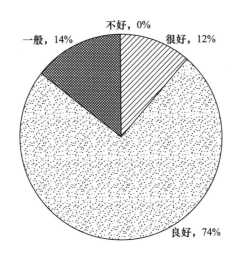

附图1-6 企业经营状况

（5）2011年企业销售收入：从2011年企业销售收入看，大多数企业还是中小企业，规模以上企业为数不多，对中小企业的共同问题和认识需要强化到文化创意企业上，需要进一步扶持（见附图1-7）。同时也说明，石景山区的文创企业增长空间很大，只要扶持到位、企业管理提高，中小企业会向规模企业迈进。

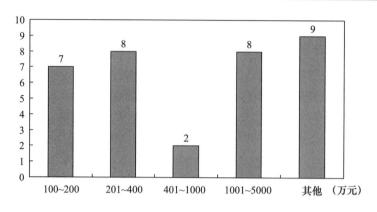

附图 1 - 7　2011 年企业销售收入

（6）员工学历分布：被调查企业中，共有职工总数 2478 人，其中本科学历 1423 人，占 57%，硕士学历 93 人，占 3%，博士学历 10 人，占 0.4%。表明文创企业是知识创造企业，需要高素质人才才能支撑企业技术创新和经营发展。这说明石景山区原有的人力资源存量不足以支撑文创这一新兴产业发展，大量企业所需人才需要外部引进，这对企业如何吸引人才、留住人才提出了挑战。

（7）在职员工年龄分布：占绝对比例的是 20～30 岁的年轻人，"80 后"员工是主体（见附图 1 - 8），这一群体对生活质量要求较高，对群聚、社交、周边氛围要求很高，否则很难吸引和留住。

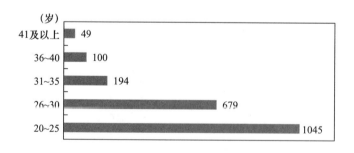

附图 1 - 8　在职员工年龄分布

（8）企业主营业务：占比最大的是软件、网络及计算机服务，说明在这个类别中，石景山区还是集聚了大量企业（见附图 1 - 9）。

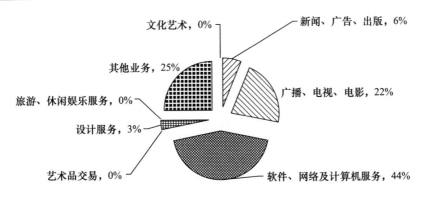

附图1-9　企业主营业务

（9）企业选择落户在石景山区的主要原因：从调查结果看，目前实行的政府优惠政策是吸引企业入驻的主要原因，其次是相关行业集中，这一方面说明我们以政府主导，依靠政策优惠吸引企业进而形成行业集中的效果显著，另一方面也说明我们应该转型，在人才密集、信息、设施等方面进一步下功夫，才能进一步吸引企业，如附图1-10、附图1-11所示。

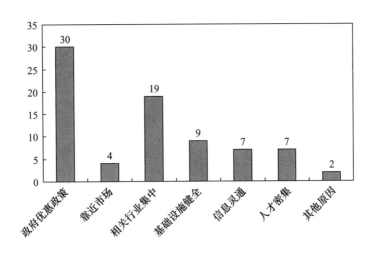

附图1-10　企业落户石景山的原因

（10）企业对园区的基础设施和环境的满意程度：26%的企业非常满意，基本满意的为65%，说明园区基础设施和环境建设这些年起了很大的作用，但有接近10%的企业不太满意（见附图1-12），说明我们在环境建设上还存在不足。因为企业对设施和环境的需求不同，应该做到100%满意。

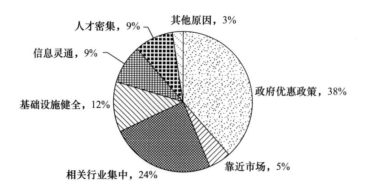

附图 1 - 11　落户原因

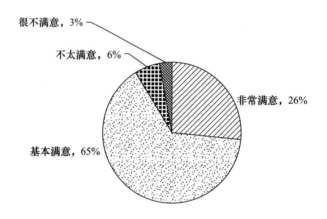

附图 1 - 12　满意程度

（11）企业目前急需哪方面的政策支持：从结果看验证了大量文创企业处于中小企业、处于起步和成长期的结论，企业目前急需资金扶持、税收优惠，说明企业在发展中遇到融资瓶颈；接下来是人才引进、市场开拓和项目引进，说明石景山区人才中介平台、共享市场平台和项目信息平台欠缺，如附图 1 - 13 所示。

（12）企业主营产品的生产方式：从结果看，占绝对比例的企业还是孤身作战，采取单打独斗的方式在市场中发展，合作方式在石景山区比较少。这说明石景山区尽管企业集聚，但集聚功能并未发挥出来，尚未形成产品上下游产品链条，大量中小企业未接受规模企业的辐射效应。下一步工作应研究如何在企业聚集基础上进一步真正形成集聚区，使集聚区内形成完整的产业链条，集聚区企业能共享集聚区效应（见附图 1 - 14）。

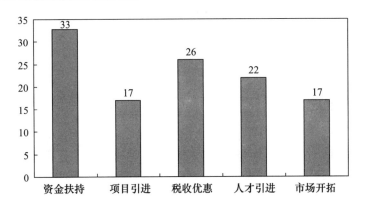

附图 1-13 优惠政策类型

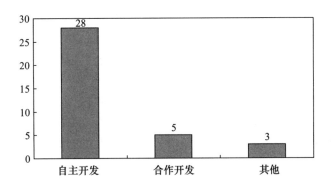

附图 1-14 生产方式

（13）企业和区内其他企业之间的关系：只有 23% 的企业之间享有合作关系，40% 企业之间没有什么关系，如附图 1-15 所示。

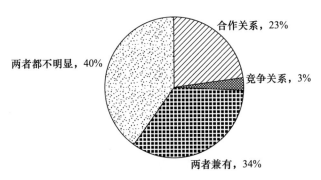

附图 1-15 企业之间的关系

（14）协作关系类型：在有协作关系的企业中，合作营销占比最大，而公用设备、员工培训、合作生产占比很小，说明共享的公共服务平台没有发挥出作用，如附图1-16所示。

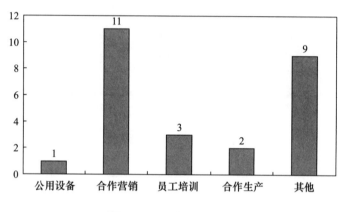

附图1-16　协作关系类型

（15）在调查企业与高校、研究机构是否存在合作关系问题上，74%的企业与研究机构和高校存在合作关系，合作的主要内容是员工培训、技术开发、创意思想。说明产学研合作是企业获取人才、技术的很好渠道，如附图1-17所示。

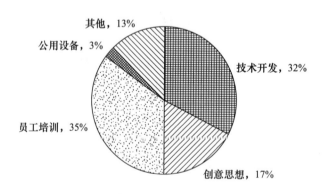

附图1-17　合作内容

（16）影响企业和高校、科研所合作的主要原因是科研成果转化困难，再者是合作费用太高，所以需要研究探索产学研合作的模式，消除企业合作障碍，如附图1-18所示。

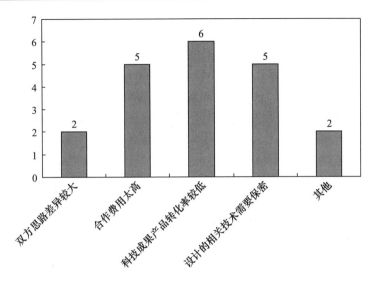

附图1-18 主要原因

（17）企业是否经常接受中介机构的服务：90%的企业几乎没有接受过中介服务，说明石景山区在中介服务组织建设上非常欠缺，企业生产经营的环节不能借助于外部专业中介机构实现，大大增加了交易成本和运营成本，如附图1-19所示。

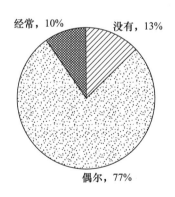

附图1-19 接受中介机构服务频率

（18）企业市场信息、产品信息主要来源：私人社交网络排在第一位，政府机构、行业协会排在第二、第三位，说明政府和行业协会在信息发布和传播方面还需要下功夫，如附图1-20所示。

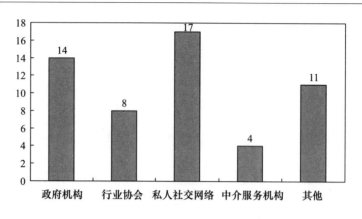

附图1-20 主要信息来源

（19）认为有无必要联合相关企业、高校、科研机构、中介组织等共同建立创意产业联盟。约占90%的企业希望建立创意产业联盟，并在促进资源共享，整合、打造产业链，拓宽市场营销渠道，促进产学研合作，形成品牌效益和竞争优势等方面发挥作用。而这样的产业联盟在区内还没有，应该着手建立并在集聚区内发挥作用，如附图1-21所示。

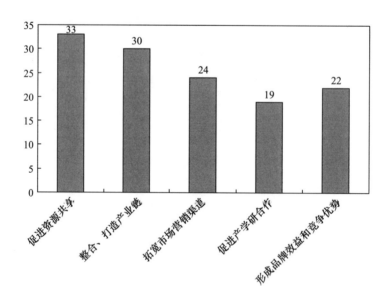

附图1-21 发挥的作用

（20）企业与外部各种业务联系的重要性排序。

1）企业认为最重要的项目分布为：客户、政府、园区、行业协会。说明企业在和政府关系上还比较依赖，政府应该发挥好市场引导和调节的作用，如附图1-22所示。

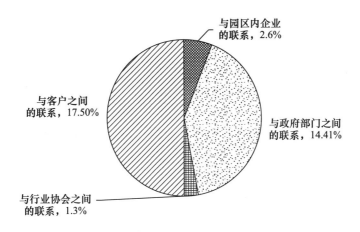

附图1-22 企业认为与外部最重要的联系

2）企业认为第二重要的项目分布如附图1-23所示：

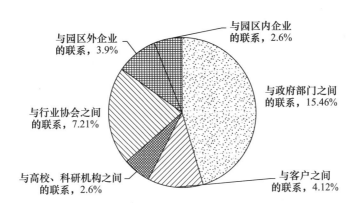

附图1-23 企业认为与外部第二重要的联系

（21）如果石景山区搭建文化创意产业公共服务平台，企业希望得到哪些方面的服务：产业政策解读排在第一位，说明政府在政策出台后，政策的传播和解读并没有做到企业周知，在这方面需要进一步加大力度。第二位是金融资本对接服务，大量文创企业是中小微企业，融资困境困扰企业发展，需要政府在金融资本进入、融资渠道开拓上下功夫。第三位是市场交易对接服务，要发挥集聚区效应，政策在共性技术研发上应搭建平台，满足企业共性技术的需要，如附图1-24所示。

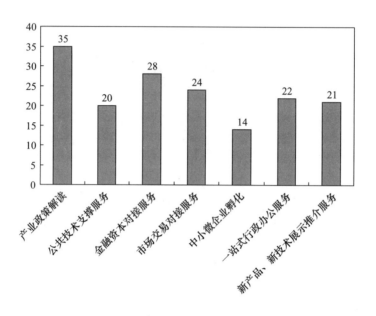

附图 1-24 服务

调查结果分析：

从上述问卷分析可以看出，石景山区的文创企业占绝对比例的是民营企业，占86%，这表明民营企业本身具备的灵活性、决策快速、机制灵活等优点有利于文创企业发展。同时，融资问题、技术创新实力问题、市场开拓基础问题、吸引和留住人才难等民营企业自身弱点问题也必然地存在。从调查看，石景山区文创企业大都是近三年内成立的，应该处于起步期和发展期，处于成熟期的企业并不多。这表明，大多数企业需要公共服务支撑才能发展，仅靠单打独斗很难实现可持续发展。通过对企业进一步了解，约占86%的企业经营状况良好，说明文创行业整体向上，行业利润平均水平较高，市场前景向好。而经营状况一般的企业需要在企业管理自身方面进一步提高。调查2011年企业销售收入，大多数企业还是中小企业，规模以上企业为数不多，对中小企业的共同问题和认识需要强化到文化创意企业上，需要进一步扶持。同时也说明，石景山区的文创企业增长空间很大，只要扶持到位、企业管理提高，中小企业会向规模企业迈进。

在对文创企业员工调查看，被调查企业中，共有职工总数2478人，其中本科学历1423人，占57%，硕士学历93人，占3%，博士学历10人，占0.4%。

表明文创企业是知识创造企业，需要高素质人才才能支撑企业技术创新和经营发展。这说明石景山区原有的人力资源存量不足以支撑文创这一新兴产业发展，大量企业所需人才需要外部引进，这对企业如何吸引人才、留住人才提出了挑战。在职员工年龄分布，占绝对比例的是20～30岁的年轻人，"80后"员工是主体，这一群体对生活质量要求较高，对群聚、社交、周边氛围要求很高，否则很难将其吸引和留住。

调查企业选择落户在石景山区的主要原因，目前实行的政府优惠政策是吸引企业入驻的主要原因，其次是相关行业集中，这一方面说明我们以政府主导，依靠政策优惠吸引企业进而形成行业集中的效果显著，另一方面也说明我们应该转型，在人才密集、信息、设施等方面进一步下功夫，才能进一步吸引企业。企业对园区的基础设施和环境的满意程度：26%的企业非常满意，基本满意的企业为65%，说明园区基础设施和环境建设这些年起了很大的作用，但有接近10%的企业不太满意，说明我们在环境建设上还存在不足。因为企业对设施和环境的需求不同，应该做到100%满意。

在对企业目前急需哪方面的政策支持方面，从结果看验证了大量文创企业处于中小企业、处于起步和成长期的结论，企业目前急需资金扶持、税收优惠，说明企业在发展中遇到融资瓶颈；接下来是人才引进、市场开拓和项目引进，说明石景山区人才中介平台、共享市场平台和项目信息平台欠缺。

企业主营产品的生产方式，从结果看占绝对比例的企业还是孤身作战，采取单打独斗的方式在市场中发展，合作方式在石景山区比较少。这说明石景山区尽管企业集聚，但集聚功能并未发挥出来，尚未形成产品上下游产品链条，大量中小企业未接受规模企业的辐射效应。下一步工作应研究如何进一步在企业聚集基础上进一步真正形成集聚区，使集聚区内形成完整的产业链条，集聚区企业能共享集聚区效应。

在有协作关系的企业中，合作营销占比最大，而公用设备、员工培训、合作生产占比很小，说明共享的公共服务平台没有发挥出作用。74%的企业与研究机构和高校存在合作关系，合作的主要内容是员工培训、技术开发、创意思想。说明产学研合作是企业获取人才、技术的很好渠道。而影响企业和高校、科研所合作的主要原因是科研成果转化困难，再者是合作费用太高，所以需要研究探索产学研合作的模式，消除企业合作障碍。

在调查企业是否经常接受中介机构的服务方面，90%的企业几乎没有接受过中介服务，说明石景山区在中介服务组织建设上非常欠缺，企业生产经营的环节不能借助于外部专业中介机构实现，大大增加了交易成本和运营成本。企业市场信息、产品信息主要来源：私人社交网络排在第一位，政府机构、行业协会排在第二、第三位，说明政府和行业协会在信息发布和传播方面还需要下功夫。在调查认为有无必要联合相关企业、高校、科研机构、中介组织等共同建立创意产业联盟中，约占90%的企业希望建立创意产业联盟，并在促进资源共享，整合、打造产业链，拓宽市场营销渠道，促进产学研合作，形成品牌效益和竞争优势等方面发挥作用。而这样的产业联盟在区内还没有，应该着手建立并在集聚区内发挥作用。

在企业对搭建文化创意产业公共服务平台，企业希望得到哪些方面的服务方面，产业政策解读排在第一位，说明政府在政策出台后，政策的传播和解读并没有做到企业周知，在这方面需要进一步加大力度。第二位是金融资本对接服务，大量文创企业是中小微企业，融资困境困扰企业发展，需要政府在金融资本进入、融资渠道开拓上下功夫。第三位是市场交易对接服务，要发挥集聚区效应，政策在共性技术研发上应搭建平台，满足企业共性技术的需要。

第二节　石景山区文化创意产业发展的关键点和着力点
——以文化为核心整合产业布局

石景山区在经济发展规划及实施中，规划了重点发展的五大产业：文化创意、高新技术、商务服务、现代金融、旅游休闲。这五大产业之间有很大的重合度，增强文化核心要素，更有利于厘清产业发展重点和方向。

一、高新技术与文化产业融合

（一）文化与科技融合的方式

文化与科技的融合路径主要有两条：一条是以科技为基础，用文化引领融合；另一条是以文化为基础，用科技引领融合。

（1）以科技为基础，用文化引领融合。具体来说，就是要提升原创数字内容，提升数字内容的创意。

创意在文创产业中处于核心地位[①]。美国著名的迪士尼公司的成功，创意所起到的作用是至关重要的。该公司强大的生命力在于其能不断推出新的故事、新的人物形象。但是，反观中国文创企业，创意还十分匮乏。我们常说的一个词是

---

① 邢华. 文化创意产业价值链整合及其发展路径探析［J］. 经济管理，2009，32（2）.

中国有功夫，中国有熊猫，但是我们就是没有功夫熊猫。再比如，我们的网游题材很多是以"三国"、"金庸"武侠为题材的，这在挖掘民族文化上是件好事。但同时，这也是没有新意的表现。表现文化，并不是必须靠我们的历史人物、历史事件等。更重要的是挖掘我们的民族、城市的精神，让这种精神融入新的题材中。这才能产生真正有民族创意的内容。石景山区在数娱领域取得了很大的进展，但在原创故事以及原创人才方面的进展还有待进一步提升。

（2）以文化为基础，用科技引领融合。这就要求要把更多的科技要素融入文化中。具体来说，就是要借助科技手段，加强文创衍生品开发，完善区域全产业链。

加强文创衍生品开发，打造文创产业全产业链是文创产业可持续发展的关键。从动漫产业发展规律看，根据国际动漫产业发展的一般规律，产业利润的70%来自于衍生产品，包括图书、玩具、文具、音像制品、服装等。动漫画是动漫产业链条的前端，中间是影视产品，后端就是衍生产品开发。目前，石景山区动漫游戏企业普遍存在着衍生品开发滞后的问题。通过平台的建设，以科技为手段，解决动漫企业衍生品开发中角色形象转换的关键问题，这将大大扩展动漫游戏产业链，提升动漫企业的企业利润，促进动漫游戏企业可持续发展。在美国，动漫产品不仅包括动漫作品本身，还包括电影、影视连续剧、玩具等由动漫衍生出来的相关产品，衍生品的制造和产业化已成为促进动漫游戏设计产业发展的重要支柱。迪士尼就是这方面的成功代表，通过品牌授权和连锁经营，其书刊、音乐、游戏的衍生产品占到迪士尼全部盈利的四成以上。例如，迪士尼动画片《狮子王》前期投资 4500 万美元，斩获了 7.8 亿美元票房，而它的衍生品收入更为惊人，高达 20 亿美元；迪士尼曾把许多动画免费送给中国电视台以推广衍生产品，如动画《变形金刚》，其衍生品从中国获利 6 亿元。日本作为世界第一动漫大国，有40%的动漫产值是衍生产品创造的，漫画、动画、图书、音像制品和特许经营周边产品在日本已经形成了一整条"产业链"，推动着日本经济的发展。可见，打造全产业链对于文创产业的可持续发展是至关重要的。针对石景山区的实际情况，提升区域全产业链水平对于企业和整个产业的可持续发展是至关重要的。

技术的发展可以让文化有更丰富的表现力，因此，未来技术的方向决定着文化的表现方式。虽然云计算的普及还需要技术上的进一步完善，在法律上也要有完全的保障。但是，云计算的浪潮已经不能阻挡了①。因此，云计算和文化产业的融合可能会是将来发展的一个趋势。国家发展改革委、工业和信息化部在 2010

---

① 吴军. 浪潮之巅 [M]. 北京：电子工业出版社，2011.

年发出了《关于做好云计算服务创新发展试点示范工作的通知》。该通知指出北京、上海、深圳、杭州、无锡五个城市先行开展云计算创新发展试点示范工作①。因此，利用这个契机，可以将云计算的概念和技术与一些文化产业相结合进行试点。比如，将云计算和现有的一些文创产业相结合，利用云计算的特性，推动现有文创产业大发展。

（二）文化与科技融合的保障措施

要想利用上述两条路径推动高新技术和文化的融合，必须有相应的保障措施。可以从以下四方面构建：

（1）大力发展重大共性技术和集成技术。产业融合的基础是技术进步和放松管制②。在高新技术和文化的融合过程中，技术进步是基础。只有拥有更全面的高新技术，才能使得文化的表现力更加丰富多彩。但一个不可忽略的问题是当前北京文化创意产业的核心技术与美、日、欧等发达国家的城市还存在较大的差距③。因此，只有不断在技术上创新，才能够让技术和文化更好地融合，才能够真正加强文创产业的核心竞争力。技术的进步和创新要靠企业的投入，更要靠政府的投入，即"双轮驱动"。特别是共性技术以及合成技术方面，政府应该起到主导作用。政府在平台上的投入可以有效推进共性技术和集成技术的发展，从而让本区文创产业整体受益。因此，政府应该给予更多的支持政策，比如建立区域重点实验室，拨付出专项的研究基金等。

（2）引导企业归核化发展。企业在扩张过程中往往面临着两个选择，即走专业化道路和多元化经营道路。从调研数据来看，石景山文创企业大多处于起步期和发展期。企业在进行扩张时候，资源是有限的。有限的资源很难支撑起前后向一体化的进程。面临全国各个城市和区县同质化的恶性竞争，石景山区的企业如果不具备真正的竞争优势，将面临巨大威胁，甚至会陷入文创产业"红海"的境地。可以说，能否培养企业竞争优势已经是一个必须解决的问题了。因此，政府应该引导企业优化其在产业链的业务，利用平台和政策辅导企业发展。企业应该剥离自身非核心业务，大力发展自身的核心优势，从而产生某个环节的竞争优势。进而产生龙头企业，利用其辐射效应，促进区域内整个产业链的完整和发展。换言之，目前真正应该打造的是"区域全产业链，企业短产业链"的发展模式。在德国，法莱美地区在世界上享有"最佳电影后期制作之都"的美誉，

---

① http://www.sdpc.gov.cn/zcfb/zcfbtz/2010tz/t20101025_376673.htm.

② 胡汉辉，邢华.产业融合理论以及对我国发展信息产业的启示［J］.中国工业经济，2003.

③ 张京诚，王国华等.北京文化创意产业发展报告（2011）［M］.北京：社会科学文献出版社，2012.

许多好莱坞电影大片都是由该地区的数字图像处理专家参与完成的①。可见，只有拥有某个环节的竞争优势之后，才可能真正带来全产业链的优化，才能够推动科技与文化的融合。才能够让企业在未来竞争中脱颖而出。

（3）创新商业模式。商业模式的成功不亚于技术突破的成功。硅谷的成功不仅是技术的成功，同时也是商业模式创新的成功。比如，当年雅虎的创始人杨致远和菲洛改变了互联网的商业模式，并制定了互联网这个行业至今遵守的游戏规则，即开放、免费和盈利。正是因为这个转变，互联网才飞速发展，我们也才能从网上免费获得各种各样的信息。也许一百年后雅虎公司将不复存在，但人们会把它和爱迪生、贝尔和福特相提并论②。可见，商业模式的转变可以让技术有更好的发挥平台。商业模式的创新需要具有商业头脑的人才，甚至需要同时具备商业头脑和技术头脑的复合型人才。因此，政府对于引进人才和加强中介机构对企业辅导方面应该加大投入，促进商业模式创新。

（4）加强知识产权保护。科技和文化的融合产品往往是无形的产品，这样的产品最不易受到保护。但是，如果知识产权不能得到有效保护，那么创造的动力就会锐减，从而削弱已经获得的成果。政府在知识产权保护上应该下大功夫，治理市场秩序，出台相应的管理办法帮助企业保护自己知识产权。同时，注意研究版权转让、版权受益产业链。

二、文化和旅游融合发展

石景山区文化创意产业与休闲旅游产业是最好融合发展的领域。石景山区可利用区内的历史文化、山水文化、休闲文化等文化内涵，为文化旅游、生态旅游、工业遗产旅游、旅游产品等提供增值产品和服务，使旅游资源、文化内涵有机结合在一起，形成特色品牌；同时，石景山区的文化、生态、休闲、旅游资源也可为文化创意产业提供素材，两者结合，相得益彰。文化和旅游结合不仅能衍生出新的产业形态，更能使旅游产业核心价值更明确，进而增强旅游产业核心竞争力。

（一）石景山区旅游休闲娱乐业发展现状

石景山区的旅游资源丰富，但产业贡献率还不显著，如果旅游和文化相融合，不仅可以扩大旅游产业的视野，更可以增强旅游产业的核心价值。"十一五"期间，万达广场的建成，石景山游乐园冒险世界、幻想世界两大主题娱乐区等一大批载体项目的完成，极大地推进了石景山区休闲娱乐业的发展。"北京台湾街"把文化创意产业和旅游休闲产业结合，发展势头良好，是集文化、娱乐、休闲、购物等于一体的，北京最大的台湾风情街，已成为了"京台合作第一

---

① 邢华．文化创意产业价值链整合及其发展路径探析［J］．经济管理，2009，32（2）．
② 吴军．浪潮之巅［M］．北京：电子工业出版社，2011.

平台"。同时，游乐园酒吧街等一批在建重大项目也顺利推进。一大批精彩纷呈的创意活动，如春季的中国园林茶文化节、夏季的狂欢盛夏嘉年华、秋季的重阳登高节、冬季的游乐园洋庙会等也极大地丰富了石景山区休闲娱乐业的文化内涵。

（二）石景山区旅游休闲娱乐业与文化创意产业的融合发展路径

1. 把握首钢搬迁的发展机遇

首钢主厂区涉钢产业全部停产后，今后可以主厂区为主要空间载体，重点发展文化创意等产业，完善创意体验、城市游憩等功能，把凝聚着石景山工业历史底蕴和文化内涵的老厂房变成吸引创意人才、激发创意灵感、集聚创意产业的新载体。可将老厂房打造成文化创意产业园区，吸引国内外著名设计公司和品牌落户，将工业园区打造成为顶级品牌展示和信息发布的平台，使其成为国内外创意行业一个交流、推广、传播的平台，一个多功能的时尚创作中心。在对工业园区进行改造时，要力求创造出艺术化空间，可继续保有原先那些厚重的砖墙、林立的管道以及斑驳的地面，以使整个空间充满工业文明时代的沧桑韵味。

同时，也要重视首钢工业遗址的保护与开发工作，加强对首钢工业遗产的保护和资源的开发利用，大力发展工业博览、工业遗产旅游等体验式旅游，将厂区中的一些原有大型设备改造成旅游者可亲身参与的设备设施，通过旅游者在厂区内的亲历行为，强化旅游者的旅游体验。可考虑与周边中小学校或是其他教育机构合作，使工业园区成为中小学生们的第二课堂活动基地，充分发挥首钢老厂区的教育意义。

2. 着力塑造具有文化内涵的旅游休闲品牌

要大力引进、培育和塑造品牌企业以及品牌项目，与此同时，还要注重既有品牌的深入挖潜和自主创新，鼓励支持骨干文化企业做大做强，打造旅游休闲产业的文化创意品牌，提升企业及产品的影响力，使龙头企业和龙头品牌充分发挥带动效应。

（1）打造独具个性的节庆活动品牌。举办好世界漫画大会、动漫嘉年华等现代高端活动，提升重阳登高节、游乐园洋庙会、台湾文化艺术节等传统活动的品位和影响力，打造独具文化内涵的旅游休闲活动品牌。

（2）创设别具一格的特色活动品牌。在首钢工业遗产开发的基础上，在首钢主厂区以及周边石景山游乐园、雕塑公园等范围内开办灯光旅游文化节，将传统工业文化与现代科技和文化创意相融合。在活动区域内，布置别具创意的灯光景观，在灯光造型创意的选取上，采取全民征集的方式，并分别在企业范围内和民众个体范围内设立各种特色奖项，激发全民对文化创意活动的参与热情。将灯光文化节打造成企业宣传自身企业文化和文化创意的平台及全民参与文化创意活动的平台。

3. 以区域项目建设为载体，扩大旅游目的地范围

（1）结合生态文化和休闲文化打造天泰旅游休闲区。充分利用石景山区丰富的历史文化、生态文化和旅游资源，积极开发都市休闲、历史文化旅游、生态旅游休闲等特色产品。进一步挖掘和整合区域自然、人文景观资源，突出生态低碳理念，打造天泰山生态休闲产业集聚区。整合慈善寺、双泉寺、万善桥等文物古迹和南马场水库及生长良好的茂密植物等自然景观，开展生态旅游。天泰山生态旅游开发和文化结合可以打造会议经济。区内文化创意企业可与之合作，将天泰国际会议度假中心作为企业培训基地或是企业员工度假疗养基地，以休闲特色聚合创意人才，以会议促旅游，以生态环境、人文环境及旅游服务吸引会议客户，建设天泰国际会议度假中心。以国际会议中心、山地住宅区等高品质特色项目为主体，打造集会议、商务、旅游、休闲度假、娱乐、餐饮等功能于一体的多功能服务中心。

（2）结合宗教文化打造西山八大处文化景区。八大处灵光寺内的释迦牟尼佛牙舍利是世界上公认的佛教圣物，为八大处的旅游文化发展奠定了深厚的宗教基础。再加上八大处古寺庙建筑群及周边良好的自然生态条件和配套服务设施，发展以佛教文化体验交流、旅游观光和时尚休闲为特色的西山八大处旅游文化创意产业。在对古寺庙建筑群进行复建时，在不破坏山林古木的前提下，加入现代科技因素，如利用3D扫描和实时成像等技术手段，对佛像或是其他佛教圣物进行立体光影特效展示，营造逼真的视觉效果，增强游客的实景体验。同时结合宗教文化进行旅游文化产品的深度开发。如尝试以神秘的佛牙舍利及丰富的历史典故为题材，创作影视动漫作品。搭建旅游纪念品、茶叶、雕刻艺术品推介和交易平台，延伸旅游产业链，增加旅游收益。

（3）结合现代休闲文化打造西五环现代娱乐区。加快石景山游乐园软硬件升级，建成全国最大的游乐主题园区。加强科技、创意与游乐项目间的融合，保证安全性的前提下，在游乐项目中加入科技元素，加强娱乐体验的真实性和趣味性，形成CRD主题特色游乐园。

推进娱乐、体育产业与商业共同发展。建设塞纳·左岸风情酒吧街，吸引别具特色的演艺吧、水吧等商家入驻。在服务上，采用声控技术与AI人工智能服务相结合，为顾客提供高科技智能服务体验。在店面装修装饰上，采用多点触控酒吧台、背投互动投影展示平台等高科技设施，用科技创意丰富消费者在娱乐休闲过程中的体验。

三、文化和商务服务融合

商务服务业是指主要是针对企业进行服务的产业，包括会展、总部办公、专

业服务（如咨询、会计）。石景山区商务服务业是在首钢搬迁后开始发展起步的，在政策的引导下，石景山区初步形成了京燕饭店商务区等多个商务集聚区。但这些商务集聚区会展业发展没有形成自己的品牌，引进专业服务类企业也存在困难。如何通过文化引领，立足石景山区文化创意产业优势，发展现代商务产业，不仅可以带动现代商务产业发展，更能使现代商务产业支撑和促进文化创意产业发展。其中现代商务和文创产业融合的切入点是大力发展会展业和扩大载体资源。

大力发展文化会展。文化会展业有效地把现代商务和文创产业有机结合，通过文化会展，大力宣传石景山区文创产业发展、品牌宣传、产品营销，这将对商务服务业及文化创意产业发展起到双赢的效果。因此，石景山区会展业的定位需要采取差异化策略，创造自己的品牌，倡导文化会展，增强自身竞争力。立足石景山区发展现状，文创产业，特别是以动漫网游为主要特色的文化创意产业在全国具有一定的影响力，会展业的发展应该定位于吸引文化创意相关的外地或北京公司的总部参加会展，联合中国商业联合会或中国动漫协会、北京动漫网游产业联盟等全国和行业组织，开展相关主题会展，打出石景山会展品牌——文化会展。文化会展业的发展需要住宿、饮食、服务行业的支撑，这些商务服务业也可以通过政府的政策引导，呼应所在商务区的主题，这些辅助服务业的特色呼应，还可以引入石景山区重要相关企业的特色广告宣传。

千方百计在载体建设上下大功夫。文化创意产业发展离不开相应的载体，这些载体恰恰是商务服务业所能提供的。目前石景山区在载体建设上存在总量不足、体量较小、服务单一的问题，要吸引总部办公和专业服务，缺乏竞争优势。从石景山区可以用于文创产业发展的载体看，要吸引总部和专业服务，需要体量比较大的载体来承载企业，石景山区可用于产业发展的载体基本开发完毕，下一步应该结合"新首钢高端产业综合服务区"建设，在文创产业发展中与首钢进行对接，利用首钢的新增载体资源，扩大石景山区文创和商务产业发展的空间。同时，石景山区的商务楼宇大多仅仅提供单一的物业出租业务，对企业发展需要的综合服务提供不够，下一步应着力提高载体服务质量和水平，使入驻企业享受优质的服务。

加大专业服务平台建设，弥补文创产业中介平台欠缺并促进现代商务发展。通过对石景山区文创企业问卷调查，约50%的企业成立时间在2年以内，90%的企业没有或偶尔接受过中介组织的服务。现代商务产业其中的一个重要产业类型就是专业服务，比如会计师事务所、律师事务所、人才中介服务机构、金融服务中介机构、知识产权代理、管理咨询公司、培训机构等，这些专业服务机构不仅构成了现代商务，更是文创产业发展所必需的中介平台。目前石景山区在文创产业平台上主要侧重专业技术平台，而对中介服务平台扶持欠缺，所以应加大中介服务平台建设力度，给予一定的倾斜政策，采取市场化的方式，吸引相应的中介入驻。这样，区内有了一定量的商务服务企业，文创企业可以专注核心业务，增强企业竞争力。同时，专业服务机构服务众多文创企业，自身得到发展进而商务服务产业得到发展，达到聚集企业、各自专长价值链、打造区域内全产业链的目的。

经验借鉴：

> 北京市朝阳区的核心商务区从 1993 年开始建设，现在已经形成了以金融、保险、咨询、中介等行业为主导的现代服务业协调发展的格局，这一地区的商务服务业具有先发优势和突出的竞争力。而在这一地区形成了国际传媒文化创意产业区、潘家园古玩艺术品文化创意产业聚集区、高碑店古典家具和传统民俗文化创意产业聚集区、朝阳公园休闲文化创意产业区、三里屯时尚文化创意产业聚集区和北京欢乐谷游乐文化创意产业聚集区。朝阳区核心商务区在这些文创产业类别中具有显著的区位优势。

经验借鉴：

> 英国伦敦运用文化创意产业的升级效应，实现了城市的产业结构优化和升级。高附加值的知识经济、创意产业成为伦敦城市经济发展的重点，从而使以法律服务、会计服务和商业咨询业等为主的商务服务业成为伦敦的主导产业，使伦敦成为全球商务中心。2000 年，伦敦文化创意产业成为仅次于商业服务的城市第二大产业。伦敦运用文化创意产业和商务服务业的融合，促进了伦敦经济的发展。石景山区商务服务业的快速发展应当借鉴伦敦经验。

四、文化和现代金融融合

文化创意产业作为石景山区经济的新增长点，其相关企业的发展得到了区政府的大力支持，石景山区设立了 1 亿元文化创意产业专项资金和 5 亿元中关村石景山园发展专项资金，每年以项目扶持、创新支持、贴息等多种方式，促进文化创意产业集群发展。还在 2011 年 7 月发布《石景山区促进文化创意产业发展的试行办法》。如今文化创意产业已占石景山区 GDP 的 12% 以上，这个数字计划在

"十二五"末达到15%。① 虽然展现出了良好的发展势头，但对于尚处在发展探索阶段的文创产业来说，金融瓶颈仍是制约其发展的主要因素。按照国家有关部门企业规模划分标准（《关于印发中小企业标准暂行规定的通知》国经贸中小企〔2003〕143号），石景山区大企业仅为20家，99.8%以上的企业都属于中小企业②。按这一比例计算，截至2011年底，石景山区内2895家文创类企业中③，中小企业就有近2889家，资金短缺也是各类中小企业发展过程中所面临的共同问题。加之文化创意项目的测评、无形资产的评估没有统一的标准，银行、保险、担保、评估等机构难以形成合力，以及资本构成轻质化，生产创意性等一系列的问题及特征都成为石景山区广大文创企业投融资的难点。

（一）石景山区现代金融业发展现状

同文创产业一样，现代金融也是石景山区着力发展的五大支柱产业之一。在2011年召开的"中国金融生态区品牌年会"上，石景山区荣获由中国金融业协会、中国品牌管理协会、亚太金融业研究中心等六大金融品牌机构评选的"最具投资环境金融生态区"荣誉称号。现代金融业作为石景山区的重要产业和经济形态，正平稳、健康、快速地发展。2010年全年，石景山区引进金融产业企业50余家，银行、证券、保险等机构22家，比2009年增长22%；小额贷款公司、要素市场、股权投资、金融中介服务等机构38家，比2009年增长50%；与13家银行签署融资额520亿元战略合作协议；成功发行全国首只支持文化创意发展的集合票据④。2011年8月，石景山区现代金融工作领导小组会议审议并通过了《石景山区促进现代金融业发展暂行办法》实施细则及《石景山区鼓励股权投资业发展暂行办法》实施细则，也标志着石景山区全面进入推进现代金融产业发展的新阶段。石景山打造巨型建筑"金融魔方"，借鉴金融街及CBD区域发展金融业的成功经验，挖掘自身特点，努力打造京西特色金融服务。

（二）金融街及CBD对于石景山区发展现代金融业的启示

金融街、CBD区域发展金融业的经验和做法对石景山区现代金融业的发展有一定的示范作用。金融街是集决策监管、资产管理、支付结算、信息交流、标准制定于一体的金融中心区，是名副其实的国家金融管理中心。而CBD则是以国际金融产业为龙头，以保险、证券、咨询中介、IT通信等现代服务业为主导的现代商务活动的核心区。两者的金融产业各有特点。

---

① 北京公布文创区域发展时刻表海淀区领衔规建 [EB/OL]. http：//news. cd. soufun. com/2011 - 12 - 27/6717742. htm，2011 - 12 - 27.

② 石景山区促进中小企业发展报告 [Z]. 2003.

③ 文创类企业发展情况统计（工商局）[Z]. 2011.

④ 石景山区荣获2010年"最具投资环境金融生态区"荣誉称号 [EB/OL]. http：//www. bjsjs. gov. cn/affair/afnews/8a8481d22d799712012e4b17bf2b024f. html，2011 - 02 - 22.

金融街作为国家金融管理中心，其金融产业发展具有较为鲜明的特点：①总部特征明显。区域内共聚集了 140 家企业总部或地区总部，其中包括 60 家国有商业银行、股份制银行、外资银行、基金公司、保险公司的总部或地区总部。②金融产业聚集程度高。金融街内有金融机构 160 余家，从业人员 2 万余人，有央行、证监会、银监会、保监会四大金融监管机构，有工行、建行等 3 家国有商业银行，有北京银行、民生银行等 3 家股份制银行，有人保、人寿集团等 8 家保险公司，还有国债结算中心、证券结算中心 2 家结算中心，以国内金融机构为主的多元化金融组织体系基本形成。③带动作用强。若按金融街核心区 103 公顷面积计算，平均每万平方米产生税收 10.9 亿元、实现区级财政收入 0.6 亿元。同时，金融街独有的政策、监管、决策信息、资金调度、支付结算等突出优势，增强了首都金融聚集效应，对首都金融业的主导和带动作用持续增强。

CBD 金融产业则呈现出国际化程度高、后发空间充足及新型金融机构活跃度高等特点：①国际化特征显著。CBD 拥有来自 31 个国家和地区的 225 家外资金融机构。包括德意志银行、友利银行、新韩银行等法人银行，纳斯达克等全球五大国际证券交易所代表处，慕尼黑再保险、瑞士再保险、法国再保险三大再保险公司，以及世界银行、国际货币基金组织等国际组织驻华机构。②后发空间充足。朝阳区大力建设金盏金融服务区，利用其充足的发展空间，将 CBD 金融前台与金盏金融服务后台协调一体化发展，着力完善"一区两园"金融产业格局。目前，德意志银行等七家名企已经签约入驻园区。③新型金融机构活跃度高。新型金融机构包括期货经纪公司、信托公司、财务公司、汽车金融公司和金融中介机构、小额贷款公司、融资租赁公司、典当行等，甚至股权投资基金、产业引导基金、货币经纪公司等新型金融机构也落户 CBD。[①]

西城区金融街和朝阳区 CBD 的金融产业发展各有优势，各有特点。但两者相同的是在对区域经济拉动效应日益明显，对区域财政收入贡献不断增强的同时其金融溢出效应，还带动了房地产、商业零售业、休闲娱乐等相关行业的发展，真正体现了在经济全球化的今天，金融作为现代经济发展的核心战略资源起到的强大推动作用。这也对石景山发展现代金融提出了一个深刻的问题：在金融街与 CBD 发展已形成区域品牌的现状下，石景山区如何挖掘自身特点，努力打造京西特色金融服务，挖掘金融蓝海，形成自己的品牌。

（三）文化与现代金融融合的必要性

如附表 1-5 所示，石景山区重点发展的五大产业中，高新技术产业与文创产业相互促进，通过招商在企业数量上优势明显，然而现代金融业仅有企业 497

---

① 关于金融街、CBD 等区域发展金融业的经验和做法对石景山区的启示研究 [EB/OL]. http：//yjs. bjsjs. gov. cn/sjsdy/jcckq/8a8481d222df7ff301231243ce7d00f1. html，2009 - 08 - 13.

家（截至 2012 年 3 月前的数据），占比不足 8%，数量优势不明显，与集聚各大银行总部的金融街及金融机构活跃的 CRD 差距较大。

附表 1-5　五大产业引进企业占比①

五大产业	家数（家）	占比（%）
高新技术	2511	41
文化创意	2020	33
旅游休闲	151	2
现代金融	497	8
商务服务	1099	18
其他	427	7

注：部分企业既属于高新技术，又属于文化创意；其中旅游休闲全部归属为文化创意。该行业分类并不十分精准，我们搭建的信息系统在以后准备逐步实现更加准确的分类。

一方面是文创产业强劲的发展势头迫切需要突破金融瓶颈与资本实现对接，另一方面是石景山区现代金融业急需寻找一个突破点，获得后发优势，文化与金融搭台唱戏就成为一种必然选择。其实目前在北京市内，文化与现代金融融合共同发展也是有例可循的。

国家推出新的投融资新政。2010 年 4 月文化部、中宣部、中国人民银行等九部委出台了《关于金融支持文化产业振兴和发展繁荣的指导意见》，明确鼓励银行业开发适合文化产业特点的信贷产品、加大有效信贷投放；完善授信模式、加强和改进对文化企业的金融服务，为全国文化创意企业解决融资问题发出了重要的政策信号。北京市从金融支持、版权交易、平台服务等方面出台了一系列落实政策。2010 年 6 月，北京文化金融中介服务平台在北京东方雍和国际版权交易中心正式启动，4 家文化创意企业首批获得"影视贷"支持。同年 9 月，中国人民银行营业管理部与北京市文化创意产业促进中心、北京市金融工作局等单位共同启动了"北京市中小企业金融服务平台"，为北京市文化创意型中小企业提供了融资服务平台②。石景山区要将现代金融业发展成为支柱产业，就要敏锐地把握国家的政策导向，借势发展，借鉴已有的成功经验，促成文化与金融的共同繁荣。

银行融资力度的加强。2007～2010 年，各大银行对于文化创意产业专项授

---

① 2007 年至 2012 年 3 月引进企业情况（发政协）。

② 张京成，王国华，李岱松等．北京市文化创意产业发展报告（2011）［M］．北京：社会科学文献出版社，2012.

信金融额度不断扩大，北京市针对文化创意产业的授信银行已有 4 家，它们针对文化企业特别是中小文化企业融资难的问题，建立完善了包括贷款贴息、融资担保、创投基金等在内的融资服务体系，累计为 122 个项目成功融资 10.7 亿元①。2007 年 11 月起，交通银行北京分行开展了无形资产质押试点，提供了适用范围广泛、担保方式灵活、审批方式简便、政府部门专项贴息支持及贷款金额和期限明确的无形资产质押贷款方式。

2010 年 12 月，文化部与保监会发布了《关于保险业支持文化产业发展有关工作的通知》，标志着保险业开始涉足文化创意产业，这将对文化创意产品的创新、交易起到直接保障作用，也将推动文化创意产业的繁荣。

此外，通过不断创新融资方式来满足文化创意产业的发展需求。石景山区 2010 年 11 月发行的国内首只文化创意中小企业集合票据的做法就为文化创意产业的发展开拓了新的融资渠道，为解决文创类中小企业资金问题提供了新思路。

为谋求石景山区文创产业和现代金融业的共赢发展，在贯彻落实现有促进政策的前提下，还要主动出击，在全国甚至世界范围内向成功实现文化与金融融合发展的先行者学习，借鉴已有的成果、经验，站在巨人的肩膀上提出适合自己的发展策略。

（四）文化与现代金融融合策略

将文化与现代金融业融合发展，是考虑石景山区文创企业发展融资难问题及现代金融业发展着力点的错位发展办法。考虑到石景山区现代金融业的发展现状及存在的问题，促成文化与现代金融业的融合应从两方面入手，一方面要完善石景山区金融业态，另一方面要实现金融业务的创新。

1. 完善金融业态，实现金融业态从无到有，从有到全的过程

2010 年全年，石景山区引进金融产业企业 50 余家，银行、证券、保险等机构 22 家，小额贷款公司、要素市场、股权投资、金融中介服务等机构 38 家②，2011 年石景山区确定了以证券、保险、大型财务公司为主体，直接为企业进行专业化金融服务的现代金融产业体系，北京市国际金属交易所、特许经营交易所、文化品艺术品交易所等纷纷落户石景山区③。可以看出，石景山区的金融业态正在逐步完善的过程中，并且有选择性地发展现代金融业务，但是与拥有银行

---

① 新华调查：北京文化创意产业"领跑"全国奥秘何在［EB/OL］. http：//yjs. bjsjs. gov. cn/sjsdy/jcckq/8a8481d222df7ff301231243ce7d00f1. html，2009 - 08 - 13.

② 石景山区荣获 2010 年"最具投资环境金融生态区"荣誉称号［EB/OL］. http：//www. bjsjs. gov. cn/affair/afnews/8a8481d22d799712012e4b17bf2b024f. html，2011 - 02 - 22.

③ 魅力 CRD 尽展新商机［EB/OL］. http：//www. zgzbjj. com/qikanshow. asp？parentid = 44&classid = 48&articleid = 254，2011.

类机构 730 家，证券类机构 132 家，保险类机构 248 家，外资金融机构 225 家的
CBD 相比显得捉襟见肘。因此我们首先要做的是凭借石景山区成熟的招商引资策
略，有所选择地引入现代金融类相关企业，丰富石景山区的金融业态，特别是与
文化创意产业高度相关的金融业态。如引入有着丰富资本运作经验的北京厚德雍
和资本管理公司，与辖区内文创相关企业在版权基金上谋求发展，借鉴其在北京
中关村新媒体版权基金上的成功经验。作为投资者，厚德资本具备强大的新媒体
发行网络，能够以更好价格和资金整合实力，对动漫产品持续地进行新媒体营销
宣传，能够通过版权基金运作，结合金融理论和动漫产业特点，建立动漫价值评
估模型，专业评估动漫产品质量，这正是石景山区现有的金融企业所欠缺的能
力，也是网游动漫企业融资发展的新途径①。此外，完善金融业态还包括对金融
机构的梳理，引导打造文创产业的融资一条龙服务。如针对无形资产质押融资，
要有相关的无形资产评估机构评估无形资产的价值，有相应的担保机构能够为银
行贷款提供担保，有政府贷款贴息政策促进银行授理文创企业，特别是中小型文
创企业通过无形资产质押的融资需求等。在这一过程中区政府应该加大政策的引
导与支持作用，构建相关的服务平台，架起金融公司与企业之间的桥梁。如朝阳
区，除设立文化创意产业发展财政引导资金外，还积极搭建不同规模和范围的
"银企对接会"和投融资洽谈会，鼓励金融机构开发适合文化产业特点的金融产
品和服务模式，在多家银行机构设立文化创意产业授信额度，研究出台《朝阳区
知识产权质押贷款贴息暂行办法》，帮助一批优质文化创意项目通过知识产权质
押、担保等方式争取银行贷款②。

完善金融业态，实现金融业态从无到有，从有到全的过程，并不是主张对于
现代金融业采取大而全的、无重点的发展，而是主张与文化创意产业结合，在文
创产业金融服务方面做全、做强，形成石景山区金融服务的特色，形成区域
品牌。

2. 实现金融业务的创新

金融业务的创新要依托于金融机构这一实体，因此，一方面我们要在既有
的金融业态下发展创新融资方式，另一方面则以完善金融业态为前提，将引进
金融企业与创新融资业务同步发展，力求新企业带着新业务入驻石景山。金融
业务的创新包括两层含义，即将人有我无的新业务、新种类借鉴过来，做到人
有我也有，人有我强，再就是人无我有的突破创新。具体的可从以下几方面

---

① 国内首只版权基金专注投资动漫版权助力国产动漫 [EB/OL]. http：//www. people. com. cn/h/
2011/1231/c25408 - 1 - 2327213663. html，2011 - 12 - 31.

② 促进文化与金融资本对接朝阳切实扶持文创产业发展 [EB/OL]. http：//www. bjci. gov. cn/81/
2012/04/09/43@20567. htm，2011 - 12 - 31.

入手：

（1）打造金融服务平台。其实早在 2004 年起石景山区就开展了对投融资体制改革方面的积极筹划和大胆探索，在全市各区县尚无成型经验做法情况下，率先尝试搭建以投融资、工具、招商三个平台为主，彼此衔接互动的投融资平台体系，并初步运作取得成效，但具体到文创产业投融资问题，较之朝阳、海淀、上海等资本运作成熟的地区就明显不足，因此要有针对性地搭建石景山区的文化创意产业投融资服务平台。

（2）通过打造石景山区的文化创意产业投融资服务平台建设，理顺文化创意企业投融资产业链，建立面向不同业态特点、不同发展阶段、不同企业规模、不同融资需求的多层次投融资服务体系，为各个发展时期的文化创意企业提供个性化融资服务①。构建投融资服务平台涉及三方面内容：①构建文化创意产业的投融资服务体系。提供一个文化创意企业投融资项目融合、服务渠道畅通、集成创新的途径，提高与文化创意产业相关资源利用率，降低开发和交易成本，带动成果转化与文化创意产业发展。②构建文化创意产业投融资中介服务体系。这一投融资中介应包括风险投资中介、文创融资担保中介及再担保中介等。③针对文化创意产业中小企业资金需求"急、频、少"的缺点制定企业投融资制度及工作流程。

（3）引入民间资本。在引入民间资本方面，可尝试一种财政性资金"跟投"模式。即：以财政性资金与社会资本相结合组成创投基金，通过成立创业投资的战略联盟，共同建设专业创投管理团队，政府只对协议范围外的项目"跟投"，不再介入项目管理过程的财政性资金"跟投"模式。其特点就是：政府实施监控，政府拿出优惠条件，政府与投资机构双方既具有共同利益，又是相对独立的合作关系，政府改直接投资为间接投资②。文化产业每年年均增加值在 1000 亿元左右，年均增长率为 15%，目前中国几乎没一个行业有这种增长速度。对于银行、投资机构或是民间资本来说，这无疑是待掘的富矿，因此在民间资本的运用上政府要积极规划、引导。海淀区在文创产业起步早期，通过引入"天使基金"扶持初创的文创中小企业发展，并获得了巨大的成功。

（4）落实并创新无形资产融资方式。无形资产主要包括三类：①知识型无形资产。企业内部创造和实现价值的主要非物质资产形态，包括人力资产、著作

---

① 破解无形资产抵押之惑［EB/OL］. http：//www. bjci. gov. cn/8/2008/07/11/41@11361. htm，2008 - 07 - 01.

② 建立和完善科技中介服务体系，服务自主创新——科技投融资服务平台建设的政策建议［EB/OL］. http：//www. ssfcn. com/ssfcn/member_ detail. asp? id = 48954&sid = 1603&wordPage = 4，2011 - 12 - 09.

权、专利权等。特别是人力资产，已成为企业内部资源的重要部分，是企业发展的关键因素。②声誉型无形资产。企业长期发展积淀所形成的良好企业形象，包括商誉、品牌、客户对产品的信赖度等。其中品牌日益体现出企业的整体价值和社会认可度。③关系型无形资产。企业外部所拥有的市场和客户间的良好关系及内部管理运营模式、学习创新能力①。对于石景山区内文创龙头企业来说，依托自身丰富的有形或无形资产获得融投资并非难事，区政府需要聚焦的还是那些文创类中小企业。针对中小企业的无形资产融资要从以下几方面着手扶持：

1）加强中小企业的知识型无形资产的保护力度。中小型企业在发展初期，各方面管理制度不完善，对于知识产权的保护意识或保障手段不完善，作为融投资的重要依托，只有切实保障了中小企业的知识型无形资产并科学合理地进行评估，才能把文化变为资本。此外，合理的利用人力资产也能为企业带来资金。毫无疑问，创意人才是文创企业发展的关键驱动因素，因此通过评估中小企业拥有的核心人才的价值，可以间接估量中小企业在获得融资支持后的发展走势，增强金融机构对于中小企业融资的信心。

2）建立中小企业信用管理机制。一方面政府要制定完善的法律政策来约束贷款双方的行为，提高贷款双方的违约成本，降低中小企业道德风险发生的概率；另一方面要通过中小企业信用的评级管理，获得融资机构的支持，将虚拟的诚信作为一种可以交换资本的实体。初创期的文创类中小企业可能在信用积累上处在弱势地位，政府可以将中小企业的信用评级与该企业经营者、管理团队的信用建立联系。

3）鼓励利用关系型无形资产进行融投资。融投资机构是否为企业提供资金支持一方面是看企业的现在，另一方面则是看企业的将来。显然文创类中小企业受制于资金瓶颈，目前发展状况较为艰难，但是未来前景却很广阔。在现有的金融业务和种类方面可以考虑以中小企业目前获得的项目，与客户签订合同的金额，或是通过客户担保的形式获得融资支持。

以上策略都需要金融机构与区政府的协同努力才能得以实现，在此过程中区政府因积极推动，将招商引资的成功经验移植到与金融机构谈判、合作、共同创新的过程中。

---

① 赵颖，陈心慧，张蕾. 文化创意产业中无形资产价值评估探析［J］. 商业文化（下半月），2011（8）.

第三节 石景山区文化创意产业发展的 路径及政策建议

"十二五"期间，石景山区要坚定不移地发展文化创意产业，并力求把文化创意产业打造成石景山区的主导产业。要提高石景山区文化创意产业竞争力，应该遵循这样的发展路径：切实打造集聚区—完善公共服务平台—政策创新和服务创新以增强企业竞争力三个层面实施。

一、依托现有集聚区，切实打造集聚区，形成文化创意产业特色集群发展

文化创意产业在一个区域内是否形成特色，主要用以下指标衡量：①空间内部集聚；②立足于具有强竞争、弱替代性的比较优势；③以市场需求为导向；④产业关联和分工合作，区域规模优势明显，综合效益突出。衡量集群指标有：空间集聚性，专业性，竞争协同性，知识资源互补性，高创新性，强辐射影响性，产业带动性。文创产业只有形成特色并集群发展，才有在市场上具有独占性和竞争性。才有利于企业降低交易成本，发挥规模效益，进而提升区域企业竞争力和区域品牌形象。特色文化创意产业集群，既有特色文化创意产业的优势，又有产业集群的优势。两者相互依赖，共同发展。一方面，特色文化创意产业要嵌入集群式发展模式，借助产业集群的聚集优势、规模优势、创新优势，将自身独、专、优、精的特色充分发挥出来；另一方面，文化创意产业集群要依托特色文化创意产业形成一种独特的生产组织方式，做到"小而精"，继而随着生产规模的扩大和竞争优势的提升，做到"大而强"，真正发挥出特色文化创意产业集群对区域经济的带动作用。对石景山区目前来说，应把已有的特色做大做强，保持竞争优势。特色是已有竞争优势的资本，要抓住特色，创新集聚区功能和作用，做强、做大特色，做成主导产业，提高特色产业在北京和全国的市场占有率和知名度，靠特色做大、靠集聚做强。再者是把集聚效应发挥出来，进一步形成新的特色。与其他产业融合发展，特别是动漫网游和设计产业，从前项一体化、后项一体化、相关产业、关联产业上做文章。

（1）文化创意产业的特色通过集聚区的集聚作用，能使集聚区内的类型产业整体的对外竞争力增强，从而提高不被其他类型的创意产业或行业替代的能力。这是因为集聚区能将一个文化创意产业的优势资源集聚起来，通过在集聚区的竞争和合作形成整体优势和整体竞争力。在竞争优势支持下，就可将已有的特

色做大做强，保持竞争优势，逐步形成主导产业。如石景山区的北京数字娱乐示范基地，是科技部批准设立的四大数字娱乐产业基地之一，在政府主导作用下，通过政府的适时引导和配置服务，集聚作用发挥明显，使该基地具备了雄厚的实力基础、良好的政策支持以及天然的发展优势，现已吸引数十家数字娱乐企业入驻，正逐渐成为石景山区的主导产业。①通过集聚区扩大特色产业的资本资源。集聚区能使融资渠道更加完善，不断吸引资本的流入，使企业有充裕的资金。②开发新产品。在以短时性为特点的文化创意产业中，产品的推新速度无疑是增强企业生命力的关键。有了雄厚的资金基础，才能更有资本发展原有的竞争优势，将产业特色做强做大，做成主导产业，进而提高特色产业在北京和全国的市场占有率。

（2）获得集聚区内相关产业的支撑。文化创意产业可以发展成为一个巨大的产业群，其发展与数码、网络、电信、制造、中介、营销等行业相互渗透，产业关联度比较大。文化创意产业功能的实现，必须得到这些辅助产业的有力支撑，集聚区恰好提供了这样的一个环境和氛围，为文创产业的发展提供了园区内不同功能的组合和服务。在这些文化相关辅助产业的强大支撑下，文化产业集群形成后，区域内大量的文化企业组成了一条完整的生产链，文化创意企业可以及时与上游的供应商以及下游的客户进行业务联系，同时还可以通过水平联系借助分包商的生产能力。这样，企业可以调动更多的资源从而实现资源更有效率的配置，提高生产效率。继而文化创意企业可加快创新进程，通过集群取得竞争优势。比如日新月异的信息技术产业，现在就已经成为了推动文化创意产品升级发展的手段和载体，促进了文化创意新理念、新运作方式、新经营方式和服务方式的出现，在很大程度上成为文化创意产业集群中不可缺少的一部分。

（3）集群环境激发良性竞争与创新。在文化创意产业的集群中，存在着大批文化创意类的企业，能促进创意产业内部之间的竞争，完善竞争机制，因此，能增强创意产业内部之间的竞争压力或动力，从而推动创新。各企业会加大研发投入以获取竞争优势，以保持持续的竞争力。从总体上而言，这种竞争状况带来的是集聚区的创新活力和不断攀升的科技成果产出率，产业特色得以不断发展强化，逐步发展成为主导产业。同时，集聚区内许多创意业者聚集在一起，能够给创意人才提供更多的交流机会，创意人才之间能够进行交流，这样，一个企业的知识创新很容易扩散到区域内其他企业从而促进创新的发生。这种近距离的交流还能够产生较强的激励作用，使创意企业与创意人才相互之间能产生较强的信息激励、榜样激励和商誉激励，因为同一集聚区的人之间容易相互比较和从他人的成功中看到自己成功的希望或由此增强创意成功的信心，这在一定程度上也促使创新的产生。

（4）在既有的特色产业通过集聚区发展成为主导产业的同时，还可以进一步发挥集聚区的集聚效应形成新的产业特色。随着产业集群的进一步发展，集群内的企业会形成一系列具有内在关联性、构成完整产业链的各种综合要素的集群，这时的集群效应突出表现在围绕产业链条的专业化分工。产业分工的进一步细分和专业化发展，能够催生集聚区内各企业新的竞争优势，从而形成新的产业特色。新的特色产业又通过集聚区的集聚效应做大做强，发展成为主导产业。

1）表现在以创意产业为源头，带动内容创作、产品制作和营销等价值环节，以创意带动后续产品开发，形成上下联动、左右衔接、一次投入、多次产出的产业价值链。也就是形成价值扩散导向，使企业创造的核心价值，通过合作开发、技术或者版权转让的形式，扩散到周边产业中，扩大价值产出量。这样，在集聚区中，通过企业之间的价值扩散，就有可能发展新的产业特色，在集聚区的集聚效应下，新的特色产业同样有机会发展成为主导产业。

2）集聚区内新产业特色生成的主要途径是通过文化创意产业与其他产业的融合发展。就石景山区的具体实际而言，主要是通过文化创意产业与动漫网游和设计产业的融合发展，从前项一体化、后项一体化、相关产业、关联产业上做文章。

3）实践证明，产业集聚度越高的地方，创新活动的集聚就越明显。作为以创意为核心的文化产业集聚区，其对创新的促进效应尤为明显，因为通过集聚知识的集聚和交融加快，知识的创新和进步得到推动，创意人才通过相互学习交流也可有效地提高人力资本。这样，知识资本和人力资本均得以增强，从而促进创新，这种促进创新的作用是文化创意产业集聚区新的产业特色形成的一个重要机理。

所以，坚持特色集群发展是石景山区文创产业下一步发展应坚持的关键路径。

二、完善公共服务平台，为集聚区效应发挥搭建完整公共服务基础

（一）文化创意产业构建公共服务平台的必要性

我国文化创意产业近几年在全国各大主要城市的发展势头非常迅猛，但普遍存在着硬环境和软环境都不能满足其快速发展的需要，严重制约了其进一步发展。因此，构建产业公共服务平台已经越来越成为决定文化创意产业进一步发展的要素之一，主要表现在：

（1）文化创意产业相比传统产业处在成长期，亟须政府投资公共服务平台，实现对整个产业的支持，推动产业发展。此外，文化创意产业的生产单位以小企业偏多，大企业偏少为特点。构建公共服务平台能够整合各种资源，给企业提供

其自身无法实现的功能，大大降低其创新创业成本和风险，提升企业的可持续发展能力。

（2）创意孵化和知识产权保护是文化创意产业正常发展的两个最基本的条件。创意孵化过程一般包括形成点子、创作作品与开发产品3个阶段。其中，很多关键环节必须获得公共服务平台的支持。对于文化创意产业知识产权的保护不仅限于政府出台知识产权保护的相关法律法规，更重要的是能为创意企业提供富有成效的法律援助服务，切实维护创意企业的利益。

（3）创意产业价值链的关键盈利点在于内容创意和传播渠道。抓住这两点就等于掌握了创意产业企业盈利的根本。但由于文化创意企业普遍比较弱小，人才资源和市场资源十分匮乏。因此，构建公共服务平台会大大强化创意企业在这两方面的实力，从而提升创意产业聚集区的整体竞争力。

（4）构建文化创意产业公共服务平台促进了政府职能的转变和管理的进步。政府不仅能利用这个平台为大量的企业提供服务，提高财政资金使用效率和效果，也可从中获得关于行业和市场有效的资讯，用以完善政府下一步的宏观管理决策，有利于出台更加完善的产业政策。

（5）构建高效的公共服务平台是招商引资的重要手段。从可持续发展角度讲，文化创意产业聚集区的发展和壮大除了政府的扶持，更需要不断的资本投入和优秀企业的入驻。良好的基础设施和完善的公共服务无疑是最具吸引力的东西。

（二）文化创意产业公共服务平台的构建原则、内容、组织和制度体系

为了更好地促进文化创意产业的发展，构建公共服务平台除去要考虑公共服务平台的总体性原则外，还必须要结合文化创意产业特点的具体原则。构建公共服务平台的总体性原则如附表1-6所示。

附表1-6　构建公共服务平台的总体性原则

构建原则	具体内容
政府引导和市场机制相结合	在平台构建中，政府要投入一定的引导资金并出台相应的激励政策，允分利用市场机制，吸引社会力量参与建设
区域需求和国家布局相结合	平台的构建既要充分满足地方特色产业发展的需求，又要融入国家整体平台建设当中，发挥国家和地方的资源优势互补作用，形成管理联动机制
经济效益和社会效益相结合	构建公共服务平台首先保障其公益性，其次考虑如何实现平台"自身造血"维持其运营，并给予参与方应得利益，从而提高其积极性
重点先行与全面构建相结合	先重点构建平台最核心的一些功能，形成基本的公共服务体系。然后依据创意企业需求总体变化，逐步完善公共服务平台的其他功能

续表

构建原则	具体内容
软硬平台与虚实平台相结合	软硬平台是提供服务内容有别，虚实平台是提供服务方式有别。这四种平台的结合是有机的，不同的服务一定要采取最佳的服务传达方式
整合资源与交流互动相结合	在平台构建的前、中、后期与平台用户充分沟通并确定其需求，从而合理规划构建，筛选和优化加盟方，高效配置资源实现真正客户化服务
统筹规划和分步实施相结合	统筹规划是确保平台数量、布局、类型等是合理的，避免出现重复建设等资源浪费的现象。分步实施是稳步扎实推进平台建设的重要方式

1. 基于产业链的公共服务平台体系的基本架构

国内学者厉无畏在《创意产业导论》一书中指出创意产业是具有原创性、具备知识经济特性和高度文化含量的一种产业。其产业价值链由将原创性的文化创意规模化、产业化，使之产生经济效益的一系列重要的环节组成。创意产业的基本价值链主要有内容创意、生产制造、营销推广、分销渠道和消费者五个主要环节。

由于文化创意产业在我国仍处于起步阶段，产业链中的许多环节都需要通过公共服务平台的支持来逐步完善。因此，将不同类型的公共服务平台进行整合，形成了基于产业价值链的公共服务平台系统是十分必要的。如附图1-25所示，在这个系统当中，产业价值链的各个重要环节都有相应的平台提供公共服务，实现了全产业链的支持模式，从而加速产学研合作。

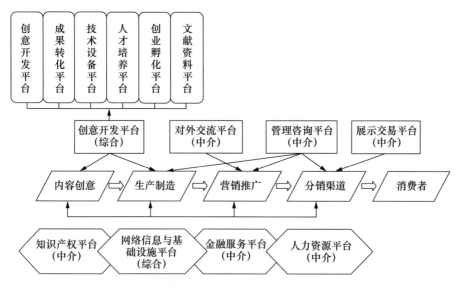

附图1-25　基于产业价值链的公共服务平台系统

创意产业公共服务平台体系的构建参与主体应该多样化。政府在其中发挥的作用或者说是扮演的角色要灵活，这样才能提高平台构建和运行的效率。而且不同的公共服务平台应该依托特定的主体建设，从而充分发挥这些主体的资源和能力优势，另外也能够减轻政府的财政压力。这些主体主要有高校和创意机构、园区管理机构、政府相关部门、创意龙头企业、行业协会组织和国外相关机构六类主体。针对每一种类型平台，在政府引导和上述有关主体的参与下，适当地引入有经验的运营机构，以使得整个平台的建设能够发挥出各方的优势。平台体系构建主体及相互关系如附图1－26所示。

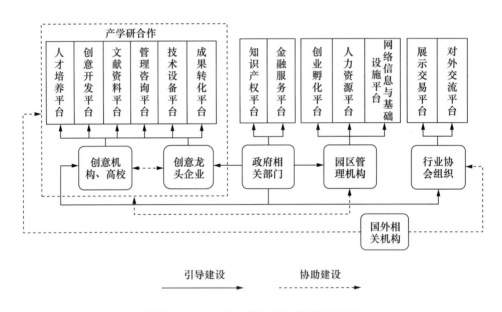

附图1－26　平台体系构建主体及相互关系

基于平台构建的思路有四种：①具有公共性和盈利性的平台往往倾向于通过政府资金引导，吸引社会资本参与建设。比如创意开发平台、网络信息与基础设施平台、成果转化平台、管理咨询平台、人才培养平台、文献资料平台等。②对于投资巨大、风险高、专业性又很强的平台，一般由政府通过贷款贴息、项目补贴等方式，以龙头企业为引导，鼓励多家企业共同投资建设，以期减少风险。比如技术设备平台。③由政府投资，公益性很强的平台，通常由政府通过申报评审或招投标选择平台的设计单位、建设单位和运营机构，并对整个过程进行监管。比如知识产权平台、金融服务平台、人力资源平台等。④由非营利组织如行业协会主导的平台，借助政府充分的资源支持委托给专业机构来建设。比如，展示交易平台、对外交流平台等。

2. 公共服务平台构建的组织实施方式

文化创意产业公共服务平台的构建一般通过项目立项组织实施，主要采取定向组织、申报评审和公开招标等方式。平台项目立项需要项目承建单位（主要指运营机构）、政府主管部门和建设主要参与者三方签订项目计划任务书和项目合同，它们是为项目验收、中期检查和项目绩效评估提供依据。定向组织主要根据产业发展需求和平台总体规划，在充分调研的基础上，对不具备竞争条件的平台项目，组织相关单位制定具体实施方案，经考察及专家论证同意后，立项建设。申报评审是符合一定资质的申报单位，通过提交项目申请书由政府部门和相关专家进行评审和可行性论证，通过评审后编制项目任务计划书，再经科技和财政部门审批通过后签订项目合同，准予项目建设。公开招标一般需要组织专家咨询，确定具备招标条件的平台项目，制定平台项目招标书，向全社会公布，按照招投标程序确定中标对象，经现场考察及同行专家论证可行性研究方案后，立项建设。结合不同性质的公共服务平台，附表1－7显示出每种平台理论上的组织实施方式。

附表1－7　不同性质平台的组织实施方式

平台性质 构建方式	公共性兼营利性	投资大、风险高、专业性强	公益性强、政府或非营利组织主导
定向组织		技术设备平台	
申报评审	创意开发平台、网络信息与基础设施平台、成果转化平台、管理咨询平台		展示交易平台、对外交流平台、创业孵化平台、人力资源平台
公开招标	文献资料平台、人才培养平台		知识产权平台、金融服务平台

对于公共性兼营利性的公共服务平台，一般是通过政府资金引导，吸引社会资本参与建设。从鼓励社会资本参与的角度看，申报评审这一组织实施模式给予了主要参建方更大的自由度，从而提高其积极性。另外，推荐择优与招投标相比也会降低项目立项成本。对于投资大、风险高、专业性强的公共服务平台主要是依托于龙头企业或几个大型企业构建。由于这一平台项目不具备竞争条件，因此采用定向组织会提高效率。对于政府或非营利组织投资，公益性强的公共服务平台，需要提高资金的使用效率和效果。采用招投标的方式会保证公平地选择到合

适的参建主体。

3. 产业公共服务平台的外部管理和内部组织结构

创意产业公共服务平台的构建需要有一个完善的组织领导层，即外部管理组织，一般包括协调指挥小组、建设管理团队、专家咨询委员会和平台管理中心。协调指挥小组主要由政府相关部门领导组成，从宏观上统筹规划和指挥协调平台建设；建设管理团队是协调指挥小组的下设部门，成员由抽调的政府相关职能部门工作人员组成，负责平台的具体建设工作；专家咨询委员会由政府邀请相关领域的专家组成，主要为平台的构建出谋划策；平台管理中心是平台的一个常设机构，主要负责各类平台的协调管理监督工作，并承担建设团队交办的日常事宜。组织领导层的结构关系如附图 1 - 27 所示：

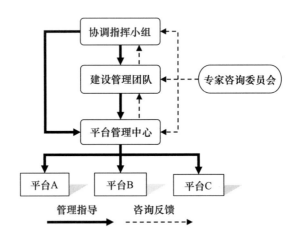

附图 1 - 27　平台外部管理组织结构图

组织领导层各个组成部分需要职责清晰、分工合理，其具体职责如附表 1 - 8 所示：

附表 1 - 8　平台外部管理组织各层级工作职责

主体	工作职责
协调指挥小组	确定平台建设指导方针，审定平台建设规划、计划和实施方案，协调资源建设和共享工作等
建设管理团队	平台建设调研，编制平台体系建设规划、计划和实施方案，组织落实平台建设实施方案，协调解决平台建设和运行中出现的问题，组织平台建设相关项目的立项、评估和验收，研究制定资源共享法律、法规和政策，组织第三方机构进行服务评估

续表

主体	工作职责
平台管理中心	审批各类平台理事会提交的具体建设方案，审批各类平台的年度工作计划和年度工作报告，审批各类平台的年度财务预算和年度财务报告，审批各类平台制定的运行和服务规范，审批平台的管理办法、章程等，协调不同平台的服务资源和政府补贴资金的投入，监督各类平台服务质量和资金的使用情况，协助平台建设相关项目的立项、评估和验收以及收集各类平台的相关信息并反馈给建设管理团队等
专家咨询委员会	就平台建设的指导方针、规划和政策法规等提供咨询，协助审定、评估平台的中长期发展规划、重大措施、重要规章或重点项目等并提交评估报告，对平台的服务方向、服务领域、基础建设等提出建议，协助解决平台建设和运行管理中存在的问题以及评估平台建设和运营的实施效果等

　　合理的平台外部管理结构是决定平台构建效率与效果的重要基础，而完善的内部组织结构设计是平台运行的重要保障。公共服务平台的内部组织结构一般有三个重要组成部分：平台理事会、平台运营机构和服务机构系统，其结构关系如附图1－28所示。

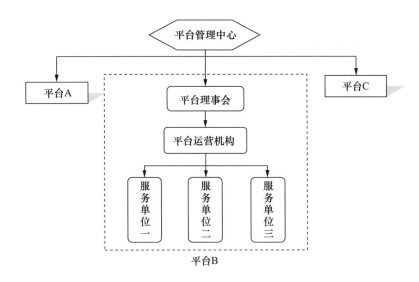

附图1－28　平台内部组织结构图

　　平台理事会处于平台的决策指导层，是把握平台运行管理方向，做出有关平台运营的重大决策，实现平台持续发展的组织和智力保障。平台运营机构处于管理运作层，是实现平台日常运行管理和服务支持的核心机构。服务机构系统处于协作服务层，是由全面实现平台协同服务功能的各专业服务机构组成。它们的组建和具体职责如附表1-9所示。

附表1-9　平台内部组织各层级的组建方式和工作职责

平台机构	组建方式	主要职责
平台理事会	由政府相关部门代表、出资机构代表、运营机构代表、服务机构代表等组成	执行平台建设方案，制定平台的中长期发展规划、年度工作计划和年度工作报告。制定平台的年度财务预算和年度财务报告。制定平台运行管理办法、章程等并组织实施。组织对平台参与单位的绩效评估，提出调整议案。决定平台管理运行过程中的其他重大事项
平台运营机构	由核心服务机构或者委托专业机构运营管理	组织实施平台资源建设和服务功能开发，获取用户服务需求，协调各种服务的供给与收益分配、服务价格的制定。另外，还负责平台的资源加盟管理、服务推广和宣传工作等
服务机构系统	由各类服务机构和单位组成	提供各种具体服务，如创意开发、人才培训、投融资、管理咨询等

考虑到不同类型公共服务平台构建的具体情况，在设计平台内部组织结构时需要在上述一般形式的基础上进行必要的调整。

4. 公共服务平台的制度体系

文化创意产业公共服务平台的制度建设要坚持与国际惯例接轨，与国家有关法律法规衔接的原则，主要围绕平台建设、管理、运行三个方面形成制度保障体系。在平台建设方面，首先，应该出台有关规范不同政府部门和其他组织合作促进平台建设工作开展的制度安排。其次，要针对平台项目立项、组织实施、项目验收、经费管理等环节制定相应的制度规范。再次，对公共资源共享进行规范，建立信息公开、采购评议、共享评估等制度，从源头上减少重复立项和重复建设，提高资源利用率。最后，由于产权的明确界定是创意资源市场配置的前提，因此要制定完善的产权制度来保障公共服务平台的正常运行。在平台管理方面，不断完善平台治理结构、重大事项报告、专家咨询、会员加盟、激励措施、服务绩效评价等方面的制度安排。在平台运行方面，要对平台的服务标准、产学研合作、服务协调统筹、服务补贴等方面做出制度规定。通过这一整套制度的制定，形成了文化创意产业公共服务平台的建设、管理、运行的良好秩序，有力保障了创意产业公共服务的提供。

（三）石景山区文创产业公共服务平台构建策略

（1）产业处于初创期的平台构建。在初始阶段，产业急需产业化技术的开发和创意人才及其相关的各类人才的培养，来为产业的发展奠定基础。为了满足这一时期的产业需求，构建创意研发平台是一个很好的选择。由于此时企业数量少、规模小，对公共服务的需求总量不足，难以市场化运作，因此平台构建的经费来源要以政府财政投入为主。平台构建可以依靠政府引导本地的科研院所、高校负责，采用灵活的非盈利机构的组织形式，社会化运作。创意研发平台具体子平台的构建会循序渐进地进行，可先围绕创意开发、人才培养等建立平台。另外，政府要引导园区或聚集区管理机构负责筹建网络信息与基础设施平台、人力资源平台、创业孵化平台。这些平台对于招商引资、人才交流与引进和培育企业等都发挥着至关重要的作用。

（2）随着产业开始成长，创意企业的数量不断增多，但是规模仍然以小企业为主，只有个别有潜力的企业开始崭露头角。此时企业的知识产权保护、融资问题日益突出，需要政府相关部门联合建立知识产权、金融服务等平台。在前一阶段的基础上，随着产学研合作机制的深入发展，创意研发平台要进一步完善，文献资料平台、管理咨询平台、成果转化平台和技术设备平台要逐步到位。另外，政府引导行业协负责的展示交易平台和对外交流平台也要开始建设，为企业创造更多的市场资源以及提升区域文化创意产业品牌吸引更多的创意企业入驻。

（3）产业步入成熟期也是公共服务平台进入调整和完善的时期。调整和完善的对象主要包括平台的体系、管理和运行。任何平台的体系都不可能在初建以后保持一成不变，它必须根据产业需求变化不断调整组成部分的类型、结构等；平台是个组织，需要管理方式不断地革新才能推动组织变革实现可持续发展。其中尤其要完善平台的治理结构，要对运营机构进行有效的监管和绩效考核，在产业发展的不同时期对于同一平台可能需要调整建设主体和运营主体，例如技术设备平台在产业成长期时建设主体是政府，但随着产业中一些企业实力的增强和龙头企业的出现，这类公共服务平台依赖这些主体建设会更加有效；对平台的运行也要调整，不断完善平台的运营机制，对平台加盟服务机构及其服务的领域、规模和深度实行动态管理。

（4）衰退阶段对于总体文化创意产业来说也许是不可能的。不过，总体产业下的一些个别产业的衰退期还是可预见的。对于处在衰退期的产业，新的公共服务平台已没有构建的必要。对于还有价值的产业，需要现有的平台创新服务来延缓产业衰老；对于已经没有价值的产业，公共服务平台要及时终止相应的功能以节约资源。

不同产业生命周期阶段构建的平台类型和构建主体如附表1－10所示：

附表 1-10　基于产业生命周期的平台类型和构建主体

	初创期	成长期	成熟期	衰退期
平台类型	创意开发平台、人才培养平台、网络信息平台、人力资源平台、创业孵化平台	知识产权平台、金融服务平台、文献资料平台、管理咨询平台、成果转化平台、技术设备平台、展示交易平台、对外交流平台	两个时期所有平台的优化升级，包括平台的体系、管理和运行	平台的服务升级或者功能削减
建设主体	创意机构 高校 园区管理机构 政府有关机构	政府有关机构 高校 创意机构 龙头企业 行业协会	建设主体需要依据实际情况作出调整	建设主体需要依据实际情况作出调整

（四）文化创意产业公共服务平台构建的过程矩阵

文化创意产业公共服务平台构建的过程矩阵包括横向和纵向两个维度。横向维度是平台构建的三个主要环节，包括创建、管理和运行。创建主要是指在平台规划指导下的平台体系、相应保证措施和基础条件的构造过程。管理主要是平台内外部组织管理机制的形成过程。运行主要指平台进入角色发挥作用的过程。

这三个环节在实践当中界限往往不是十分清晰，因此其构建需要统筹兼顾、协同推进。纵向维度是从时间和进度上讲平台构建的不同阶段，主要包括规划启动阶段、全面推进阶段和巩固提升阶段。在不同阶段上平台要完成的任务是不同的，后一个阶段都是在前一个阶段的基础之上不断推进和完善平台的构建工作。那么将两个维度结合在一起，就形成了文化创意产业公共服务平台构建的过程矩阵，如附表 1-11 所示。

附表 1-11　平台构建的过程矩阵

横向 纵向	创建	管理	运行
规划启动阶段	制定和完善平台建设总体规划，出台平台构建的管理办法，物理基础设施的到位，基础核心资源的整合，立法工作开展等	试点平台外部管理和内部组织结构的搭建，岗位职责的确定，人才的到位，管理制度的制定，管理机制的形成等	服务机构的加盟，各种服务的协同，利益协调机制的确立，绩效评价机制的建立，运行机制初步形成等

续表

纵向＼横向	创建	管理	运行
全面推进阶段	初步建成创意产业链全面支持模式的公共服务平台体系，比较完善的网上和网下服务系统，知识产权保护等法律法规不断完备等	提升和完善上一阶段管理环节中各项内容，不断完善平台的产权制度，引入优胜劣汰的平台考评机制，建立动态的人员流动和合作机制等	完善上一阶段运行环节中的内容，实行多样化的业务运作方式，建立明确的成果收益分享机制、经费投入机制和服务创新机制等
巩固提升阶段	根据社会经济环境、产业生命周期、企业需求的变化，建立平台体系的动态调整机制；形成完善的政府引导社会参与的构建模式等	注重平台组织变革提升管理效率，加大平台服务人才的开发激励，形成平台独特的服务文化，构建平台可持续发展的能力等	服务内容和质量的深度挖掘，服务流程再造提高服务效率，会员的人性化管理，不断运用信息化的最新成果提升服务运行的效果等

三、全力做好政策创新和服务创新，为企业竞争力提升保驾护航

在抓好集聚区建设，搭建好公共服务平台后，关键是怎样做好政策创新和服务创新以落实工作，这样企业竞争力才会提升。

（一）敢想敢试，做好政策集成和政策创新

石景山区文化创意产业发展很快，主要得益于政府的主导作用而非企业自身的规模化、集群化效应。要实现政府引导、市场主导的文化创意产业发展道路，势必要不断推进政策集成和创新，促进产业科学定位和健康发展，引导企业提高自身发展和竞争能力。鉴于我国东部地区文化创意发展当前态势，本报告调查了上海、深圳、杭州、天津等文化创意产业发展层次较高的城市，分析其在文化创意产业制定方面的相关政策和规划，提出了当前石景山区在文化创意产业上的政策集成和创新要点。

（1）以产业发展规划为基础，财税政策的核心作用依旧十分关键。当前北京市文化创意产业的发展格局基本形成，石景山区的相关政策务必以国家、北京市和石景山区的文化创意产业发展规划为基础，这样才能从宏观上把控发展方向并逐步落实到制定每个阶段的发展目标。从上海、深圳等地区看，对文化创意类企业的财政支持和税收减免等政策依旧发挥着很大作用，这是由于文化创意产业自身资金短缺、科技研发投入较高、投入产出周期较长、起步发展难度较大、国外竞争对手较强等特点导致的。同时，财税政策也是各地区支持领域重复的情

况下吸引高质量、高水平、大规模企业落户的重要吸引力之一。因此，建立以财税政策为核心的配套政策集成，并随着产业和企业的发展逐步强化配套政策的作用和吸引力，将有助于形成合理的政策结构，避免政策单一化导致的企业及人才流失，加强企业对立足本区发展和壮大的忠诚度，保证本区文创创意产业的稳定和健康发展。

（2）政策创新要充分考虑区域基础和企业的发展需求。目前石景山区文化创意产业发展的工作应是在继续扩大规模的基础上强化支持重点企业的发展壮大。这类重点支持企业的选择就要充分考虑石景山区现有发展定位、软硬件基础、企业规模和特色分布等。另外，在调查中发现上海、杭州、深圳等地均把支持企业融资能力提升作为一项重要政策实施，进一步拓宽融资渠道，积极促进文化产权与金融资本的对接，这也体现了当前企业的发展需求。对类似企业发展需求应做好调研，从实际出发进行政策创新。

（3）政策创新要尽可能覆盖企业经营和发展的各个方面。综合来看，由于地区区位、基础设施建设、户籍管理制度、公共服务平台等方面的差异，企业经营和发展过程中面临很多问题，涉及创业及发展环境、科研开发、企业上市、发展融资、对外宣传及出口、人才引进及支持、信息共享及利用、知识产权保护及支持等方面。被调查城市中也将这些问题作为政策创新和新政策制定的出发点之一进行考虑，比如杭州市与杭州银行等9家在杭金融机构签订了融资战略合作协议，构建文创产业融资战略合作机制，推出多款文创产业银政投集合信贷产品，为文创企业提供融资服务。

（4）政策创新要重视产业的可持续发展。①科学合理地规划本区文化创意产业的发展；②细化部分类别的发展和支持政策（比如杭州就针对民营书店、动漫产业等制定了支持其健康发展的相关办法）；③动态调查并获取企业的需求；④加强文化创意类企业人才素质和能力的不断提升（比如可充分融合高校教育及企业实践资源，提高企业人才管理和技术能力的提升，加强其对新形势的了解及对新技术的训练、掌握和提高）；⑤加强政府公共服务平台的建设和升级（比如政府可建立国际化的文化创意产业博览会、举办企业高层论坛等咨询交流与推广机制，健全政府采购、后期赎买等扶持政策，辅助建立国内外文化创意产品的宣传和销售渠道等）。

总体看，政策集成和创新是和全国各地区文化创意产业发展格局及本区文化创意产业发展阶段密切相关的，是一项分阶段、分层次、分重点的动态行为。但总体思路仍是政府要调整自己的角色，发挥领路者作用，为企业提供开放的竞争环境，在竞争中不断地提升自己，提高其自主创新和发展能力。

（二）切实从根本上服务企业，做好服务创新

为全面了解驻区企业对政府服务满意度，我们对区内167家企业进行问卷调

查，从问卷回收情况看，被调查企业对区政府重点企业支持和联系制度表示支持，对绿色通道表示满意，但从以下方面也暴露出政府服务的一些问题：①只有35%企业对公共服务平台表示满意，说明平台的覆盖面不高；②在企业经营中比较大的制约因素为地理位置、高级人才引进、生产生活设施不全、用地困难、招工困难；③只有16%的企业非常了解政策信息；④在认为影响石景山区发展软环境，打造"石景山服务"品牌因素中，排在首位的是政府服务，其次是政府执行力，最后是经营、生活配套设施服务和宣传推广、品牌塑造。可以说，尽管石景山区在企业经营环境建设上一直下大功夫去改进，但企业对经营环境满意度还不高，具体问题表现在两个方面：

在硬环境建设上：①石景山区还未形成良好的品牌形象，缺乏企业发展需要的人文环境。②工业园区配套设施不完善，如生活环境、教育环境、创业环境。硬环境的不完善直接影响到企业吸引和留住高端人才，也提高了企业成本。

在软环境建设上：①政策制定和政策落实不到位。一个最明显的反差是在和政府部门座谈时，各部门均对企业服务方面做了大量工作，这些工作如果真正落实到位，企业会非常欢迎且能促进其发展。但和企业座谈时，企业反馈的却是知之甚少、没有我们的事、阳光照不到我们，对政府服务颇有微词。追求原因有两个：一是政府执行力不够，政府服务的重点是重点企业，而大量中小微企业享受不到；二是政策落实不到位，有些政府工作人员，还存在一定的懈怠行为。②政府同企业间信息不对等。企业对政策了解不透彻，甚至不知道。对一些审批流程也不明确。出现这种问题主要是由于：政策宣传力度不够，没有通过有效的宣传途径将优惠政策及时地传递并解读给企业。

因此，要促进产业发展，必须在服务创新上下大功夫，首先要进一步打造石景山品牌形象。对区域整体形象进行设计和推广，利用各种媒介，特别是新媒体宣传石景山，打造石景山全新形象。其次是进一步优化企业发展硬环境：①进一步扩充企业发展载体。充分挖掘现有载体，优化资源配置和整合，为企业提供发展的空间载体。②完善工业园区配套设施。进一步完善园区交通，并在园区内有意识布局一些娱乐、餐饮、社交功能的设施，满足年轻人需求。③创业创新环境打造。文化创意产业从业者多为年轻人，产业本身更是一个创意优先的产业，能否为其营造一个很好的创新创意硬环境非常重要。建议在西山汇里设计类似"车库咖啡"模式的空间，为早期创业者和中小微企业提供开放式的办公环境，并与早期投资机构对接。满足企业在起步期和成长期对"资金＋社交＋资源＋人"的需求。对于创业者来说，一方面降低了办公成本，另一方面降低了社交成本。

（本部分是2012年"石景山文化创意产业研究"的部分研究成果）

附录2　北京市国有文化创意企业国有股权代表派出管理办法

一、国有股权代表的研究回顾

（一）国有股权的界定

1. 国有企业及类型

考察现代世界各国的经济，可以发现国有企业是存在于不同社会经济制度的普遍现象，具有超越社会经济制度的一般属性。其存在的客观依据在于"市场缺陷"，即市场中存在着自然垄断产业、不完全竞争、社会基础设施、外部不经济、不确定性、风险与信息的非对称性等因素，为了纠正"市场缺陷"导致的资源配置的非效率、分配不公，消费者的利益或劳动者的安全、健康及自然环境受损，社会效益低下等问题，就需要在特定的领域建立一些同时具有公共性或社会性的公有企业，以实现社会整体利益的最大化：一方面达到国家宏观经济政策目标，另一方面保证居民对公共产品和服务方面的需要能得到满足。

国有企业类型包括国有独资企业，也包括国有资产控股企业、参股等混合经济企业，还包括以承包、租赁、托管、联营等方式经营国有资产的各种企业。在形式上表现为国有独资公司、股份有限公司、有限责任公司、中外合资合作经营公司等。在产业选择上，经过近年来"国退民进"的改革，现阶段我国国家投资企业主要集中于那些涉及国家安全的行业、自然垄断行业、提供重要公共产品和服务的行业以及支柱产业和高新技术产业等关系国计民生的关键领域。

2. 国有资产、国有资本与国有股权

为确保国有企业保值增值，按照中共十六大确定的方向，新的国有资产监督管理机构的管理原则应该是"国有资本"管理而不是"国有资产"管理。"国有资本"与"国有资产"存在重大区别。"国有资产"是指企业资产中国家作为所有者的所有者收益即净资产。"国有资本"是一个可流动重组的概念，强调意味着以资本回报为目标（兼顾其他社会目标），突出的是国家所有者收益的管理

属性。

国有股权是与国有资本相联系的一个概念，是将国家投资核定为一定的股份或产权，由某种国有资产经营机构来持有即可。即使不具备条件实行股份制的企业，也可以采取相应措施予以处置，包括破产、兼并和重组等。国有股权也称为国有资产的价值体现，是国有资本的股份化，或者说是国有资本金的量化，是对原国有资产管理概念的深化和发展。

在社会主义市场经济体制改革中，随着国有企业投资主体的多元化。国有经济的载体由国有企业变为国有资本，与之相适应，国有经济的管理对象也从管理国有企业转变为管理国有资本，即转变为价值产权——国有股权的监管。

3. 国有股权的监督

在中国国有企业管理改革的过程中，建立了监事会。监事会是政府监督机构根据需要派出的对企业保值增值进行监督的组织，具有鲜明的中国特色。设立监事会，是加强国有企业财产监督管理，防止国有资产流失的一项监督管理体制的重大改革，有着深远意义。

现行的国有企业监事会，包括企业外部代表（包括有关部门派出的代表和社会有关人士代表）和企业内部代表两个组成部分。它作为监督机构派出的企业的外部监督组织，独立于企业之外，与企业之间是监督与被监督的关系，它既不能行使所有者代表的职能，又不能对企业的经营管理享有任何决策权，也不能以任何理由干预企业的经营权。国有企业监事会主要职责是监督、审议、评价并提供咨询，其派出适用于国家投资企业中的独资公司、控股公司和股份有限公司。

（二）国有股权代表的产生背景

1. 国有股权管理缺位

（1）目前国有股权管理仍然缺乏人格化的具体代表。在现有的国家统一所有，政府分级管理的国有经济运行体制下，国有股权缺乏人格化的产权代表。由于国有产权所有者的缺失，国有股权的控制权与剩余索取权不对称。因而对国有股权的监督管理要么缺位、要么越位，始终不能够正确行使其管理职能。

（2）目前国有股权管理对控股、参股公司管理相对弱化。国有股权的管理中最为薄弱的环节不是对国有独资公司的管理，而是对控股及参股公司的管理。在单一的股权结构中，对国有股权的管理相对比较简单，管理效率也比较高。而对于股权分散，委托代理链条冗长条件下的管理，我国目前尚无经验，管理相对弱化。因此，如何加强对控股、参股公司的国有股权管理是我们面临的重要课题。

（3）我国在对国有经济进行管理和监督时，重资产管理、轻股权价值管理，重具体经营管理、轻宏观战略管理，由此造成我国通过产权纽带进行的国有经济管理比较薄弱。

2. 国有股权监督存在明显不足

(1)《公司法》确立的监事会制度不能有效发挥其功能。我国 1993 年《公司法》及其修订案规定了监事会在公司治理结构中的法律地位，强调监事会是与董事会、总经理（总裁）并列的公司内设机构。《公司法》还明确规定了其职责及其履行职责的方式。2005 年 10 月颁布并于 2006 年 1 月 1 日正式实施的《新公司法》也做了同样的规定。但是，从我国近年的实践来看，内部监事会并没有发挥应有的作用。监事的提名、任命，甚至工作过程都常常受到企业"内部人"的控制，监事人员的薪酬、补助由企业负担，监事会失去了监督的作用。

(2) 稽查特派员制度与现行《公司法》存在冲突。1998 年建立稽查特派员制度以来，我国对重点大型国有企业派驻了稽查特派员，收到了一定的效果。稽查特派员制度作为一种具有较高权威性的外部监督机制，能够在内部约束软化的条件下起到监督作用。由于稽查特派员制度是依据国务院颁布的《国务院稽查特派员条例》建立，而现行《公司法》设计的公司监督机构是监事会，这样，稽查特派员制度与现有公司制度存在冲突。由此从 2000 年 3 月开始稽查特派员制度便逐步过渡到了外派监事会制度。

(3) 国有企业外派监事会在股权多元化企业中难以有效行使职能。外派监事会建立起来后，较大程度提高了对国有大中型企业的管理效率和质量，对大中型国有企业统一派遣监事会保证了管理质量的统一性和管理的规范性，降低了管理中的随意性，一定程度上防止了管理者与被管理者的合谋。但是在实际工作中，外派监事会进驻国有企业开展工作有一定难度，很难与企业内部监事会形成监督合力。有的企业以改制中经股东大会选举产生的内部监事会为由，对外派监事会的进驻表示冷淡、不理解，甚至拒绝。有的企业对外派监事会的工作不支持，不按照规定提供有关信息，妨碍外派监事会搜集财务资料，从而降低了外派监事会工作的有效性。

3. 国有股权管理不适应国有经济体制改革

(1) 建立在计划经济体制上的国有股权管理模式不适应经济体制的变革。原有国有股权管理模式是在计划经济的背景下建立起来的，从本质上讲是从属于计划经济体制，无法根据市场化模式选择经营管理模式及管理人员，其僵化的行政运作模式效率低下，无法与市场化的经济运作模式相衔接。因此，如果要在市场经济条件下实行国有股权的有效管理，就必须建立新型的国有股权管理模式。

(2) 原国有股权管理模式不能适应股权多元化的需要。原国有股权管理模式主要是对国有企业的管理，是对一元化国有股权的管理，是对资产的监管，是直接管理。而新的管理模式则要求对产权多元化条件下的国有股权进行管理，管理的重点是参股、控股企业，是价值管理，是间接管理。

（三）国有股权代表的概述

1. 国有股权代表界定

在中国，国有股权代表是指由国务院和地方人民政府或其履行出资人职责的机构任命或建议任命、推荐至国家出资企业行使出资人授权职权的人员。其中由国务院或其履行出资人职责的机构任命或建议任命、推荐至中央企业行使出资人授权职权的，称为中央企业国有股权代表，简称央企国有股权代表；由地方人民政府或其履行出资人职责的机构任命或建议任命、推荐至地方企业的，称为地方企业国有股权代表。

具体包括在派驻企业担任董事长、副董事长、董事（外部董事、独立董事、执行董事），监事会主席、监事，经理、副经理，以及其他在企业有决策权，对企业的经营和长远发展有重要影响的人员，例如：党委（党组）书记、副书记、常委（党组成员）、纪委书记（纪检组长），助理经理，总会计师、总经济师、总工程师，财务负责人等。

2. 国有股权代表的特点

企业国有股权代表不同于国有企业负责人或国有企业领导人员等，也不同于国家出资企业中国有产权以外的其他股东委派和推荐的董事长、副董事长、董事和职业经理人等，和其他企业高管相比也有一定的特殊性。主要表现在：

第一，企业国有股权代表的委托代理关系。在中国，国有资产属于国家所有即全民所有。国务院代表国家行使国有资产所有权。国务院和地方政府分别代表国家对国家出资企业履行出资人职责，享有出资人权益。然而政府无法直接管理国有资产，因此授权国有资产监督管理机构（如国资委）和其他履行出资人职责的机构来履行出资人职责，这些机构也无法直接管理企业国有资产，于是履行出资人职责的机构再选择管理者来管理企业国有资产，最终构成了具有中国特色的国家出资企业委托代理关系：首先是初始代理人各级人民政府对国家和人民的政治代理，其次是间接代理人履行出资人职责的机构对各级人民政府的政治代理，最后是最终代理人企业国有股权代表对履行出资人职责的机构的政治代理和经济代理。企业国有股权代表是以国有产权为纽带，其代表国有出资人行使出资人授予的职权。

第二，国有股权代表可以授权行使股东会的部分职权。根据《中华人民共和国公司法》，中国的国有独资公司不设董事会，由国有资产监督管理机构行使股东会职权。国有资产监督管理机构可以授权公司董事会行使股东会的部分职权。也即国有独资公司的国有股权代表可以授权行使股东会的部分职权。

第三，国有股权代表虽然没有行政级别，但也不完全采取市场化机制，具有行政约束的特点。企业国有股权代表的产生一般由政府或其履行出资人职责的机构任命和委派，没有行政级别，既区别于传统的有行政级别的国企领导干部，又在一定程度上缺乏市场竞争，同时兼顾更多的社会责任，职业保障程度高，退出渠道多元。在国有资本强势控股的企业，企业国有股权代表中的企业经理人员等往往不是董事会能决定的，这些人员与董事会成员同样均由政府或其履行出资人职责的机构任命或推荐任命，共同构成了企业国有股权代表。

3. 国有股权代表的双重角色

通过上文分析，我们不难看出，企业国有股权代表实际为企业国有资产的最终代理人，代表政府或履行出资人职责的机构行使国有出资人授权的职权，对政府或履行出资人职责的机构负责，应当负有信托责任和委托代理责任。同时，股权代表又可能是影响企业决策的管理人员，需要为企业经营出谋划策。这就决定了国有股权代表具备双重角色。

从国有股权代表的具体角色来看，国有股权代表通常兼具扮演了某些公共管理者和一般管理者的角色。一方面，企业国有股权代表不仅要扮演计划、组织、协调、指挥、控制的典型的一般管理者的角色；另一方面，作为国有产权的受托者还需要扮演正当的、有价值的角色，尽职尽责捍卫国有资产，不屈服于强烈短视的压力，促进平等，维护稳定。

二、市文资办国有股权代表的研究拓展

（一）市文资办国有股权代表的界定

1. 市文资办与国资委的异同

为了对市文资办国有股权代表做出清楚的界定，我们有必要对比分析文资办与市国资委的异同。根据《北京市人民政府办公厅关于设立北京市国有文化资产监督管理办公室的通知》（京政办发〔2012〕31号），设立北京市国有文化资产监督管理办公室（以下简称市文资办），为市政府授权负责授权范围内国有文化资产监管的市政府直属机构。

再看中共中央、国务院批准的北京市人民政府机构改革方案和《北京市人民政府关于机构设置的通知》（京政发〔2009〕2号），设立北京市人民政府国有资产监督管理委员会（以下简称市国资委），市国资委是市政府授权代表国家履行国有资产出资人职责的市政府直属特设机构。

对比两个机构的职能，我们很容易看到市文资办与市国资委都是北京市地方人民政府授权管理地方国有资产的政府直属机构，不同的是文资办管辖的是特定行业——文化行业的国有资产，而国资委管辖的是除文化行业以外的国有资产。这就为我们界定市文资办国有股权代表奠定了基础。

2. 市文资办国有股权代表界定

由于市文资办是国有文化资产的监管单位，为确保国有资产的保值增值，提高监管效率，也应借鉴一般国有资产的管理办法，采取国有股权代表的管理办法。因此，市文资办国有股权代表的界定可以参照国有股权代表的定义。

在此，我们可以把市文资办国有股权代表定义为：市文资办任命或建议任命、推荐至国家出资的文化企业中，行使出资人授权职权的人员。具体包括在派驻文化企业担任董事长、副董事长、董事（外部董事、独立董事、执行董事），监事会主席、监事，经理、副经理，以及其他在企业有决策权，对企业的经营和长远发展有重要影响的人员。

（二）市文资办国有股权代表的职责

1. 引领文企事业单位的发展方向

市文资办国有股权代表是文化产业中国有资产的人格化代表，其职责是神圣的，他必须以忠诚为原则，贯彻执行国家方针政策，坚持社会主义文企事业单位的发展方向不动摇。

第一，监督国有文企事业单位坚持中国特色的社会主义发展方向。有关方针政策及法规在企业中的贯彻执行。文化企事业单位不仅是经济生产单位，也是落实国家有关方针政策及法规的主要力量，更是中国社会主义文化的拥护者和执行者。市文资办国有股权代表作为国有文资资产的人格化代表，首要职责就是监督和确保国有文企事业单位坚持中国特色社会主义发展方向不动摇。

第二，引领其他文化企业的发展方向。国有文企事业单位在股份制改造后，所有权由单一变为多元。在国家的宏观利益和企业的微观利益发生矛盾冲突时，无形中会动摇中国特色社会主义的文化发展方向，此时国有股权代表要起到先锋模范作用，引领其他所有制的资产坚持社会主义文化的发展。

2. 实现国有文化资产的保值增值

与传统的国有企业的厂长（经理）承担相似的职责，市文资办代表参与股份制企业的重大决策，并代表国家实施资本经营和管理。市文资办国有股权代表要维护国有资产保值增值。

第一，维护国家股权权益，防止国有资产流失。在我国国有企业股份制改造中国有资产不评估、限期评估、压低资产评估值，用国有资产设置"企业股"、"职工集体股"，甚至把企业股票无偿送人，或低于公开发行价格卖给他人及在企业运营中国家股不配股，致使国家股权比重下降等现象时有发生。这些都会造成国有资产的严重流失，致使家所有者权益受损。因此，国有股权代表在这方面的职责不仅明确、具体，而且任重道远。

第二，参与企业重大决策。国有股权代表不一定参与企业的日常管理，但要参与企业的重大决策，充分体现受托者的意思表示。按照国家法规及公司章程，国有股权代表如当选企业董事则履行参加董事会，执行股东决议，审议公司发展规划和年度生产经营计划，审议公司的年度决算、利润分配方案及弥补亏损方案；任免包括公司经理在内的高级管理人员等职权。国有股权代表如当选董事长，则作为公司法定代表人行使公司章程规定的相应职权。

第三，实施资本经营，促使国有资产的保值增值。国有股权代表不能仅仅停留在监督和消极的维护上，而是根据委托者的授权，积极实施资本经营，在经营中使资产得到保值和增值，在经营中保障有关政策和法规的贯彻执行。实施资本经营，已不仅是资本在企业内部不同形态上的变化，更重要的是以资产价值的保值增值为核心的各种溢价和折价，企业间的收购、并购、合并等产权转让行为，法人间的持股、参股、控股，股票的上市及买卖等。显然它与原国有企业厂长（经理）以生产技术为核心的全方位经营有根本不同。

3. 激活国有文资企事业单位活力

第一，推进所监管文化企事业单位改革重组，按照现代企业制度经营管理国有文资企事业单位。

第二，建立文化技术创新体系，提高自主创新能力，促进科技创新成果的转化和高新技术的运用；负责推进所监管文化企事业单位文化科技创新，促进文化与科技、教育、体育、旅游等相关产业融合发展。

第三，推动本市相关重大文化产业项目建设的同时，积极开拓国际市场，推进文化产品和服务出口。

三、市文资办国有股权代表派出的管理

（一）国有股权代表派出的管理机构

市文企事业单位的国有股权代表由谁来委派？应该向谁负责？是向市文资办负责还是向企业原主管部门负责，或是二者兼而有之？这是在设置股权代表时必须明确的一个问题。

由于传统体制的惯性作用，大多数股份制企业的股权代表是由原国有企业的行政主管部门委派。这些主管部门首先是政府的一般行政机构，履行政府的社会经济管理职能和行业管理职能，对股权代表管理的力度往往不够。因此，行政主管部门委派股权代表的做法是不可取的。

根据股份制企业中各管理层次的权力信息传递结构，国有股权代表只能向文资办负责，而不能向企业原主管部门负责，只有能真正行使所有职能的机构才是委派国有股权代表的机构，其他部门不得干预。

在国家管理机构改革之前，根据国家规定："国有资产管理部门作为国有股

权的政府专职管理机构，依法履行对国有股权的管理职能"、"国有资产管理部门可以委派控股公司、投资公司、企业集团的母公司、经营实体性总公司及某些特定部门行使国家股权和依法定程序委派股权代表，经国务院或省、自治区、直辖市人民政府批准，国有资产管理部门也可以按法定程序向有国家股的企业委派股权代表"。因此，国有股权代表的派出单位是国有资产管理部门或国资部门的授权单位。可见，北京市文企事业单位的股权代表派出唯一合法的部门是市文资办。

（二）市文资办国有股权代表的来源

市文资办国有股权代表一般有四个来源：①原企业领导班子成员，包括厂长（经理）及党委书记等，副职也在内；②企业职工代表，包括职工代表大会以及工会代表，这两类代表相当于国外股份制企业中董事会中的"内部董事"；③政府国有资产管理部门或其他国有持股单位等从本部门派遣的代表；④有能力的、离退休的厂长（经理）及党委书记，以及专家、社会贤达等，还有机构投资者（如各种投资公司）的代表。这两类代表相当于国外股份制企业董事会中的"外部董事"。

（三）市文资办国有股权代表的选择条件

国有股权代表的职责是神圣的，责任是重大的。因此，当选股权代表必须具备一定的条件，这些条件主要有：

第一，具有较高的思想觉悟和较强的政治敏锐性。作为股权代表要坚定不移地贯彻执行国家的方针、政策，拥护改革开放，具有抵制侵蚀国有资产的自觉性和拒绝一切个人腐蚀的思想素质，忠实地履行保卫国有资产合法权益，促进国有资产保值增值。

第二，坚持原则、清正廉洁、办事公道。在我国的干部队伍中，国有股权代表是一种新型的角色，它不同于一般公务员的行为，公务员所面临的是"站在河边不湿鞋"的问题，而国有股权代表不仅"站在河里"，而且因从事资本经营而处于金钱大潮的"弄潮儿"地位。因此清正廉洁更具有严格的意义。国有股权代表是国有持股单位与股份制企业的重要"中介"，它们既要与政府公务员打交道，又要与其他股东和职工打交道，只有本身清正廉洁，才能拒绝腐蚀，不搞权钱交易，才能赢得委派单位和企业双方的信任，才能很好地履行其职责。

第三，具有较丰富的专业知识和企业管理经验。国有股权代表必须是具有较丰富的专业知识和管理经验的内行，特别是要对现代企业制度、公司投资与融资、企业产权结构与组织结构等经济制度有较充分的理解。这样，才能搜集必要的信息，进行判断并向委托单位报告，在企业内投出实实在在的一票。

（四）市文资办国有股权代表的派出身份

国有股权代表的身份分为三种：①参加企业股东大会的代表。这种代表还不是董事，如果成为董事，还要按照股份公司章程，经股东会提名和选举。国有股权代表如未能当选董事，则只能履行普通股东代表的职能。②被推荐作为董事的候选人。董事候选人经股东大会选举成为董事，由董事会再选择董事长。董事候选人如未当选董事，则只能履行普通股东代表的职能。③直接委派董事。这种方式主要适用于国有独资或者国有绝对控股公司。

四、市文资办国有股权代表派出的岗位及工作

（一）市文资办国有股权代表派出的影响因素

1. 单位职能是影响国有股权代表派出的首要因素

按照北京市国有企业职能分类标准，国有企业一般分为城市公共服务类、特殊功能类和竞争类。①城市公共服务类主要承担提供公共产品或服务，保障城市运行安全，提升城市承载能力等功能，以实现社会效益为主要目标，兼顾企业经济效益。②特殊功能类主要承担市委、市政府在不同阶段赋予的专项任务和重大项目。实现政府在基础设施、民生保障、促进城市和社会发展等方面的战略目标。③竞争类遵循市场规律，公平参与竞争，以资本效益最大化为主要目标。这类企业包括战略支撑企业和一般竞争性企业。其中，战略支撑企业是符合首都战略定位，能够引领带动产业升级，对首都经济社会发展具有支撑作用的企业。

借鉴北京市国有企业职能分类标准，市文资办所辖企事业单位也具有类似分工。由于企事业单位职能不同，市文资办国有股权代表派出的岗位也应有差异。因此，市文资办的单位职能是影响国有股权代表派出的首要因素。

2. 股权结构是影响国有股权代表派出的关键

从股权结构来看，市文资办国有企事业单位主要分为国有独资和股份制企业。其中，积极发展混合所有制经济是市文资办积极推动国有文企事业单位改革的重要举措。尤其是在竞争类企事业单位中，引入多元资本增加国有资产影响力已经势在必行。

在混合所有制的企业中，国有股权占比不同，国有股权代表也将派出到不同岗位、承担不同职责。相比于国有独资文企事业单位而言，国有股权代表显然将在董事会中占据绝大多数席位，文资办有权直接任命董事长，也可以直接选聘总经理及经理班子。但在混合所有制企业中，国有股权代表在企业董事会所占的席位相对较少，甚至是少数。市文资办国有股权代表的派出应依法提出董事、监事人选，但是不能直接任命董事长，更不能直接选聘总经理及执行层。所以，股权结构是影响国有股权代表派出的关键。

3. 公司类型是影响国有股权代表派出的基础

根据公司法的相关规定，根据公司治理结构，可分为股份有限责任公司和有

限责任公司。股份有限责任公司的资产结构包括国有资本、民营资本和境外资本等，公司治理采取股东会、董事会和监事会的治理结构。董事会成员向股东负责，监事会向董事会负责。对于股份制的国有文资企业，国有股权派出代表可担任的岗位是董事或者监事。

对于有限责任企业的国有文资企业，通常是国有独资企事业单位。这类企业不设股东大会，直接向市文资办负责。本着所有权和经营权分离的原则，市文资办对于所辖有限责任企业派出监事，对企业主要履行监督职能。

（二）市文资办国有股权代表派出的岗位

为落实国有企业服务社会的职能，不同国有文企事业单位根据具体职能定位，派出的国有股权代表也有不同，具体表现在以下两点：

第一，对于城市公共服务类和特殊功能类企事业单位可以采取股权代表为董事长，经理人为执行层的管理架构。这样可以协调公共服务和市场效益之间的矛盾。国有文化企事业单位改革的根本目的就是利用市场机制，提高国有资产的利用效率。但是国有资产具有社会性的职能，为了避免为单位利益而损失单位社会服务功能，在一些特定的服务企事业单位委任国有股权代表为董事长，确保企事业单位的社会服务职能彻底贯彻落实。尽管这看似有违经营权和所有权分离的原则，但是恰是具体问题具体分析的灵活表现，而不能教条主义地执行现代企业治理原则。

第二，对于竞争类企事业单位，一般可采取董事会，监事会和执行层的公司治理结构。由于竞争类企事业单位充分以市场为导向，这类单位宜采用市场化管理机制，为了避免国有股权代表对企业经营本身的干扰，国有股权代表派出的岗位可以监事为主。在竞争类企事业单位，国有股权代表以监事身份派出。

此外，根据谁出资、谁负责的国有资产管理原则，市文资办首先需要根据企事业单位的国有股权结构来选定国有股权代表。一般而言，对于国有独资或绝对控股企业，国有股权代表既可担任董事，也可担任监事。但是对于混合所有制企业而言，国有资本丧失控制权，国有股权代表主要派出作为监事。

（三）市文资办国有股权代表派出岗位的工作描述

1. 董事

对于股份制有限责任公司，公司治理结构设有董事会，董事会成员履行的工作任务具体如下：①召集股东会会议，并向股东会报告工作；②执行股东会的决议；③决定公司的经营计划和投资方案；④制定公司的年度财务预算方案、决算方案；⑤制订公司的利润分配方案和弥补亏损方案；⑥制订公司增加或者减少注册资本以及发行公司债券的方案；⑦制订公司合并、分立、解散或者变更公司形式的方案；⑧决定公司内部管理机构的设置；⑨决定聘任或者解聘公司经理及其报酬事项，并根据经理的提名决定聘任或者解聘公司副经理、财务负责人及其报酬事项；⑩制定公司的基本管理制度；⑪公司章程规定的其他职权。

对于股东人数较少或者规模较小的有限责任公司，可以设一名执行董事，不设董事会。执行董事可以兼任公司经理。执行董事履行的工作具体如下：①主持公司的生产经营管理工作，组织实施股东决议；②组织实施公司年度经营计划和投资方案；③拟订公司内部管理机构设置方案；④拟订公司的基本管理制度；⑤制定公司的具体规章；⑥提请聘任或者解聘公司副经理、财务负责人；⑦决定聘任或者解聘除应由股东决定聘任或者解聘以外的负责管理人员；⑧股东授予的其他职权。

2. 监事

有限责任公司设监事会，其成员不得少于三人。股东人数较少或者规模较小的有限责任公司，可以设 1～2 名监事，不设监事会。包括设立监事会和不设监事会的公司，其监事主要行使下列职权：①检查公司财务；②对董事、高级管理人员执行公司职务的行为进行监督，对违反法律、行政法规、公司章程或者股东会决议的董事、高级管理人员提出罢免的建议；③当董事、高级管理人员的行为损害公司利益时，要求董事、高级管理人员予以纠正；④提议召开临时股东会会议，在董事会不履行本法规定的召集和主持股东会会议职责时召集和主持股东会会议；⑤向股东会或上级主管单位提出提案；⑥公司章程和上级主管单位规定的其他职权。

附录3 北京市国有文化创意企业国有股权派出代表管理制度

第一章 总则

第一条 为切实落实国有资产出资人的权利，健全市属文化创意产业国有资产监督及管理机制，充分发挥股权代表的作用，保障国有资产安全和保值增值，推动市属文化创意产业健康发展。根据《中华人民共和国公司法》、《中华人民共和国企业国有资产法》、《国有企业监事会暂行条例》等有关法律、法规和规章，结合北京市文化创意企业的实际情况，特制定本办法。

第二条 本办法适用于对北京市人民政府国有资产监督管理委员会（以下简称市国资委）履行出资人职责，向国有独资、国有控股和国有参股文化创意企业（以下简称企业）派出的国有股权代表的管理。

第三条 国有股权代表依照法定程序分别进入公司董事会和监事会，履行公司董事和监事职责。

第四条 市国资委文化资产管理办公室（以下简称市文资办）是国有股权代表的职能管理机构，负责国有股权代表的招聘选拔、委派、任命、管理、监督及考评工作。

第二章 选拔及招聘

第五条 国有股权代表选拔应遵循以下原则：

（一）按需招聘、按岗聘任的原则；

（二）按岗位胜任力招聘的原则；

（三）市文资办、应聘者双向选择的原则；

（四）公平招聘的原则。

第六条　国有股权代表的职责：

（一）依据《公司法》和公司章程，依法行使股东权；根据市文资办授权在股东会会议或股东大会会议上提出提案、发表意见、行使表决权；按照市文资办的决定、指示和建议在相关会议上发表意见和主张等。

（二）充分发挥国有股权代表的作用，严格履行工作职责，加强对国有资产的监督和管理，最大限度地实现国有资产的保值增值。

（三）认真贯彻执行国家有关国有股权管理以及其他相关的法律、法规和规定，执行国有股权主体所做出的涉及任职公司的各项决策。

（四）恪守诚信勤勉的职业道德，不得泄露任职企业商业机密，依法维护市文资办和任职企业的合法权益。

（五）接受市文资办对其行使权利行为的监督和检查，认真参加市文资办组织的各类学习培训，不断提高履行职责的能力和水平。

（六）了解掌握任职公司经营管理状况和相关事项，总结履行职责情况，并定期向市文资办报告。

（七）违反国家有关法律、法规、公司章程和国有股权主体规定的，应承担相应的责任。

（八）《中华人民共和国企业国有资产法》、《公司法》和任职企业公司章程规定的其他职责。

第七条　国有股权代表的任职条件：

（一）拥护中国共产党的领导，具有较高的政治素质和强烈的事业心、责任感，忠诚于市国有资产委派机构，诚信正直、敬业奉献，具有全局观念。

（二）具有较丰富的企业经营管理经验及文化创意领域专业知识，对国家宏观经济政策及其动向具有敏锐的洞察力。

（三）熟悉国有资产监督管理法律、法规，能够模范遵守国家法律法规，正确履行岗位职责，依法办事。

（四）具有应有的宏观决策能力，包括战略理解与执行能力、系统思考能力和科学决策能力。

（五）具有较强的企业管理能力，包括经营能力、问题发现与解决能力、沟通协调能力、监督管理能力和风险防范能力。

（六）具有较强的专业学习能力和持续创新能力。

（七）身体健康，具有较强的坚韧意志力和抗压能力。

（八）具有五年以上大中型企业高层管理经验、不低于两年的基层领导岗位任职经历和良好的工作业绩。在同等条件下，具有多种岗位工作经历者优先考虑。

（九）未发生重大失职行为，无不良记录。

第八条　国有股权代表的来源。

国有股权代表部分来自国资委系统外部，另一部分来自国资委系统内部。其中，国资委系统外部的国有股权代表来源主要有：

（一）国有企业的高层管理人员；

（二）大中型企业的高级管理人员；

（三）国企改制、重组企业的原班子成员；

（四）企业家、专家、社会贤达；

（五）符合条件的其他人员。

国资委系统内部的国有股权代表来源主要有：

（一）经市文资办授权经营的国有控股公司的董事长及高层管理人员；

（二）经市文资办授权经营的市属国有控股公司的全资子公司的法人代表及高层管理人员；

（三）市属国有控股公司控股及参股的股份有限公司和有限责任公司中由市属国有股持股单位推荐并经股东大会选举担任公司董事长和董事的人员；

（四）已经进入市文资办人才库的人员；

（五）市文资办认定符合条件的其他人员。

第九条　国有股权代表的招聘方法及程序。

国有股权代表的招聘一般有委派或公选两种方式。公选是指面向社会公开招聘和选拔国有股权代表。委派是指由市文资办根据岗位职责和胜任力要求，从国资委系统内部推选、派出人员出任国有股权代表。其中，直接参与经营的国有股权代表主要采用公选方法，其他的国有股权代表可以采用委派和公选两种方法。

根据按需招聘、按岗聘任的原则设置国有股权代表职位职数，遵循按岗位胜任力招聘、双向选择和公平招聘的原则，执行国有股权代表招募、甄选、录用和评估的聘用程序。

公选的主要程序如下：

（一）公布招聘的职位、职数和任职者应具备的基本条件，并提供统一的应聘申请表；

（二）对报名人员进行资格审查；

（三）文资办组织面试，并根据需要安排笔试和测评；

（四）研究确定股权代表被考察人选；

（五）由市文资办研究确定录用人员，与股权代表签订聘任合同，其中保密条款、竞业禁止、合同期等具体事项，按照市文资办和任职企业的相关规定执行，股权代表个人人事档案由市文资办保管；

（六）由文资办组织岗前培训，并派驻任职企业；

（七）评估公选的整体效果。

委派的主要程序如下：

（一）公布招聘的职位、职数和任职者应具备的基本条件；

（二）通知委派范围内的符合条件的人员进行自荐；

（三）对自荐人员进行资格审查；

（四）组织公开竞聘演说，并进行民主推荐；

（五）充分酝酿沟通确定股权代表被考察人选；

（六）由市文资办研究确定录用人员，与股权代表签订聘任合同，其中保密条款、竞业禁止、合同期等具体事项，按照市文资办和任职企业的相关规定执行，股权代表个人人事档案由市文资办保管；

（七）由市文资办组织岗前培训，并派驻企业；

（八）评估委派的整体效果。

第三章　管理及考评

第十条　国有股权代表由市文资办任命，一般每届任期三年，连选可以连任，但在同一企业连续任职不得超过两届。依法持有本公司股份的高层管理人员作为国有股权代表的，须签订履行职责保证书。

第十一条　建立国有股权代表工作报告制度。外派国有股权代表每年须定期和不定期向市文资办书面报告本人履行职责的情况；参加董事会会议、监事会会议的主要情况，本人提出的保留、反对意见及其原因，无法发表意见的障碍；加强任职公司改革发展、董事会建设、监事的意见或建议等。

第十二条　市文资办对国有股权代表采用年度考评和任期考评相结合的考评方式。年度考评是以会计年度为评价期进行的考评。任期考评是以国有股权代表每届任期为评价期进行的考评。国有股权代表任期为一年的，只进行年度考评。

第十三条　考评原则。

（一）分类考评原则。按照企业功能定位不同，将企业分为竞争类企业和非竞争类企业两类；同时按照考评对象职位不同，分为董事长/监事长，非执行董事，其他国有股权代表三类，对国有股权代表考核指标及指标权重根据不同类别实施差异化设置与考核。

（二）价值考评原则。按照国有资产保值增值以及股东收益最大化的要求，将企业经营业绩指标纳入国有股权代表考核内容。

第十四条 国有股权代表考核评价内容主要包括经营业绩、工作态度、成长能力、履职情况等方面。经营业绩考评是将国有股权代表所在企业的经营绩效作为对国有股权代表的考核内容；工作态度、成长能力、履职情况等考评是对该国有股权代表的胜任力及岗位要求进行的考评。

（一）经营业绩，包括主要财务指标、公司战略组织管理状况、预期经济目标完成情况。其中，财务指标反映资产保值增值能力；盈利能力指标反映公司的获利能力，为国有资本股东创造价值能力；预期经济目标完成情况指标，体现公司目标完成程度的指标，反映年度经营状况。

（二）工作态度，反映国有股权代表的诚实度、道德水平。

（三）成长能力，反映国有股权代表应不断提升其专业和理论水平。

（四）履职情况，反映国有股权代表积极参与和认真负责参与包括董事会、监事会等各类会议；参与讨论和提出意见及建议；规范遵循工作报告制度等内容。

第十五条 考评指标及权重。

针对考评内容设置基本指标和分类指标，基本指标是竞争类和非竞争类企业的所有国有股权代表均考评的指标，分类指标仅非竞争类企业的国有股权代表考评。

针对是否直接参与企业经营的差异，具体指标的权重差异设置。

（一）考评指标。

（1）竞争类企业考评指标。

公司绩效指标：经济增加值率、利润总额、组织发展和战略方向。

履职指标：工作态度、成长能力指标（培训会参与比例）、履职情况指标（会议出席情况、执行股东决定情况、管理建议情况）。

（2）非竞争类企业考评指标。

公司绩效指标：基本指标为国有资本保值增值率、组织发展和战略方向；分类指标为或有负债、公共关系和外部形象、文创业专业人员增值率。

履职指标：工作态度、成长能力指标（培训会参与比例）、履职情况指标（会议出席情况、执行股东决定情况、管理建议情况）。

（二）指标权重。

直接参与经营的国有股权代表，公司绩效指标：履职指标的权重为0.6:0.4；其他国有股权代表，公司绩效指标：履职指标的权重为0.2:0.8。

第十六条　对国有股权代表的考评得分一般采取市文资办综合评价、所在企业评价、自我评价相结合，综合得分。

第十七条　国有股权代表因个人的原因，给公司造成损失的，考评中应相应扣分。发生重大违规违纪，给企业造成重大损失的，考评实行一票否决制。

第十八条　考评基本程序：

（一）由市文资办组织成立考评组，拟定考评方案；

（二）组织进行个人自我考评打分；

（三）发放考评意见表，组织个别谈话，查阅相应会议记录、工作报告等，进行综合评价；

（四）根据经济责任书完成情况，确定经营业绩指标得分；

（五）综合分析考评情况，形成考评结果并由市文资办进行告之。

第十九条　考评结果分优秀、胜任、基本胜任、不胜任四个等级。

第二十条　考核结果将作为对其绩效薪酬发放、续任、奖惩和任免的重要依据。

第四章　免职与解聘

第二十一条　国有股权代表的免职或解聘。

有下列情形之一，由市文资办提出免职或解聘意见，并按照有关程序对国有股权代表予以免职或解聘：

（一）经考评不能胜任本职工作；

（二）因工作失误给企业造成重大损失，或存在重大违规违纪行为；

（三）本人提出辞职或擅离职守；

（四）因身体状况不能正常工作；

（五）因有其他原因而不适宜任职。

第二十二条　股权代表辞职时，须向市文资办提交书面申请，经批准后，办理相关手续。

第五章 奖惩

第二十三条 对表现突出的国有股权代表针对其表现情况给予适当奖金奖励、荣誉奖励和任职优先考虑。包括但不限于以下情形:

(一)超额完成企业经营指标;

(二)取得重大技术创新或服务创新;

(三)提出切实可行的国有企业改革和国有企业管理的办法和措施;

(四)通过监督检查找准影响企业改革和发展,影响国有资产保值增值的主要问题和症结;

(五)提出有价值、有针对性、有操作性的意见和建议;

(六)有创新,积极探索国有股权代表工作的有效方法。

第二十四条 对国有股权代表有下列情形之一的,视情节轻重分别给予考核绩效约谈、行政处分和纪律处分,直至免除国有股权代表和监事会成员资格,构成犯罪的,依法追究刑事责任:

(一)违背国有股权代表职责,干扰企业经营决策;

(二)未及时向市文资办报告重大事项;

(三)在报告中谎报、故意隐瞒重要情况;

(四)对企业重大违法违纪问题隐匿不报或者严重失职;

(五)与企业串通编造虚假检查报告;

(六)泄露检查报告内容及企业商业秘密;

(七)出现重要经营失误,造成国有资产损失或其他损害国有股东权益的行为;

(八)消极履行国有股权代表职责,对国有资产没有做到保值增值的要求;

(九)从下级企业获得任何其他薪酬或变相薪酬的收入;

(十)其他损害企业国有资产的行为。

第二十五条 国有股权代表的责任追求。

国有股权代表有下列情形之一的,国有股权代表的薪酬将延期支付或者扣发;情节严重的,给予纪律处分;受撤职以上处分的,5年内不得担任市属国有企业领导工作;涉嫌犯罪的,移送司法机关处理。

(一)发生重大安全与质量责任事故;

(二)发生重大违纪和法律纠纷损失事件;

（三）给国有企业造成名誉损失。

附 则

第二十六条　对原已派出的国有股权代表按照本办法相关程序重新任命。

第二十七条　本办法自发布之日起实施。

第二十八条　本办法由市文资办负责解释。